À livre ouvert

Des textes pour lire, dire, écrire et observer la langue

Christian Demongin
coordinateur
Professeur agrégé à l'IUFM de Reims

Éric Battut
Maître formateur

Daniel Bensimhon
Conseiller pédagogique

Philippe Lapeyre
Directeur d'école

Françoise Picot
Inspectrice de l'Éducation nationale

Claude Picot
Conseiller pédagogique

Anne Popet
Conseillère pédagogique

**Dans la même collection,
niveau CM1 :**

Livre du maître

Fichier à photocopier :
Observation réfléchie de la langue

Fichier à photocopier :
Littérature

© Nathan, 9 rue Méchain, 75014 Paris, 2005
ISBN : 2.09.120406-4

Avant-propos

À livre ouvert veut être pour l'élève un outil efficace et agréable qui lui permette, avec l'aide de l'enseignant, de progresser dans la maîtrise de la langue et d'élargir sa culture, littéraire en particulier. À travers ces apprentissages, *À livre ouvert* a aussi pour ambition de contribuer chez chaque élève à l'éveil de la personne et du futur citoyen.

Un livre unique

À livre ouvert aborde tous les domaines du « français » à l'école : **littérature, expression orale et écrite, étude de la langue.**
Si lecture et expression puis observation de la langue sont présentées en deux parties distinctes, nous avons cependant voulu établir entre ces deux parties une **liaison forte et permanente**.

Une organisation thématique

Trois séries de thèmes organisent les **neuf unités** du manuel :

- Sous le signe de la lecture : son influence sur le **lecteur** (unité 1) ; deux genres : la **science-fiction** (unité 2) et le **roman policier** (unité 3) ; un personnage mythologique : la **sirène** (unité 6).

- Rapports entre individus : les **premiers amours** (unité 4) ; les **relations avec les adultes** (unité 9).

- Ouverture vers d'autres domaines disciplinaires du cycle 3 : l'**histoire** avec le Moyen Âge (unité 5) ; le **monde vivant** avec les animaux sauvages (unité 7) ; la **géographie** avec l'Afrique (unité 8).

Une volonté d'approche littéraire...

- Les **textes** proposés sont pour la plupart extraits d'œuvres de littérature de jeunesse, certaines figurant dans la liste officielle. Nous avons aussi tenu à offrir des passages d'autres œuvres plus « classiques ».

- Les divers **genres** sont représentés, du roman au théâtre, du conte à la poésie.

...en cohérence avec l'étude de la langue

L'**observation réfléchie de la langue** (ORL) est mise au service de la **compréhension** et de l'**expression**. Aussi prend-elle le plus possible appui sur les textes proposés en **lecture**. De nombreuses **passerelles** renvoient d'une partie à l'autre de l'ouvrage.

- La **grammaire** est envisagée selon deux perspectives : textuelle et phrastique. Bien des contraintes « grammaticales » sont dues à la situation de communication, ou d'énonciation. L'attention de l'élève est donc attirée sur ces aspects. Mais la réflexion porte tout autant sur la construction de la phrase et sur ses constituants.

- L'**orthographe** et la **conjugaison** sont étudiées en relation avec les points grammaticaux abordés.

- Le **vocabulaire** donne la priorité à la formation des mots et aux relations qui les unissent.

Un livre d'apprentissages

- Les **activités de lecture**, variées, amènent l'élève à passer des **repérages** à l'**interprétation**, puis l'invitent à confronter les textes de l'unité et à aborder la **lecture d'œuvres complètes**. L'**intertextualité** et la **mise en réseau** d'ouvrages sont favorisées, conformément aux Instructions officielles. Des points précis, nécessaires à la compréhension, sont abordés lors d'**ateliers de lecture**.

- L'**expression, écrite et orale,** s'inscrit dans le prolongement de la lecture qu'elle contribue ainsi à enrichir.

- En **ORL**, l'élève commence toujours par **observer** un phénomène rencontré dans les textes avant de découvrir un **résumé** de ce qu'il faut retenir.
De nombreux exercices visent ensuite à **consolider** ses connaissances.

Sommaire

Lecture et expression

	Genre des textes	Lectures croisées	Des livres en réseau	Atelier de lecture
Le livre qui nous a bus, Éric Sanvoisin Texte p. 12 Exploitation p. 15	Roman	Tous ces textes parlent de livres p. 22	Découvrir des récits dans lesquels les livres ont une influence sur le comportement du héros p. 23	Reconnaître le genre d'un récit p. 24
C'est bien de lire un livre qui fait peur, Philippe Delerm Texte p. 16 Exploitation p. 18	Récit			
La belle au bois dormait…, Paul Verlaine Texte et exploitation p. 19	Poésie			
L'accès aux livres Texte et exploitation p. 20	Texte documentaire Histoire, société			

Unité 1 — Des livres et nous !

	Genre des textes	Lectures croisées	Des livres en réseau	Atelier de lecture
Étranges impressions, Ray Bradbury Texte p. 28 Exploitation p. 31	Nouvelle	Ces textes invitent le lecteur à un voyage dans le temps ou dans l'espace p. 38	Explorer un genre : la science-fiction p. 39	Caractériser des personnages p. 40
Premiers pas sur Néogaïa, Émile Bravo Texte p. 32 Exploitation p. 34	Bande dessinée			
Grand standigne, Raymond Queneau Texte et exploitation p. 35	Poésie			
Moissons martiennes, Karen Miller Texte et exploitation p. 36	Article Sciences, espace			

Unité 2 — Demain, un autre monde…

	Genre des textes	Lectures croisées	Des livres en réseau	Atelier de lecture
Enquête chez l'empailleur, Béatrice Nicodème Texte p. 44 Exploitation p. 47	Roman	Ces textes veulent susciter la peur et l'angoisse chez le lecteur p. 54	Découvrir différents traitements d'un même personnage p. 55	Identifier des registres de langue p. 56
La poubelle mystère, Jean-Loup Craipeau Texte p. 48 Exploitation p. 50	Roman			
L'heure du crime, Maurice Carême Texte et exploitation p. 51	Poésie			
Vidocq Texte et exploitation p. 52	Biographie Histoire			

Unité 3 — Attention, polars !

		Observation réfléchie de la langue			
Écrire	Dire	Grammaire	Conjugaison	Orthographe	Vocabulaire
Imiter un texte p. 25	Mener une interview p. 26	Écrire des textes au présent de l'indicatif p. 156 Reconnaître les phrases dans le texte p. 158	Conjuguer des verbes au présent de l'indicatif p. 160	Connaître le rôle des lettres p. 162	Apprendre à utiliser le dictionnaire p. 164
Changer de point de vue p. 41	Convaincre p. 42	Savoir qui parle, à qui, de qui, de quoi p. 166 Produire des phrases : pour quoi faire ? p. 168	Conjuguer des verbes au futur de l'indicatif p. 170	Accorder le verbe avec son sujet p. 172	Comprendre les mots grâce à leur contexte p. 174
Rédiger une histoire policière p. 57	Témoigner p. 58	Écrire des textes au passé (1) : le passé composé p. 176 Reconnaître les groupes dans la phrase p. 178	Conjuguer des verbes au passé composé de l'indicatif (1) p. 180	Accorder le participe passé employé avec *être* p. 182	Trouver l'origine des mots p. 184

Sommaire

Lecture et expression

Unité 4 — Amour et séduction

	Genre des textes	Lectures croisées	Des livres en réseau	Atelier de lecture
La réponse d'Anna, Peter Härtling — Texte p. 60, Exploitation p. 63	Roman	Ces textes parlent tous de relations amoureuses p. 70	Découvrir d'autres livres sur le thème p. 71	Identifier auteur et narrateur p. 72
Amour, toujours…, Bernard Friot — Texte p. 64, Exploitation p. 66	Nouvelle			
L'amoureuse, Paul Éluard — Texte et exploitation p. 67	Poésie			
La prochaine fois je vous le chanterai, Claude Gudin — Texte et exploitation p. 68	Texte documentaire Sciences, monde du vivant			

Unité 5 — Du côté du Moyen Âge

	Genre des textes	Lectures croisées	Des livres en réseau	Atelier de lecture
Estula, adaptation de Jacqueline Mirande — Texte p. 76, Exploitation p. 79	Fabliau	Ces textes évoquent tous le Moyen Âge p. 86	Découvrir d'autres livres dont l'histoire se déroule au Moyen Âge p. 87	Repérer les mots caractéristiques d'une époque p. 88
Chevalier, Odile Weulersse — Texte p. 80, Exploitation p. 82	Roman			
Le coq et le renard, Marie de France — Texte et exploitation p. 83	Fable			
Deux exemples d'éducation au Moyen Âge, E. Von Oberg et Gilbert de Nogent — Texte et exploitation p. 84	Texte documentaire Histoire			

Unité 6 — Sirènes et ondines

	Genre des textes	Lectures croisées	Des livres en réseau	Atelier de lecture
Le pingouin et la petite sirène, Jean-Gabriel Nordmann — Texte p. 92, Exploitation p. 95	Théâtre	Ces textes parlent tous de sirènes ou d'ondines p. 102	Découvrir des albums autour du personnage mythologique de la sirène p. 103	Hiérarchiser les informations contenues dans un texte p. 104
La petite sirène et le prince, Hans Christian Andersen — Texte p. 96, Exploitation p. 98	Conte			
L'ondine, Michel Lermontov — Texte et exploitation p. 99	Poésie			
La grande famille des sirènes, A. et E. Kronzek — Texte et exploitation p. 100	Texte documentaire Mythologie			

Observation réfléchie de la langue

Écrire	Dire	Grammaire	Conjugaison	Orthographe	Vocabulaire
Rédiger un pastiche p. 73	Présenter un livre p. 74	Écrire des textes au passé (2) : le passé simple p. 186 Analyser le groupe nominal : nom et déterminant p. 188	Conjuguer des verbes à l'imparfait de l'indicatif p. 190	Choisir : ses, comme son et sa, ou ces, comme ce, cet et cette ? p. 192	Explorer la construction des mots p. 194
Inventer la suite d'un récit p. 89	Exposer des informations p. 90	Se repérer dans un texte : quand et où ? p. 196 Enrichir un groupe nominal : adjectif et complément du nom p. 198	Conjuguer des verbes au passé simple de l'indicatif p. 200	Marquer l'accord dans le groupe nominal p. 202	Construire des mots dérivés p. 204
Insérer une description dans un récit p. 105	Raconter une histoire p. 106	Poser des questions p. 206 Identifier le complément d'objet direct (COD) p. 208	Conjuguer des verbes au passé composé de l'indicatif (2) p. 210	Marquer le pluriel de certains noms et adjectifs avec « x » p. 212	Repérer les préfixes et les suffixes p. 214

7

Sommaire

Lecture et expression

	Genre des textes	Lectures croisées	Des livres en réseau	Atelier de lecture

Unité 7 — Sauvages !
 	
Tire, Billy, tire !, Michael Morpurgo
    Texte p. 108
    Exploitation p. 111
 	
Une étonnante rencontre, Joseph Kessel
    Texte p. 112
    Exploitation p. 114
 	
Les oies sauvages, Guy de Maupassant
    Texte et exploitation p. 115
 	
Le retour du loup
    Texte et exploitation p. 116
	Roman
	
	Roman
	
	Poésie
	
	Article
	Sciences, vivant
		Ces textes parlent des animaux sauvages et… de l'homme
		p. 118
			Découvrir des histoires qui mettent en relation des hommes et des animaux sauvages
			p. 119
				Repérer les indices temporels d'un texte
				p. 120

Unité 8 — Vers l'Afrique
 	
Le mauvais juge, Blaise Cendrars
    Texte p. 124
    Exploitation p. 127
 	
La volonté de Soundiata, Dialiba Konaté
    Texte p. 128
    Exploitation p. 130
 	
Nuit de Sine, Léopold Sédar Senghor
    Texte et exploitation p. 131
 	
Deux sociétés traditionnelles : les Dogons et les Masaïs
    Texte et exploitation p. 132
	Conte
	
	Conte
	
	Poésie
	
	Texte documentaire
	Géographie, autres cultures
		Tous ces textes parlent de l'Afrique
		p. 134
			Découvrir des livres écrits par des auteurs africains
			p. 135
				Identifier les relations entre les personnages
				p. 136

Unité 9 — Ah ! les adultes
 	
Les nougats, Claude Gutman
    Texte p. 140
    Exploitation p. 143
 	
Aussi bêtes qu'eux !, Louis Pergaud
    Texte p. 144
    Exploitation p. 146
 	
Jeanne était au pain sec…, Victor Hugo
    Texte et exploitation p. 147
 	
Dire « non » sans désobéir…, Roger Teboul
    Texte et exploitation p. 148
	Nouvelle
	
	Roman
	
	Poésie
	
	Essai
	Éducation civique
		Ces textes évoquent des relations entre enfants et adultes
		p. 150
			Découvrir des « grands classiques » de la littérature française qui parlent des relations entre les enfants et les adultes
			p. 151
				Comprendre un texte en allant au-delà des mots
				p. 152

8

Observation réfléchie de la langue

Écrire	Dire	Grammaire	Conjugaison	Orthographe	Vocabulaire
Introduire un nouveau personnage p. 121	Lire un poème à haute voix p. 122	Remplacer des noms dans un texte p. 216 Identifier l'attribut du sujet p. 218	Conjuguer des verbes en *-er* particuliers p. 220	Accorder l'adjectif attribut du sujet p. 222	Choisir entre les synonymes d'un mot p. 224
Créer un conte p. 137	Décrire un personnage p. 138	Produire des phrases pour donner un ordre, un conseil… p. 226 Marquer des liens logiques p. 228	Conjuguer les verbes à l'impératif présent p. 230	Écrire « é » ou « er » : participe passé ou infinitif ? p. 232	Trouver les contraires d'un mot p. 234
Insérer une description et un dialogue dans un récit p. 153	Donner son avis p. 154	Rapporter directement des paroles dans un récit p. 236 Repérer les phrases complexes : coordination et juxtaposition p. 238	Observer les variations du verbe p. 240	Respecter les accords dans un texte p. 242	Trouver les mots d'un champ lexical p. 244

Annexes

Tableaux de conjugaison p. 246
Les classes de mots p. 251
Les mots invariables p. 252
Les fonctions dans la phrase p. 252
Index des auteurs et des œuvres cités p. 253

Comment te repérer dans ton manuel ?

Ton livre est organisé en 9 unités.

Pour chaque unité, tu trouveras :

➜ **Première partie de ton livre, p. 11 à 154**

Des **textes à lire** avec des activités pour t'aider à mieux les comprendre (pages « **Lire** », « **Lectures croisées** », « **Atelier de lecture** »,...) et d'autres activités pour apprendre à t'exprimer à l'écrit et à l'oral (pages « **Écrire** » et « **Dire** »).

➜ **Deuxième partie de ton livre, p. 155 à 245**

Des leçons de **grammaire**, de **conjugaison**, d'**orthographe** et de **vocabulaire (observation réfléchie de la langue)** qui te donneront des outils pour lire, écrire et parler correctement.

- Pour savoir dans quelle unité tu te trouves, regarde le bandeau en bas de page : chaque unité a son titre et sa couleur.

    Unité 1 =   *Des livres et nous !*

- Pour circuler entre les deux parties de ton livre et entre les différentes unités, laisse-toi guider par les passerelles.

    CONJUGAISON
    Le présent de l'indicatif
    P. 160

des Livres et Nous ! 1

Baptista Antunes, *Le savoir*, 1999.

Le livre qui nous a bus

ÉRIC SANVOISIN
Cet auteur né en 1961, père de 7 enfants, connaît bien le monde de l'édition. En plus de son métier d'écrivain, il exerce aussi celui de bibliothécaire.

Carmilla, petite fille vampire, a initié son ami Odilon aux plaisirs de la lecture. Mais, quand on est un vampire, l'encre des livres est une vraie nourriture et on la boit à la paille...

— Bon, quel conte allons-nous avaler, maintenant ? m'a demandé Carmilla, les yeux pétillants d'appétit.

— Euh, je ne sais pas. *Les Trois Petits Cochons* peut-être... Ou bien *Ali Baba et les quarante voleurs* ?

5 — Non, on les a déjà bus. J'ai plutôt envie de goûter à *Cendrillon*, à *La Belle au bois dormant* ou encore à *Blanche-Neige*...

J'ai ricané bêtement.

— Ouais, rien que des histoires avec des princes charmants !

— Et alors ? Il n'y a pas que les aventuriers et les bagarres
10 dans la vie ! Il y a aussi les sentiments et les histoires d'amour...

Ça, je le savais bien. Cependant, moi, les histoires d'amour, je les préfère en vrai, comme celle que je vis avec Carmilla.

— Et si nous lisions un conte un peu plus mouvementé ?

— C'est-à-dire ?

15 J'ai fait mine de réfléchir mais j'avais déjà ma petite idée. [...] Je songeais à *Barbe-Bleue* mais, au dernier moment, j'ai changé d'avis, sans savoir pourquoi.

— C'est... *Le Petit Chaperon rouge* !

Elle a ri, un peu pour se moquer de moi, un peu aussi parce
20 que cette histoire était l'une de ses préférées, même en l'absence de prince charmant.

— C'est une fille qui tient le rôle principal ! m'a fait remarquer ma fiancée.

— Pardon, c'est le loup. Un garçon !

25 Nous avons fait semblant de nous chamailler mais ce n'était qu'un jeu. Bien vite, nous avons planté notre paille à la page où débutait le conte et nous avons commencé à le boire... [...]

Tout de suite après le premier paragraphe, j'ai voulu boire l'image du loup qui se trouvait sur la page de gauche. J'ai aspiré très fort, en même temps que Carmilla, mais il s'est passé quelque chose d'incroyable. Nous nous sommes brusquement mis à rétrécir comme dans *Alice au pays des merveilles*. Je me suis cramponné au bord du livre pour ne pas tomber.

Affolé, j'ai levé les yeux juste à temps pour voir Carmilla basculer à l'intérieur de la paille. Ne voulant pas l'abandonner, j'ai lâché prise. Une force irrésistible m'a emporté. Dans le tube de plastique, notre chute a duré, duré, duré... et s'est terminée par un atterrissage brutal, les fesses en l'air et le nez dans la terre. Nous nous sommes relevés en nous époussetant et en jetant autour de nous des regards ahuris.

Nous étions perdus au beau milieu d'une immense forêt, perdus comme le Petit Poucet et ses frères, ou comme Hansel et Gretel. Sauf que j'avais oublié de jeter des petits cailloux blancs entre la paille-tandem et nous !

— Que s'est-il passé ? m'a demandé Carmilla, impressionnée par la beauté des grands arbres.

— Je crois que le livre nous a bus. Ou le conte...

— Non, c'est moi qui vous ai aspirés ici ! a hurlé une voix puissante.

Je me suis retourné brusquement. Il y avait un loup ; le loup de l'histoire...

— De quel droit ? Les buveurs d'encre, c'est nous ! ai-je déclaré.

— Et les buveurs de buveurs d'encre, c'est qui ? a-t-il glapi en sautant tout autour de nous.

— Eh bien, c'est nous ! a conclu une petite voix féminine.

Le Petit Chaperon rouge ! Nous étions presque au complet...

Carmilla m'a tiré la manche. Elle avait le teint gris et les yeux pleins d'effroi.

— Comment allons-nous sortir du livre, Odilon chéri ? Est-ce que tu vois quelque part le bout de notre paille ?

— Je ne sais vraiment pas. Mais essayons de parlementer avec nos deux amis. Ils détiennent peut-être la solution.

Le loup nous observait, les babines retroussées.

Des livres et nous !

Un léger grondement montait de sa gorge. Quant au Petit Chaperon rouge, c'est avec mépris qu'elle nous regardait. Une vraie chipie, oui !

— Le loup et moi, nous en avons assez de vivre toujours la même histoire. Alors nous avons décidé de prendre la paille d'escampette et d'aller respirer l'air du dehors.

— Et si je les mangeais tout crus ? a proposé le loup qui bavait.

— Tais-toi, loup ! s'est fâchée le Petit Chaperon rouge en lui donnant une tape sur le museau. Aurais-tu oublié que nous ne pouvons sortir du livre qu'à la condition de trouver deux remplaçants ?

Le loup a gémi, penaud. Puis le Petit Chaperon rouge s'est tournée à nouveau vers Carmilla et moi.

— Vous allez prendre notre place et vivre notre histoire. Pendant ce temps-là, nous explorerons votre monde et nous ferons tout ce qu'il nous plaît. À nous la liberté !

Au moment où elle prononçait ces mots, notre paille est apparue comme tombée du ciel.

— Vous ne pouvez pas faire une chose pareille ! me suis-je révolté. Vous êtes des créatures imaginaires. Vous n'existez pas réellement !

En ricanant, l'animal et la petite fille ont plongé à l'intérieur de notre paille-tandem. J'ai bondi vers l'endroit où ils se tenaient encore une seconde auparavant, mais trop tard. Il n'y avait plus rien !
Quand je me suis retourné, Carmilla avait disparu à son tour. Mais le Petit Chaperon rouge était revenue. Je me suis approché d'elle en grognant.

— Tu vas arrêter ce petit jeu, espèce de sale peste !

Elle a reculé, épouvantée…

— Mais… mais… je ne suis pas celle que vous croyez. Mon vrai nom, c'est Carmilla !

À ce moment-là, j'ai regardé mes pattes et j'ai poussé un long et lugubre hurlement.

Éric Sanvoisin,
Le petit buveur d'encre rouge,
coll. « Demi-lune », © Nathan, 2002.

GRAMMAIRE
Reconnaître les phrases
P. 158

Lire

Le livre qui nous a bus

IDENTIFIER

1. Quel est le nom des deux enfants dans cette histoire ?
2. Lequel des deux est le narrateur ?
3. Quel conte les deux enfants décident-ils de boire ? Pour quelle raison ?
4. Où se retrouvent les deux enfants après avoir été aspirés ?

EXPLIQUER

5. « J'ai fait mine de réfléchir, mais j'avais déjà ma petite idée. » *(ligne 15)*
6. « … j'ai voulu boire l'image du loup… » *(ligne 28)*
7. « Le loup nous observait, les babines retroussées. » *(ligne 65)*
8. « Alors nous avons décidé de prendre la paille d'escampette et d'aller respirer l'air du dehors. » *(ligne 70)*

MIEUX COMPRENDRE

9. Quelle critique fait Odilon sur les contes choisis par Carmilla ?
10. À la fin de cet extrait, qui est en fait le Petit Chaperon rouge ?
11. Pourquoi Odilon pousse-t-il un long et lugubre hurlement ? *(ligne 99)*
12. Comment comprends-tu le titre « Le livre qui nous a bus » ?

DÉBATTRE

13. Est-ce qu'il t'est déjà arrivé d'être pris (bu) par un livre ?

DIRE LE TEXTE

14. Avec un camarade, préparez la lecture de la partie dialoguée des lignes 1 à 24. Faites bien attention aux indications données concernant l'attitude des deux personnages (par exemple : « j'ai ricané bêtement »).

L'ŒUVRE COMPLÈTE

« *Le Petit Buveur d'encre rouge*, c'est l'histoire de l'arroseur arrosé, ou du buveur d'encre qui est bu par un livre. Et, comme il est bu, il se retrouve à l'intérieur du livre, à la place des personnages principaux : le Petit Chaperon rouge et le loup… Or, dans le conte, quelqu'un doit être mangé. Odilon commence à avoir faim et se demande s'il ne va pas bientôt se résoudre à manger Carmilla, sa fiancée… Rien d'anormal à cela puisqu'il a été transformé en loup. Il doit aller jusqu'au bout de l'histoire et accomplir ce qui doit être fait. Miam miam ! »

Éric Sanvoisin

Des livres et nous !

C'est bien de lire un livre qui fait peur

PHILIPPE DELERM
Né en 1950, cet auteur français, professeur de lettres, aime à dire qu'il a eu une enfance très heureuse.
Voilà pourquoi la plupart de ses œuvres évoquent des moments de bonheur.

On est dans sa chambre, c'est l'hiver. Les volets sont bien fermés. On entend le vent qui souffle au-dehors. Les parents sont allés se coucher, eux aussi. Ils croient qu'on a éteint depuis longtemps. Mais on n'a vraiment pas envie de dormir. On a juste gardé la
5 lumière de la petite lampe de chevet qui fait un cercle jusqu'au milieu des couvertures. Au-delà, l'obscurité de la chambre est de plus en plus mystérieuse.

On a hésité longtemps avant de choisir le livre. Agatha Christie ne fait pas peur, on suit trop l'enquête et on ne fait pas
10 attention au reste. Les aventures de Sherlock Holmes, c'est mieux, avec les brouillards, les chiens, les chemins de fer parfois. Mais il y a trop de dialogues, et Sherlock est si sûr de lui – on ne peut pas penser qu'il va être vaincu. Finalement, on a choisi *L'Île au trésor*.

On a bien fait. Dès le début du livre, il y a une ambiance extra-
15 ordinaire, avec cette auberge près d'une falaise. C'est toujours la tempête là-bas ; on a l'impression que c'est toujours la nuit aussi, avec la mer qui gronde tout près. Et puis Jim Hawkins, le héros, se retrouve vite seul avec sa mère à L'Amiral Benbow.

À sa place, on serait mort de terreur. Le vieux pirate réclame
20 du rhum et se met en colère sans qu'on sache pourquoi. Mais le plus effrayant, c'est quand les autres pirates débarquent dans le pays à la recherche de leur ancien complice. C'est une nuit de pleine lune, et l'aveugle donne des coups de canne sur la route blanche en criant :
25 — N'abandonnez pas le vieux Pew, camarades ! Pas le vieux Pew !

Il y a une illustration en couleurs avec cette image, du noir, du mauve, du blanc. C'est un livre un peu vieux, avec seulement quelques images – il n'y en aura pas d'autres avant au moins trente pages. On reste longtemps à regarder celle-là. Parfois, quand on s'endort, on a peur de devenir aveugle pendant la nuit, alors on se met dans la peau du vieux Pew – et c'est étrange, parce que en même temps on a peur qu'il vous donne un coup de canne. Heureusement, près de soi, on a la petite lumière bleue du radio-réveil et le poster de Droopy, mais on a l'impression qu'ils sont partis en Angleterre eux aussi, au pays du rhum, de la colère et des naufrages. C'est dangereux de s'endormir là-bas, mais on voudrait quand même – on dort si bien près du danger, et les draps sont si chauds, près de la pluie. C'est bien de se faire peur en lisant *L'Île au trésor*.

Philippe Delerm, *C'est bien*, coll. « Milan Poche Junior », © Éditions Milan, 2001.

GRAMMAIRE
Écrire des textes au présent
P. 156

GRAMMAIRE
Reconnaître les phrases
P. 158

Lire

C'est bien de lire un livre qui fait peur

IDENTIFIER

1. Quel est le titre du livre choisi par l'auteur ?
2. Dans ce livre, où se déroule le début de l'histoire ? Comment s'appelle ce lieu ?
3. Quel est le nom du héros de cette histoire ?
4. Qui est Pew ?

EXPLIQUER

5. « Au-delà, l'obscurité de la chambre est de plus en plus mystérieuse. » *(ligne 6)*
6. « ... alors on se met dans la peau du vieux Pew... » *(ligne 30)*
7. « ... on dort si bien près du danger, et les draps sont si chauds, près de la pluie. » *(ligne 37)*

MIEUX COMPRENDRE

8. Que reproche l'auteur aux livres d'Agatha Christie et aux aventures de Sherlock Holmes ?
9. Quels éléments du texte créent une ambiance effrayante ?
10. L'auteur risque-t-il de recevoir un coup de canne ?
11. Où se trouvent le poster de Droopy ainsi que le radio-réveil ?
12. Pourquoi l'auteur a-t-il l'impression que ces deux objets sont « partis en Angleterre » ?

DÉBATTRE

13. Peut-on aimer se faire peur en lisant un livre effrayant ?

L'ŒUVRE COMPLÈTE

Ce livre rassemble des textes courts qui rendent compte des petits plaisirs que l'on tire de simples gestes quotidiens ou d'événements ordinaires.
Philippe Delerm, qui sait se souvenir de l'enfant qu'il était, parle avec précision des sentiments et des sensations intimes devant ces moments à priori sans importance, mais qui font tellement de bien...

La Belle au Bois dormait...

La Belle au Bois dormait. Cendrillon sommeillait.
Madame Barbe-bleue ? Elle attendait ses frères ;
Et le petit Poucet, loin de l'ogre si laid,
Se reposait sur l'herbe en chantant des prières.

5 L'Oiseau couleur-du-temps planait dans l'air léger
Qui caresse la feuille au sommet des bocages
Très nombreux, tout petits, et rêvant d'ombrager
Semaille, fenaison, et les autres ouvrages.

(...)

10 Les blés encore verts, les seigles déjà blonds
Accueillaient l'hirondelle en leur flot pacifique.
Un tas de voix d'oiseaux criait vers les sillons
Si doucement qu'il ne faut pas d'autre musique...

Peau d'Âne rentre. On bat la retraite – écoutez ! –
15 Dans les États voisins de Riquet-à-la-Houppe,
Et nous joignons l'auberge, enchantés, esquintés,
Le bon coin où se coupe et se trempe la soupe !

Paul Verlaine, *Amour*, 1888.

**Paul Verlaine
(1844-1896)**

Ce célèbre poète français de la fin du XIXe siècle fut à son époque surnommé le « Prince des poètes » tant son talent était admiré. Pour lui, la poésie était « de la musique avant toute chose ».

QUESTIONS

1. *L'Oiseau couleur-du-temps* est un conte du XVIIe siècle. À quels autres contes le poème fait-il référence ?
2. Cherche la définition de ces mots : « bocage », « fenaison », « ouvrage », « seigle » et « sillon ». En t'aidant du sens de ces mots, peux-tu imaginer où se trouve le poète lorsqu'il écrit son texte ?
3. Une atmosphère de calme se dégage de ce poème. Relève des mots ou des expressions qui le montrent.
4. D'après le texte, le poète est-il seul ou avec d'autres personnes ? À ton avis, avec qui se trouve-t-il ?

Des livres et nous !

L'accès aux

La presse de Gutenberg
À l'aide d'une encre très grasse que Gutenberg inventa, dix pages pouvaient être imprimées à la suite. La grosse vis en bois permettait de presser le papier sur la plaque encrée.

L'INVENTION DE L'IMPRIMERIE EN EUROPE

L'invention, vers 1450, de la presse à imprimer crée un instrument souple et rapide. Les centres d'imprimerie se multiplient rapidement à partir de 1455 et cette expansion se poursuit tout au long du XVe siècle.

Entre 1450 et 1500, on évalue à plus de 30 000 titres les publications sorties des presses européennes et à plus de 15 millions le nombre d'exemplaires. On peut imaginer la véritable révolution par rapport au système de la copie manuscrite. Pour le XVIe siècle, les évaluations montent à environ 200 000 titres et peut-être plus de 150 millions d'exemplaires.

Alors que les ouvrages religieux représentent dans la première période l'essentiel de la production imprimée, les éditions inspirées par l'humanisme se multiplient après 1480 : textes anciens en langue originale, textes traduits en latin, puis en langue vulgaire, manuels, grammaires et dictionnaires, livres scientifiques.

L'imprimerie, en permettant de répandre rapidement et à un prix nettement inférieur les ouvrages anciens et récents, est le véhicule fondamental des idées nouvelles, celles des humanistes et de la Réforme.

D'après Bartolomé Bennassar et Jean Jacquart,
Le XVIe siècle, © Armand Colin, 2002.

Cette miniature montre qu'à l'aube de la Renaissance les dames de l'aristocratie prenaient part à la copie des livres. Jusqu'alors, cette tâche était réalisée par des hommes.

Livres

La production éditoriale de nos jours

La quantité de livres dont nous disposons de nos jours est sans aucune mesure avec le nombre d'ouvrages édités aux commencements de l'imprimerie. Être lecteur aujourd'hui, c'est d'abord pouvoir opérer un choix dans ce vaste ensemble selon ses besoins ou tout simplement ses envies. On peut choisir de lire des livres de littérature ou des bandes dessinées pour rêver ou bien se distraire, des manuels pour s'instruire ou encore des livres pratiques pour apprendre par exemple à peindre sur du verre ou à restaurer un meuble ancien.

Année	Nombre de titres publiés dans l'année
1790	2 000
1828	6 000
1889	15 000
1913	25 000
1985	29 100
1990	39 100
1993	41 000
1996	43 300
2000	51 000
2002	60 250

Syndicat national de l'édition

Ce tableau montre l'évolution de la production des livres en France de la fin du XVIIIe siècle jusqu'à nos jours.

Une librairie de nos jours.

GRAMMAIRE
Écrire des textes au présent
P.156

Questions

1. Lis le texte sur l'invention de l'imprimerie puis essaie de situer à quelle époque se passe la scène représentée sur la miniature.

2. En t'aidant de la miniature et du texte sur l'invention de l'imprimerie, explique ce que l'imprimerie a changé dans la production des livres.

3. Quelles sont les autres idées contenues dans le texte sur l'invention de l'imprimerie ?

4. En t'aidant du texte ci-dessus, que peux-tu dire des chiffres de 1790 et de ceux de 2002 donnés dans le tableau ? Compare-les.

5. À partir du texte sur la production éditoriale de nos jours et de la photographie qui l'illustre (une librairie de nos jours), explique ce qui caractérise le rapport actuel des hommes avec les livres.

Des livres et nous !

Lectures croisées

Tous ces textes parlent de livres...

Le livre qui nous a bus, p. 12 à 14.
C'est bien de lire un livre qui fait peur, p. 16 et 17.
La Belle au Bois dormait..., p. 19.

1 Ces textes parlent de personnages qui semblent tous aimer la même activité. Laquelle ?

2 Fais la liste de tous les livres cités dans ces trois textes.

3 Dans ces textes, repère :
- **A** le nom d'un héros de roman policier ;
- **B** le titre d'un roman d'aventures ;
- **C** les titres d'au moins cinq contes.

4 Quels textes parlent de contes ? Parlent-ils des mêmes contes ? Relève les titres des contes qui sont cités dans les deux textes à la fois. Indique ceux qui ne sont cités que dans le poème.

5 Dans ces trois textes, la personne qui lit a un rapport étroit avec ses lectures. Retrouve les passages qui montrent :
- **A** que la personne qui lit se trouve projetée dans l'histoire ;
- **B** que la personne qui lit prend plaisir à lire ;
- **C** que la personne qui lit craint de se retrouver dans l'histoire ;
- **D** que la personne qui lit vit avec les personnages de ses lectures.

6 Depuis que tu sais lire, tu as déjà beaucoup lu. Si tu pouvais rencontrer un des personnages de tes lectures, lequel choisirais-tu ? Pourquoi ?

7 Parmi les œuvres citées dans ces trois textes, beaucoup ont été adaptées pour le cinéma ou la télévision. Tu as certainement vu quelques-unes de ces adaptations. Lesquelles ? As-tu trouvé des différences par rapport aux livres ?

Des livres
Des romans
en réseau

Découvre des récits dans lesquels les livres ont une influence sur le comportement du héros.

La bibliothécaire
de Gudule,
Le Livre de Poche Jeunesse,
Hachette Livre.

Pourquoi la vieille dame qui habite en face de chez Guillaume écrit-elle très tard la nuit ? Quelle est cette jeune fille qui ne sort de chez elle qu'à la nuit tombée ? Pour résoudre ces mystères, Guillaume se lance dans un fantastique voyage au pays des livres et de l'écriture. Et le voici fuyant devant la garde de la reine d'Alice au pays des merveilles, conversant avec Poil de Carotte ou faisant la révolution avec Gavroche et Jean Valjean.

Comment devenir parfait en trois jours
de Stephen Manes,
Rageot Éditeur.

Milo en a assez d'être grondé, ridiculisé par père, mère, sœur, maîtresse et amis. Heureusement, il trouve un livre qui permet de devenir parfait en trois jours : résultat garanti si l'on suit aveuglément les consignes du Professeur Merlan... des consignes pour le moins surprenantes. De plus, comment se fait-il que ce livre sache déjà si bien ce qui va arriver à Milo, avant que lui-même ne le vive ?

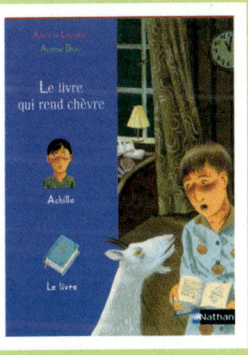

Le livre qui rend chèvre
d'Agnès de Lestrade,
coll. « Demi-lune », Nathan.

Achille dévore les livres. Alors pas étonnant que, dès la sortie de l'école, il fonce à la bibliothèque. Ce soir-là, il choisit un livre au titre intrigant : Le livre qui rend chèvre. Dès la première page, le lecteur est averti : « Celui qui lira ce livre en entier se transformera en chèvre. » Ça a bien fait rire Achille. Pourtant, à peine sa lecture terminée, le voilà qui se transforme bel et bien en chèvre !

et un album

Le grimoire d'Arkandias
de Éric Boisset, Magnard.

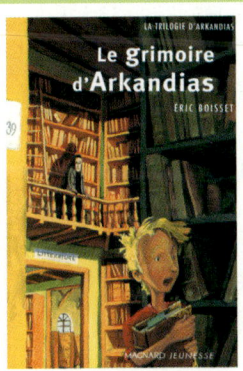

Quel livre peut être plus magique qu'un grimoire ? C'est l'un de ces étranges ouvrages que Théophile trouve par hasard dans sa bibliothèque de quartier. Ce jeune passionné de lecture est immédiatement attiré par ces curieuses recettes. Mais attention ! on ne rentre pas dans le monde de la magie sans risques...

On lit trop dans ce pays !

de Daniel Picouly,
illustré par Pef,
Éditions Rue du Monde.

Au pays de Rose Bibly, on lit de tout, partout et tout le temps. Le seigneur n'en peut plus de ce peuple de rêveurs : il veut que ça change ! Il envoie donc son plus terrifiant chevalier pour les mater. Seulement voilà, c'est compter sans l'imagination que tous ces lecteurs ont puisée dans les livres !

Des livres et nous !

Atelier de lecture

Reconnaître le genre d'un récit

1 Lis ces résumés de livres trouvés sur des quatrièmes de couvertures.

① Le Petit Chaperon rouge, la Belle au Bois dormant, le Chat Botté, Cendrillon, Peau d'Âne, la Barbe bleue…

Dans le texte intégral de Charles Perrault, les plus fabuleux contes de l'enfance…

② C'était comme dans un film. On était en train de dîner, mes parents, mon frère et moi, lorsqu'on a sonné à la porte. Mon père est allé ouvrir et est revenu blanc comme un linge, suivi de trois policiers. Mon frère Brice, mon complice de toujours, mon meilleur ami, était soupçonné du meurtre de cinq personnes ! Brice m'a regardé. Dans ses yeux, il y avait comme un appel au secours et j'ai tout de suite su que j'allais y répondre…

③ Deux pays vont entrer en guerre…

Les adultes prétendent qu'on n'y peut rien. Mais Samir, lui, a une idée pour sauver la paix !

④ Si être amoureux c'est penser tout le temps à la fille qu'on aime au point d'en avoir mal au ventre, alors c'est sûr, Ben est amoureux d'Anna. Il décide de lui écrire une lettre. Mais Anna ne répond pas. Elle ne dit rien. Ben ne comprend pas pourquoi…

⑤ Un jour, le fils du libraire surprend un curieux voleur qui, muni d'une paille, avale les mots d'un livre entier. Il s'agit d'un vampire qui boit l'encre des livres…

⑥ 1492, à Grenade.

Au détour d'une rue, Pedro Alvarez tombe nez à nez avec un homme étrange. Et pour cause, il s'agit de Christophe Colomb ! Celui-ci lui propose d'embarquer sur la « Santa Maria » à la découverte des Indes. Mais la traversée s'annonce mouvementée et si longue que tous se demandent s'ils reverront la terre ferme…

2 Trouve parmi la liste ci-dessous le titre de chacun de ces livres.

- **A** Le buveur d'encre
- **B** Frères de sang
- **C** Contes de Perrault
- **D** Le voyage inspiré
- **E** Ben est amoureux d'Anna
- **F** Un jour, j'arrêterai la guerre

3 Quel type d'histoire raconte chacun de ces livres ?
Attribue à chacun un des genres cités ci-dessous.
Justifie tes choix en indiquant à chaque fois un indice qui t'a mis sur la voie.

Le récit fantastique raconte une histoire où le mystère et l'inexplicable font irruption dans le monde réel.

Le récit de vie raconte la vie de tous les jours de personnages qui pourraient être réels.

Le conte raconte une histoire imaginaire, souvent issue de la culture populaire et porteuse d'un message ou d'une morale.

Le roman historique raconte la vie de personnages imaginaires placés dans des événements de l'Histoire qui se sont réellement produits et qui sont décrits avec précision.

Le roman policier raconte une histoire qui aborde des sujets sombres dont s'occupent généralement les policiers, avec des intrigues, des énigmes et même des meurtres.

Écrire

Imiter un texte

Écris un texte parlant d'un livre que tu as lu et qui t'a fait peur. Comme dans l'extrait de Philippe Delerm (p. 16 et 17), des personnages et des lieux de ce livre se mêlent à ton univers quotidien...

DÉMARCHE

◆ Rechercher des idées

- Fais la liste des titres de quelques histoires que tu as lues et qui t'ont fait peur.
- Choisis celle qui t'a procuré le plus d'émotions.
- Recherche et note le nom du ou des personnages les plus impressionnants de ce livre.
- De quels lieux ou de quels objets te souviens-tu le plus ?

◆ Organiser le récit

Ton texte doit être composé de plusieurs parties, comme dans *C'est bien de lire un livre qui fait peur* :

1. Tu es chez toi en train de lire : indique quel est le moment de la journée et décris l'endroit où tu te trouves et les objets familiers qui t'entourent.

2. Soudain, tu es transporté dans le livre : tu te retrouves aux côtés des personnages, dans un lieu ou des lieux décrits dans le livre. Explique ce qui fait peur dans ces personnages.

3. Tu reviens finalement dans ta chambre (ou ailleurs chez toi) : des objets de ton environnement immédiat te rassurent et te ramènent à la réalité.

◆ Rédiger le texte

- Utilise le présent, comme dans le texte de Philippe Delerm.
- Emploie le pronom « on » pour raconter ton histoire.

> **GRAMMAIRE**
> Écrire des textes au présent
> P.156

> **CONJUGAISON**
> Le présent de l'indicatif
> P.160

PROLONGEMENT

Écris maintenant un texte parlant d'un livre que tu as lu et qui t'a fait rire ou qui t'a fait rêver. Comme précédemment, des personnages et des lieux de ce livre se mêlent à ton quotidien.

Des livres et nous !

Dire

Mener une interview

Réalisez l'interview d'un camarade pour connaître ses goûts et ses habitudes de lecteur.

DÉMARCHE

◆ Préparer l'interview

- En groupes, faites la liste des différents points sur lesquels vous souhaitez interroger votre camarade. Pour vous aider, relisez, dans le texte de Philippe Delerm, p. 16 et 17, les différents aspects qu'il mentionne quand il parle de ses lectures : choix des livres, moment choisi, sensations ressenties...
- Rédigez les questions que vous poserez à l'interviewé. Elles doivent aborder les points que vous avez listés et doivent être clairement formulées pour être compréhensibles.

◆ Réaliser l'interview

Choisissez dans chaque groupe un intervieweur. L'interviewé doit appartenir à un autre groupe.
- L'intervieweur doit respecter les règles suivantes :
– Se présenter à l'interviewé et expliquer pourquoi il veut l'interroger.
– Regarder la personne à laquelle il s'adresse et écouter ses réponses.
– Éliminer les questions auxquelles l'interviewé a déjà répondu sans avoir été interrogé.
– Conclure l'interview en remerciant l'interviewé.
- Au moment de chaque interview, vérifiez si l'intervieweur respecte les règles établies.
- Interrogez-vous sur l'intérêt des questions :
– Sont-elles en rapport avec le sujet ?
– Sont-elles assez précises ?
– Permettent-elles de répondre autrement que par « oui » ou par « non » ?

◆ Écouter

- Étudiez la manière dont les questions sont posées : comportent-elles des phrases interrogatives correctement construites ?
- Notez vos remarques. Débattez ensuite des conseils à donner.

GRAMMAIRE
Poser des questions
P. 206

PROLONGEMENT

Réalisez l'interview d'un libraire ou d'un bibliothécaire pour connaître la manière dont il présente les livres, la façon dont il conseille les lecteurs ou encore les raisons pour lesquelles il a choisi ce métier.

Demain, un autre Monde... 2

Jean-Michel Folon, *Voyage dans la lune*, 1980.

Étranges impressions

RAY BRADBURY
Cet auteur, né en 1920 aux États-Unis, a été reconnu comme un des maîtres de la science-fiction dès la parution de sa première nouvelle, en 1941.
Aujourd'hui encore, ses romans et ses nouvelles sont lus dans le monde entier.

Harry et sa famille viennent s'installer sur Mars. Mais l'homme est soudain pris d'inquiétude et propose aux siens de retourner sur la Terre.

Ils levèrent les yeux vers les montagnes de Mars si vieillies, si usées par l'érosion et le laminage des ans. Ils virent les antiques cités abandonnées, éparpillées tels des ossements d'enfants, sur les étendues ondulantes d'herbe rase.

5 — Courage, Harry ! dit sa femme. Il est trop tard. Nous avons fait plus de soixante millions de kilomètres pour arriver ici.

Les enfants aux cheveux jaunes poussaient des cris aigus vers le ciel étranger. Mais seul leur répondait le sifflement du vent qui soufflait sur l'herbe drue.

10 Il prit la valise dans ses mains glacées.

— Allons-y, dit-il sur le ton d'un homme qui quitte le rivage et s'apprête à marcher dans la mer jusqu'à ce qu'il perde pied et s'engloutisse dans les flots.

Ils entrèrent dans la ville.

15 Ils s'appelaient Bittering. Harry Bittering, sa femme Cora, Dan, Laura et David. Ils construisirent de leurs mains un petit chalet tout blanc et y prirent d'excellents petits-déjeuners en famille. Leur peur, cependant, ne les quittait pas. Elle était toujours là entre M. et Mme Bittering, lorsqu'ils bavardaient avant de
20 s'endormir, comme, chaque matin, lorsqu'ils se réveillaient.

— J'ai l'impression d'être un cristal de sel roulé par les eaux d'un torrent de montagne qui l'entraîne et le dissout. Nous ne sommes pas d'ici. Nous sommes des Terriens. Ici, c'est Mars, une planète créée pour les Martiens. Je t'en prie, Cora, pour l'amour de Dieu, prenons nos billets de retour !

Mais elle se contentait de secouer la tête.

— Un de ces quatre matins, avec la bombe atomique, notre bonne vieille Terre aura son compte. Ici, nous serons sauvés.

— Sauvés, mais timbrés !

Tic-tac-teur, il est sept heures ! chantonna le réveille-matin. *L'heure de se lever !*

Ce qu'ils firent.

Chaque matin, son premier travail était de tout vérifier : la tiédeur de l'âtre, l'aspect des géraniums rouges en pot, exactement comme s'il s'attendait à ce que quelque chose clochât. Le journal arrivait, l'encre encore humide, par la fusée terrestre de six heures. Il déchirait la bande et le posait devant lui sur la table du petit-déjeuner. Il se forçait à commenter les nouvelles sur un ton joyeux.

— Nous voici revenus au bon vieux temps des colonies. D'ici dix ans, il paraît qu'il y aura sur Mars un million de Terriens ! On va construire des grandes villes, et on aura tout comme sur la Terre ! On dit aussi que nous pourrions échouer, que les Martiens seraient froissés par notre invasion. En avons-nous seulement vu, des Martiens ? Pas la queue d'un ! Nous avons vu leurs villes, mais elles étaient désertes ! C'est vrai, non ?

Une rafale de vent submergea la maison. Quand les carreaux cessèrent de vibrer, M. Bittering avala sa salive et se tourna d'un air interrogateur vers ses enfants.

nouvelle

Demain, un autre monde...

— Moi, dit David, je crois qu'il y a des Martiens autour de nous, que nous ne voyons pas. Parfois, la nuit, il me semble les entendre. J'écoute le bruit du vent, le bruit du sable qui frappe contre les carreaux et j'ai peur. Je revois ces
55 villes accrochées aux flancs des montagnes où les Martiens vivaient il y a très longtemps.

Tu sais, Papa, il me semble qu'il y a des êtres qui bougent dans ces villes. Je me demande si les Martiens savent que nous sommes là, je me
60 demande s'ils ne vont pas nous faire du mal pour être venus chez eux…

— Tu dis des bêtises ! Nous sommes corrects, nous sommes convenables…

M. Bittering regardait au loin par la fenêtre,
65 puis il revint à ses enfants.

— Toutes les villes mortes sont habitées par des fantômes, je veux dire, par des souvenirs.

Il contempla de nouveau les montagnes.

— Il est normal qu'en voyant un escalier vous vous
70 demandiez comment étaient faits les Martiens qui l'utilisaient, qu'en voyant leurs fresques, vous vous demandiez à quoi ressemblaient les peintres qui les ont faites. Vous créez vous-même un fantôme, vous donnez forme à un souvenir. Mais tout cela ne relève que de votre propre imagination. Dis-moi, tu n'aurais pas été
75 rôder dans les ruines, par hasard ?

— Non, Papa.

David fixait la pointe de ses chaussures.

— Avise-toi de ne jamais y mettre les pieds !

Et, sur un autre ton.

80 — Veux-tu me passer la confiture, s'il te plaît ?

— Et pourtant, dit le petit David, quelque chose va arriver.

GRAMMAIRE
Savoir qui parle, à qui, de qui, de quoi

P. 166

GRAMMAIRE
Produire des phrases : pour quoi faire ?

P. 168

VOCABULAIRE
Comprendre les mots grâce à leur contexte
P. 174

Ray Bradbury, « Ils avaient la peau brune et les yeux dorés »,
Un coup de tonnerre, © Éditions Denoël, 1948.

Lire

Étranges impressions

IDENTIFIER

1. Sur quelle planète se déroule cette histoire ? Décris-la.
2. Quels sont les personnages de l'histoire ? D'où viennent-ils ?
3. Dans quelle habitation vivent-ils ?

EXPLIQUER

4. « Allons-y, dit-il sur le ton d'un homme qui quitte le rivage et s'apprête à marcher dans la mer jusqu'à ce qu'il perde pied et s'engloutisse dans les flots. » *(ligne 11)*
5. « Un de ces quatre matins, avec la bombe atomique, notre bonne vieille Terre aura son compte. » *(ligne 27)*
6. « Sauvés, mais timbrés ! » *(ligne 29)*
7. « Nous voici revenus au bon vieux temps des colonies. » *(ligne 39)*

MIEUX COMPRENDRE

8. Harry, Cora et David ont tous trois des craintes. S'agit-il des mêmes craintes ?
9. Retrouve les passages montrant qu'Harry essaye de se rassurer.
10. Harry croit-il à la présence de fantômes ?
11. Pourquoi interdit-il à son fils de rôder dans les ruines ?

DÉBATTRE

12. Qu'est-ce qui nous montre que ce texte appartient à la science-fiction ?
13. Que penses-tu du fait que l'homme cherche à conquérir d'autres planètes ?

DIRE LE TEXTE

14. Avec un camarade, préparez la lecture du dialogue entre Harry et son fils David *(lignes 51 à 81)*.

L'ŒUVRE COMPLÈTE

Ce recueil rassemble plusieurs nouvelles qui traitent toutes de voyages dans l'espace et dans le temps. Ainsi, dans *Un coup de tonnerre*, un groupe de chasseurs retourne au temps de la préhistoire pour tuer un tyrannosaure ; dans *La Fusée* un père essaie de répondre au désir de ses enfants de voyager dans l'espace. Ces histoires peuvent faire sourire, parfois un peu inquiéter, mais elles emportent toujours le lecteur dans un univers surprenant...

Demain, un autre monde...

Premiers pas sur Néogaïa

ÉMILE BRAVO
Né en 1964 à Paris, il était un enfant passionné par les sciences qui se destinait à devenir ingénieur. Mais voilà, son talent, c'était le dessin ! Il est donc devenu auteur de bandes dessinées dans lesquelles les sciences jouent un rôle important.

Parce que le pilote était saoul et déprimé, la navette spatiale, qui devait se poser en douceur sur une planète inconnue, atterrit en catastrophe. À son bord, deux enfants, Jules et Janet, accompagnés de trois scientifiques, découvrent ce nouveau monde.

GRAMMAIRE
Savoir qui parle, à qui, de qui, de quoi
P.166

GRAMMAIRE
Produire des phrases : pour quoi faire ?
P.168

Émile Bravo, *L'imparfait du futur*, © Dargaud, 2004.

Demain, un autre monde...

Lire

Premiers pas sur Néogaïa

IDENTIFIER

1. Combien de personnes y a-t-il à bord de la navette spatiale ? Qui sont-elles ? Énumère-les.
2. Où la navette se pose-t-elle ?
3. Par quoi les navigateurs sont-ils accueillis ?
4. Certains mots écrits correspondent à des bruits. Ce sont des onomatopées. Relève-les.
5. Dans les cinq dernières vignettes, les bulles sont encadrées différemment que dans les autres vignettes. Pourquoi ?

EXPLIQUER

6. « Nous y voilà ! À peine a-t-on trouvé la vie que l'instinct prédateur de l'homme se réveille ! » *(vignette 10, p. 32)*
7. « Houlà ! Bigrement susceptible... » *(vignette 11, p. 32)*
8. « Bravo, Jules. Belle reprise ! » *(vignette 11, p. 33)*

MIEUX COMPRENDRE

9. Comment sait-on que l'homme peut vivre sur cette planète ?
10. Quelles sont les deux attitudes des créatures à l'égard des humains ?
11. Pourquoi Cécilia ne veut-elle pas lâcher la « bestiole » ?
12. À ton avis, quelle est la réponse à la question que se pose l'équipage dans la dernière vignette ?

DÉBATTRE

13. Que penses-tu de l'attitude des humains vis-à-vis des créatures qu'ils rencontrent sur la planète ?

L'ŒUVRE COMPLÈTE

Sélectionnés par l'Agence Spatiale Mondiale pour être les premiers adolescents à faire partie du voyage interplanétaire vers l'étoile Alpha du Centaure, Jules et Janet se retrouvent dans un vaisseau spatial en compagnie d'une équipe de chercheurs originaux et d'un pilote déprimé. Tout va bien jusqu'à ce que le vaisseau spatial s'écrase sur une planète inconnue où vivent d'étranges extraterrestres.

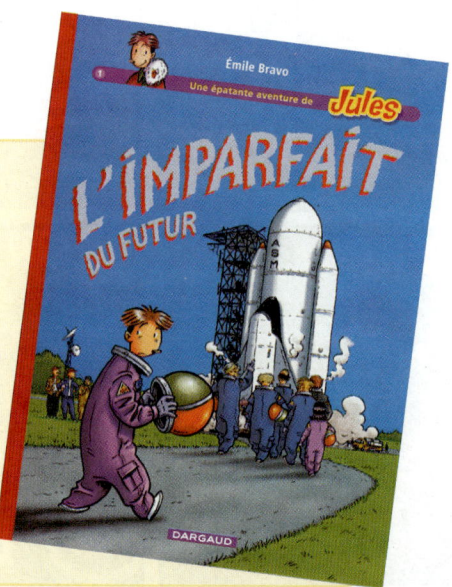

Grand Standigne

Raymond Queneau (1903-1976)
Cet écrivain français a cherché dans son œuvre à utiliser le langage de toutes les façons possibles. Avec des amis, il inventait des règles pour créer des phrases, des romans, des poèmes.

poésie

Un jour on démolira
ces beaux immeubles si modernes
on en cassera les carreaux
de plexiglas ou d'ultravitre
5 on démontera les fourneaux
construits à polytechnique
on sectionnera les antennes
collectives de tévision
on dévissera les ascenseurs
10 on anéantira les vide-ordures
on broiera les chauffoses
on pulvérisera les frigidons
quand ces immeubles vieilliront
du poids infini de la tristesse des choses

Raymond Queneau, *Courir les rues*, © Éditions Gallimard, 1967.

QUESTIONS

1. À quel temps sont les verbes du poème ? Pourquoi ?
2. Il y a une relation de sens entre tous ces verbes. Précise laquelle.
3. Quelle remarque peux-tu faire sur les derniers mots des vers 8, 11 et 12 ? Pourquoi l'auteur les a-t-il choisis ?
4. Quelle impression ressens-tu à la lecture de ce poème ?

GRAMMAIRE
Savoir qui parle, à qui, de qui, de quoi
P. 166

CONJUGAISON
Le futur de l'indicatif
P. 170

Demain, un autre monde...

Moissons

La planète Mars.

Image de synthèse représentant le robot Mars Science Laboratory qui sera lancé en 2009 pour une nouvelle mission de recherche sur Mars.

Le jour où les premiers astronautes mettront le pied sur Mars, il leur sera impossible de débarquer avec tout ce qui sera nécessaire à leur survie pendant ce long séjour. En effet, les premières missions de reconnaissance, aussi modestes soient-elles dans leurs objectifs, dureront près de deux ans. Et les capsules spatiales ont des capacités d'emport limitées.

Pour le chercheur Ken Debelak de l'université Vanderbilt, il n'y a qu'une solution : vivre de ce que l'on trouvera sur Mars.

Sur Terre, les explorateurs pouvaient généralement compter sur ce qu'ils allaient trouver dans les terres qu'ils se proposaient de découvrir. Sur Mars, les choses sont beaucoup plus compliquées : la planète est stérile. Il faudra pourtant y trouver, d'une manière ou d'une autre, un moyen de subsistance. Impossible ? Debelak ne le croit pas. Il mène actuellement un projet avec la Nasa pour y parvenir. Selon lui, la clé du problème réside dans l'atmosphère martienne.

Comparée à celle de la Terre, l'atmosphère martienne est bien maigre et composée à 95 % de dioxyde de carbone (CO_2). Là résiderait tout son intérêt. Le dioxyde de carbone peut servir à récolter plein d'autres composés.

martiennes

Photographie du sol martien prise par le robot Pathfinder en juillet 1997.

Le sol et les roches martiennes recèlent quantité d'éléments précieux : magnésium et hydrogène pour propulser les fusées, oxygène pour respirer, eau pour se désaltérer. Tout ce dont on a besoin, c'est d'un bon solvant pour les récupérer. Et revoilà le dioxyde de carbone…
En effet, celui-ci est un remarquable solvant. […]

Le magnésium, qui est probablement présent dans les roches martiennes, s'enflamme facilement et peut être utilisé pour alimenter les moteurs-fusées. C'est si vrai que, selon Debelak, un scénario de mission martienne imagine un vaisseau atterrisseur entièrement constitué de magnésium. « Quand les astronautes seront sur le point de repartir, ils découperont une partie devenue inutile de leur vaisseau, la placeront dans un moteur-fusée avec un oxydant et allumeront le tout. » Mais en utilisant le dioxyde de carbone comme solvant, plus besoin de cannibaliser la capsule : Mars fournira le magnésium.

Karen Miller, *Science@Nasa,* www.cidehom.com, 2003.

GRAMMAIRE
Produire des phrases : pour quoi faire ?
P.168

VOCABULAIRE
Comprendre les mots grâce à leur contexte
P.174

QUESTIONS

1. On appelle parfois la Terre la « planète bleue ». Pourquoi ? Comment surnomme-t-on Mars ? À ton avis, pourquoi ?
2. Quels éléments précieux recèlent les roches martiennes ? Fais-en une liste.
3. Quel est l'intérêt du dioxyde de carbone ? Où le trouve-t-on ?
4. Selon l'auteur, quelle différence y a-t-il entre les explorations terrestres et celles qui se dérouleront sur Mars ?

Demain, un autre monde…

Lectures croisées

Ces textes invitent le lecteur à un voyage dans le temps ou dans l'espace

Étranges impressions, p. 28 à 30.
Premiers pas sur Néogaïa, p. 32 et 33.
Grand standigne, p. 35.
Moissons martiennes, p. 36 et 37.

1 Ces textes ont tous un rapport avec le futur. Précise :
  A lesquels sont ancrés dans le présent et évoquent le futur ;
  B lesquels se situent déjà dans le futur.

2 Parmi ces textes, cite ceux qui font référence à :
  A un voyage dans l'espace ;
  B une vie extraterrestre ;
  C un futur sur Terre.
Dans chaque cas, relève une phrase qui justifie ton choix et écris-la.

3 À propos des trois textes qui évoquent une autre planète, établis un classement concernant leur « vraisemblance » : du plus vraisemblable au moins vraisemblable.
Relève dans les textes les éléments (phrases ou groupes de mots) qui justifient ta réponse.

4 D'après toi, dans quel(s) texte(s) l'avenir est-il considéré avec :
– pessimisme ?
– insouciance ?
– humour ?
– crainte ?
– espoir ?
À chaque fois, relève des éléments du texte (phrases ou groupes de mots) qui permettent de justifier tes réponses.

5 Quelle est la planète le plus souvent évoquée en vue d'une exploration humaine ?
Recherche à travers des documents (en bibliothèque, sur Internet, etc.) pourquoi cette planète est le plus souvent envisagée pour une conquête par l'homme.

Des livres en réseau

Explore un genre : la science-fiction.

Des romans

Le monde d'en haut
de Xavier-Laurent Petit, coll. « Dix & plus », Casterman.

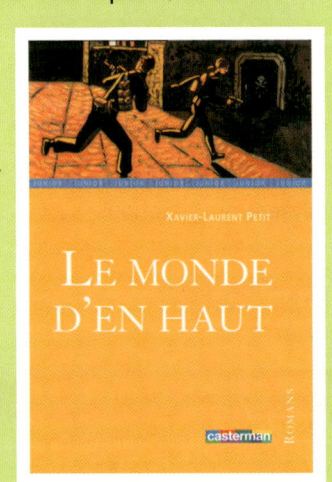

2096. Depuis soixante-dix ans, pour échapper aux terribles pollutions, les hommes vivent sous terre, dans un pays nommé Suburba. Tout y est parfaitement réglé, le confort est total... Cependant certains habitants, parmi lesquels Lukas, élève ingénieur, voudraient s'évader de Suburba, remonter sur terre et vivre à l'air libre.

La citadelle du vertige
de Alain Grousset, Le Livre de Poche Jeunesse, Hachette Livre.

Symon, tailleur de pierre comme tous ses ancêtres, n'a jamais connu la Terre. Il vit dans une étrange cathédrale qu'il construit au-dessus du vide, et de plus en plus haut. Interdiction absolue est faite aux habitants de retourner sur Terre et même de poser des questions. À la mort de son père, Symon décide d'en savoir davantage.

Le destin de Linus Hoppe
de Anne-Laure Bondoux, Bayard Jeunesse.

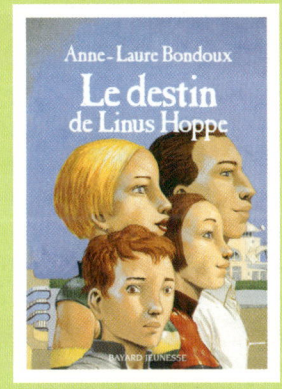

La société dans laquelle vit Linus est divisée en trois sphères : la sphère 1, celle des classes supérieures, aux conditions de vie favorisées, la sphère 2, moins agréable, la sphère 3, soumise à un réel esclavage. Chacun est affecté dans une sphère selon ses résultats à l'examen de fin de scolarité. Au moment de passer ce grand examen, Linus se demande s'il a vraiment envie d'être à son tour programmé.

et une bande dessinée

Valérian, « Bienvenue sur Alflolol »
scénario de Pierre Christin et dessin de Jean-Claude Mézières, Dargaud.

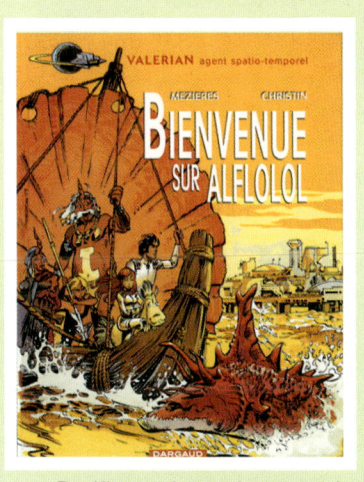

Valérian, agent spatio-temporel, rentre d'une mission sur une lointaine planète colonisée par les Terriens. En route, il rencontre un curieux vaisseau ; ce sont les anciens habitants de cette planète qui veulent rentrer chez eux ! Pacifiques, bons vivants et doués de pouvoirs extraordinaires, ces personnages posent bien des problèmes à Valérian et à ses supérieurs...

Classe de lune
de François Sautereau, coll. « Cascade », Rageot Éditeur.

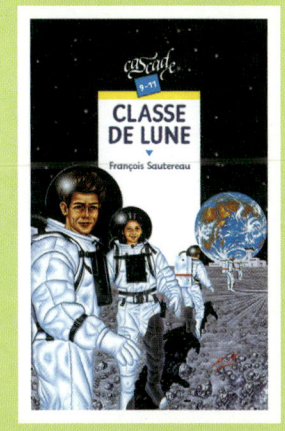

Le CM2 de Christophe part en classe de lune. C'est la première fois au monde qu'une telle classe est organisée. Préparatifs, entraînements, décollage... Lorsque les jeunes héros sont enfin sur la lune, ils perçoivent une musique inconnue. Christophe veut savoir d'où elle vient... Cette quête conduit tout le monde dans de surprenantes aventures.

Demain, un autre monde...

Atelier de lecture
Caractériser des personnages

1 **Caractérise des types de personnages.**

Complète ce tableau. Indique au moins deux traits de caractère que l'on attend généralement de ces types de personnages.

Tableau à photocopier dans le livre du maître.

Personnages	Traits de caractère
Les pères	ont de l'autorité – … – …
Les mères	sont tendres – … – …
Les enfants	aiment jouer – … – …
Les pilotes	aiment le risque – … – …
Les scientifiques	analysent les situations – … – …

2 **Caractérise les personnages d'un texte.**

Étranges impressions, p. 28 à 30.

Tableau à photocopier dans le livre du maître.

Extraits du texte	N° de ligne	Qui parle ?	Traits de caractère
– Courage, Harry !			
– J'ai l'impression d'être un cristal de sel roulé par les eaux d'un torrent.			
– Ici, nous serons sauvés.			
– Sauvés, mais timbrés !			
– Je me demande si les Martiens savent que nous sommes là.			

Extraits du texte	N° de ligne	Qui agit ?	Traits de caractère
poussaient des cris aigus			
prit la valise dans ses mains glacées.			
pour l'amour de Dieu, prenons nos billets de retour !			
avala sa salive et se tourna d'un air interrogateur vers ses enfants.			

Ⓐ Complète le tableau ci-dessus.

Ⓑ Compare avec ce que tu as indiqué à l'exercice 1.
Les traits de caractère de ces personnages sont-ils les mêmes ?
Que peux-tu en conclure ?

3 **Caractérise les personnages d'une BD.**

Premiers pas sur Néogaïa, p. 32 et 33.

Ⓐ Dans la BD, collecte des éléments qui aident à découvrir les traits de caractère de ces personnages : le pilote de la navette – la jeune scientifique – Jules – Janet.

Ⓑ Compare avec ce que tu as indiqué à l'exercice 1.
Cela confirme-t-il ta conclusion de l'exercice 2 ?

Écrire

Changer de point de vue

Tu es un Martien et tu observes, en cachette, la famille Bittering. Raconte ce que tu vois et ce que tu ressens.

DÉMARCHE

◆ Rechercher des idées

- Donne des indications au lecteur :
- – sur leur apparence physique : les trouves-tu beaux ? horribles ? Sont-ils très différents de toi, Martien ?...
- – sur l'endroit d'où tu observes cette famille de Terriens...

- Imagine que tu disposes de pouvoirs propres aux Martiens ; par exemple : tu n'es pas visible des humains.

- Détermine les sentiments que tu ressens pour ces nouveaux venus, qui sont des inconnus pour toi. Ces sentiments peuvent être : la sympathie, la peur, l'envie, la colère...

◆ Organiser le récit

Ton texte doit contenir plusieurs parties :

1. Tu présentes la situation : précise ce que tu fais et où tu le fais.
2. Tu détailles quelques faits et gestes des Bittering dans leur vie quotidienne. Tu peux retourner au texte de Ray Bradbury (p. 28 à 30) pour t'aider.
3. Tu fais part de tes réactions de Martien.

◆ Rédiger le texte

- Utilise le pronom « je » dans la première partie de l'histoire.
- Écris les verbes au présent.
- Si tu t'étonnes en découvrant ces Terriens, utilise les signes de ponctuation qui conviennent : point d'interrogation et point d'exclamation.

CONJUGAISON
Le présent de l'indicatif
P. 160

PROLONGEMENT

Tu envisages d'entrer en contact avec les Bittering dès le lendemain. Tu appelles ton cousin pour qu'il t'accompagne. À vous deux, vous imaginez ce qui se passera...

CONJUGAISON
Le futur de l'indicatif
P. 170

Demain, un autre monde...

Dire

Convaincre

Imaginez que vous voulez partir sur Mars. Essayez de convaincre des camarades de vous accompagner.

DÉMARCHE

◆ Rechercher des arguments

- Formez deux sortes de groupes : des groupes désireux d'effectuer le voyage et des groupes refusant de se rendre sur Mars.

- Selon le groupe d'appartenance, recensez les arguments **pour** ou les arguments **contre**. Pour vous aider, relisez la nouvelle de Ray Bradbury (p. 28 à 30) et relevez, dans ce texte, les raisons de se rendre sur cette planète ou celles de ne pas y aller.

◆ Convaincre un interlocuteur

- Choisissez deux élèves dans des groupes différents pour des jeux de rôles. Chaque élève devra chercher à convaincre son partenaire.

- Pour convaincre, il faut :
  – donner son avis en utilisant des arguments pour ou des arguments contre ;
  – ne pas répéter plusieurs fois les mêmes arguments.

- Pour opposer un argument à un autre argument, il faut utiliser des mots comme « pourtant », « mais », « cependant »…

- Pour conclure, il faut utiliser des mots comme « donc », « c'est pourquoi », « par conséquent »…

GRAMMAIRE
Marquer des liens logiques
P. 228

◆ Écouter

- Lorsque deux élèves s'affrontent, vérifiez s'ils respectent les règles établies. Notez les arguments qui vous semblent les plus pertinents.

- Interrogez-vous :
  – Se sont-ils bien fait comprendre ?
  – Ont-ils adapté leur voix à la situation (articulation, débit, intensité) ?
  Notez vos remarques au fur et à mesure des confrontations.

- Débattez ensuite des arguments qui ont paru les plus ou les moins convaincants au cours de ces échanges.

PROLONGEMENT

Organisez de nouveaux jeux de rôles autour des situations suivantes : convaincre un parent de vous emmener à un concert ; convaincre un frère ou une sœur de vous prêter son baladeur…

Attention, 3 Polars !

Affiche de film, 1962.

Enquête chez l'empailleur

BÉATRICE NICODÈME
Cette auteure, née en France en 1951, a longtemps été maquettiste de magazines pour enfants. Passionnée de polars, elle écrit aujourd'hui des histoires aussi bien pour les petits que pour les grands.

Wiggins est un jeune garçon qui assiste Sherlock Holmes, le célèbre détective anglais, dans ses enquêtes. Cette fois-là, Wiggins s'est fait embaucher chez un empailleur d'animaux qu'il soupçonne de trafics. Un soir, il décide de se cacher dans l'atelier pour surveiller son patron.

Ferguson s'est mis tout de suite au travail. Mais on aurait dit quelqu'un d'autre. Alors que, dans la journée, il avait toujours l'air sinistre et ne parlait qu'à ses macchabées, ce soir-là, il semblait tout gai. Il arrivait presque à sautiller, malgré sa corpulence, lorsqu'il
5 allait chercher un outil, et il ne cessait de chantonner. […]

Il s'est mis à bourrer consciencieusement un perroquet. Quand ça a été fait, il est allé dans la boutique, je l'ai entendu ouvrir puis refermer le coffre, et il est revenu, toujours chantonnant. Il a entamé une espèce de danse, si on peut dire, en tout cas il
10 tournait maladroitement sur lui-même en brandissant son poing fermé. Puis il s'est à nouveau occupé du perroquet. Il a recousu la peau, il a placé les ailes, il a mis les faux yeux et il a enveloppé l'animal dans des bandelettes de gaze. Enfin il a déposé l'oiseau dans une boîte en carton sur laquelle il a écrit un nom et une
15 adresse, et la boîte est allée rejoindre sur le rayon le plus haut celles que je devais aller livrer dans la semaine. Puis il a ouvert le placard à l'autre bout de l'atelier et a bu une grande rasade de sherry et il est reparti, plus silencieux qu'un fantôme – mais un fantôme aussi gras, même la sœur de maman qui habite en Écosse n'en a sûrement
20 jamais vu.

Maintenant il fallait que je me dépêche. Il était trois heures du matin et j'en avais pour une heure à courir à Baker Street. Le temps de réveiller M. Sherlock Holmes, de tout lui expliquer… Le temps qu'il prévienne Scotland Yard, parce qu'il ne pouvait tout de même
25 pas arrêter Ferguson comme ça, sans autorisation officielle…

Évidemment, tant que le perroquet était sur l'étagère, ça pouvait peut-être attendre. Mais maintenant que j'étais sûr de la culpabilité de mon patron, je ne me voyais pas travailler une journée de plus à côté de lui. J'avais trop peur qu'il s'aperçoive de quelque chose et qu'il me jette dans la Tamise.

Je suis donc redescendu à la cave tout excité… et je me suis aperçu qu'entre-temps la Tamise avait monté.

Les eaux noires arrivaient presque au ras du soupirail et, en me représentant à quelle hauteur le soupirail se trouvait d'habitude au-dessus du sol, je me suis dit que si je sautais j'aurais de l'eau au moins jusqu'à la taille. […]

J'ai passé la nuit la plus épouvantable de toute ma vie. Il faisait un froid de loup, et j'entendais autour de moi des grattements et des piétinements terrifiants : des rats ! J'ai allumé ma chandelle pour les éloigner, mais elle a vite brûlé et je me suis retrouvé dans l'obscurité. De temps en temps, je sentais des petites pattes qui me frôlaient et je crois que je me suis mis à pleurer en pensant à maman qui devait être morte d'inquiétude à mon sujet.

Finalement, je me suis endormi et j'ai fait des cauchemars. Je me trouvais dans une forêt, poursuivi par un bison aux yeux phosphorescents. J'essayais de courir mais mes pieds gelés ne me portaient plus et, finalement,
je suis monté dans un arbre. […]
Alors je me suis réveillé.

Attention, polars !

50   Il commençait à faire jour et j'entendais marcher au-dessus de moi : Ferguson avait ouvert la boutique, et il devait se demander pourquoi je n'arrivais pas. Il allait commencer à se méfier, peut-être qu'il allait juger plus prudent d'emmener le perroquet ailleurs et alors tous mes efforts n'auraient servi à rien. Peut-être aussi qu'il allait descendre
55 à la cave et me trouver ?

Je me suis levé à grand-peine, j'étais tout ankylosé par le froid, et j'ai grimpé sur le tonneau qui était devant le soupirail. La Tamise avait à peine commencé à baisser et j'ai dû attendre encore au moins deux heures.

60   Il faisait complètement jour quand j'ai pu enfin sauter. J'avais de l'eau jusqu'aux chevilles et on aurait dit que j'étais retenu au sol par des cercles de fer. Mais j'ai avancé un pied après l'autre, en serrant les dents pour ne pas crier tellement le froid me faisait mal, et finalement je suis arrivé jusqu'au boyau qui menait dans la rue. […]

65   En arrivant au 221B Baker Street, j'ai tout juste eu la force de sonner, et quand Mme Hudson m'a ouvert la porte je me suis évanoui.

Cette fois, j'ai eu droit au cognac sur le canapé de M. Sherlock Holmes. Je n'avais qu'une envie : dormir. Seulement j'étais en mission. J'ai tout raconté : l'homme à la jambe de bois, le perroquet volé, la
70 boutique de l'empailleur, les activités nocturnes de Ferguson, et j'ai eu droit à un second cognac.

Béatrice Nicodème,
Wiggins et le perroquet muet,
© Syros jeunesse, 1993.

GRAMMAIRE
Écrire des textes au passé (1)
P. 176

Lire

Enquête chez l'empailleur

IDENTIFIER

1. Qui sont ces personnages : Wiggins, Ferguson, Sherlock Holmes, Mme Hudson ?
2. Donne le nom du cours d'eau mentionné. Quelle ville traverse-t-il ?
3. Dans cette histoire, Wiggins se trouve à différents endroits. Énumère-les.
4. Après sa journée de travail, combien de temps Wiggins reste-t-il chez Ferguson ?
5. Qu'est-ce que Scotland Yard ?

EXPLIQUER

6. « … il avait toujours l'air sinistre et ne parlait qu'à ses macchabées… » *(ligne 2)*
7. « … mais un fantôme aussi gras, même la sœur de maman qui habite en Écosse n'en a sûrement jamais vu. » *(ligne 18)*
8. « … on aurait dit que j'étais retenu au sol par des cercles de fer. » *(ligne 61)*

MIEUX COMPRENDRE

9. Le jeune garçon est sûr de la culpabilité de son patron. Relève le passage du texte qui l'indique.
10. Dans son rêve, Wiggins voit un bison avec des yeux phosphorescents. À ton avis, pourquoi ?
11. Pourquoi Wiggins dit-il qu'il est « en mission » ?

DÉBATTRE

12. Qu'est-ce qui permet de dire que cette histoire appartient au genre policier ?
13. Aimerais-tu être l'assistant d'un grand détective ? Explique pourquoi et confronte ton opinion avec celle de tes camarades.

L'ŒUVRE COMPLÈTE

On le sait trop peu, mais Sherlock Holmes n'était pas épaulé par le seul docteur Watson. Wiggins, « un môme des rues de Londres », l'a aidé à résoudre bon nombre des énigmes les plus compliquées pour lesquelles le célèbre détective fut admiré. Dans l'enquête que nous relate ce livre, Wiggins doit réunir des indices sur le meurtre d'une danseuse de cabaret. Nous sommes en 1889 à Londres. Il fait un froid de loup et, pour les besoins de son enquête, le jeune garçon se fait embaucher chez un étrange et terrifiant empailleur.

Attention, polars !

La poubelle mystère

JEAN-LOUP CRAIPEAU
Né en 1948 à Puteau, il est correcteur. Écrire l'occupe de temps en temps depuis 1986. Il a publié pour la jeunesse des romans policiers, des histoires du Père Noël et des contes.

Quand j'ai raconté à mes parents, ils ont été formids. Maman a eu l'idée de déposer, en cachette, le soir, un sac plastique avec de quoi manger dans la poubelle la plus proche de l'hôtel particulier milliards d'étoiles de Clodo.

5   C'était un secret.

Donc, je venais de déposer mon sac quand, dans un bruit de freins terrible qui m'a fait me cacher, une voiture BMW noire a pilé sec à mon niveau. J'ai d'abord imaginé qu'on allait me kidnapper. Mais papa est inconnu et puis je m'étais caché.

10   Deux types louches sont sortis de la BM.

Le premier, un sinistre à lunettes noires, faisait semblant d'aérer le chien miniature qu'il avait aux bras.

« Respire, Trésor. Respire. »

En vrai, il faisait le guet pendant que le deuxième fonçait sur
15 MA poubelle.

Jamais je n'avais vu quelqu'un si pressé de jeter ses ordures, sauf une fois maman avec une couche de ma sœur, pleine à ras et qui sentait l'enfer. Mais ces types n'avaient pas des bobines à s'occuper de couches.

20   Ce sac devait au moins contenir des mygales ou des scorpions.

Un troisième était resté au volant.

Ils sont repartis en trombe.

Je me suis même demandé si ce n'était pas une bombe. À tout hasard, je me suis jeté à plat ventre.

25   À part pour mon survêt, il ne s'est rien passé. Il n'y a qu'à la publicité que les mamans sont joyeuses de laver les taches. C'est pourquoi j'ai préféré inventer l'histoire de la racine qui m'avait fait buter. Entre nous, si j'avais raconté l'histoire de la BM, maman m'aurait collé une tarte en me priant de ne pas me ficher d'elle
30 en plus.

Et, grâce aux jumelles, j'ai surveillé Clodo.

Il avait ramassé les deux paquets. Pour le mien, il a fait un sourire. Du coup, je me suis demandé s'il n'avait pas percé notre secret.

35 Quand il a ouvert l'autre, il a trempé son doigt pour goûter. […]

Le lendemain, c'est-à-dire hier, on jouait à épuiser Le Chien avant la nuit. Clodo appelle ça le quart d'heure de folie.

En pardessus marine et chapeau mou, l'homme de la BM aérait son pékinois non loin de nous…

40 J'étais certain qu'il nous observait derrière ses lunettes noires. […]
Le soir, avec les jumelles, j'ai regardé si Clodo trouvait bien tout. J'aime être sûr que Clodo ne manque pas.

C'est alors que je les ai vus.

La bande au complet : Le Sinistre, Le Chauffeur et
45 Pose-le-Sac.

Ils entouraient Clodo. Ils n'avaient pas l'air contents. […]

Clodo se tenait à carreau à cause de Pose-le-Sac qui pointait sur lui un énorme pétard,
50 revolver ou pistolet, je n'en sais rien : je n'ai jamais su la différence.

Je me suis dit que je devais appeler police-secours. Mais au même moment, Le Sinistre,
55 qui avait l'air très très fâché, a fait signe aux deux autres de laisser. Et ils ont planté mon copain qui n'en menait pas large.
60 Enfin, il était entier, Dieu merci, pourtant, je ne suis pas mère poule.

Jean-Loup Craipeau,
Gare au carnage,
Amédée Petipotage !,
coll. « Pleine lune », © Nathan, 2002.

Attention, polars !

Lire

La poubelle mystère

IDENTIFIER

1. Qui sont ces personnages : Clodo, Le Sinistre, Le Chauffeur, Pose-le-Sac ?
2. À ton avis, pourquoi le narrateur leur donne-t-il ces noms ?

EXPLIQUER

3. « … l'hôtel particulier milliards d'étoiles de Clodo. » *(ligne 3)*
4. « Mais ces types n'avaient pas des bobines à s'occuper de couches. » *(ligne 18)*
5. « Ce sac devait au moins contenir des mygales ou des scorpions. » *(ligne 20)*
6. « À part pour mon survêt, il ne s'est rien passé. » *(ligne 25)*

MIEUX COMPRENDRE

7. Pourquoi les parents sont-ils « formids » ?
8. Clodo aurait percé un secret. De quoi s'agit-il ?
9. Pourquoi Clodo est-il en danger et que risque-t-il ?
10. Pourquoi le narrateur dit-il qu'il n'est pas « mère poule » ? Y a-t-il un passage du texte qui prouve le contraire ?

DÉBATTRE

11. Qu'est-ce que peut bien contenir cet autre sac et qui sont donc ces passagers de la BMW ? Donne ton avis et compare-le avec celui de tes camarades.

DIRE LE TEXTE

12. Lis les lignes 41 à 62 en imaginant que tu racontes à la police ce que tu as vu.

L'ŒUVRE COMPLÈTE

À Paris, Amédée a un ami clochard qu'il appelle Clodo. Ils se rencontrent souvent autour d'une poubelle. Mais un jour, des hommes bien « louches », des truands, tentent d'assassiner Clodo. Un sac suspect semble en être la raison. Amédée décide de mener l'enquête…

L'Heure du crime

Minuit. Voici l'heure du crime.
Sortant d'une chambre voisine,
Un homme surgit dans le noir.
    Il ôte ses souliers
5   S'approche de l'armoire
    Sur la pointe des pieds
    Et saisit un couteau
Dont l'acier luit, bien aiguisé.
Puis, masquant ses yeux de fouine
10 Avec un pan de son manteau,
Il pénètre dans la cuisine
Et, d'un seul coup, comme un bourreau
Avant que ne crie la victime,
Ouvre le cœur d'un artichaut.

Maurice Carême,
© Fondation Maurice Carême, tous droits réservés, 1977.

Maurice Carême
(1899-1978)
Ce poète belge de langue française était instituteur. Il est toujours resté très proche de la sensibilité des enfants. Ses poèmes chantent le plus souvent la joie de vivre.

CONJUGAISON
Le passé composé de l'indicatif (1)
P. 180

QUESTIONS

1 Quels mots laissent présager la préparation d'un acte violent ? Fais-en une liste.

2 À quel endroit du poème nous dévoile-t-on l'intention de l'homme mystérieux ?

3 Comment appelle-t-on le procédé qui consiste à faire monter la tension du lecteur ?

Attention, polars !

Vidocq est un très célèbre détective français dont la vie tumultueuse a inspiré des écrivains aussi illustres que Victor Hugo ou Honoré de Balzac ainsi que des réalisateurs de films et de séries télévisées.

Né le 25 juillet 1775, à Arras, de parents boulangers, Eugène François Vidocq s'est rapidement signalé par des menus larcins commis avec la complicité de quelques camarades douteux. Il a notamment volé de l'argent à son père.

Très vite, il part sur les chemins avec le vague projet de rejoindre les Amériques, mais son escapade s'est limitée à une vie misérable en compagnie de quelques vagabonds. Il devient soldat, mais déserte rapidement et retourne à Arras où il reprend, semble-t-il, une vie plus calme : il s'y est marié mais a rapidement abandonné son épouse pour retourner à une vie aventureuse.

En 1796, on l'arrête pour escroquerie et la justice le condamne à huit ans de bagne. Mais Vidocq n'a pas entièrement purgé sa peine : il s'est évadé au bout de six ans.

Que s'est-il passé après cette évasion ? Vidocq a-t-il décidé de changer d'existence ? A-t-il commencé à regretter cette succession de méfaits ?

Vidocq accompagné d'hommes de sa brigade arrêtant des brigands dans la forêt de Sénart.

Vidocq

Toujours est-il qu'en 1810, le préfet Dubois l'a engagé et l'a laissé mettre sur pied une « brigade de sûreté », composée d'hommes douteux qui avaient en commun d'avoir fait de la prison. Très expérimentée, cette brigade a rapidement obtenu des résultats impressionnants : en un an, Vidocq a mis sous les verrous des centaines de malfaiteurs.

Cette efficacité policière a cependant soulevé bien des interrogations. N'oublions pas en effet que ce sont ses relations avec le « milieu » qui lui ont permis d'avoir une exceptionnelle connaissance du terrain. Mais ces relations, justement, finissent par lui coûter cher : en 1825, à la suite d'un scandale, on lui demande de cesser ses activités.

Par la suite, on retiendra qu'il a établi une fabrique de papiers et cartons, avant de fonder, vers 1836, une police privée.

Il est mort en 1857.

La destinée de Vidocq a inspiré de nombreux commentateurs : certains pensent que ses supérieurs ont pris un risque certain en confiant à un ancien condamné des responsabilités dans la police. D'autres, au contraire, estiment qu'ils ont eu raison de mettre à profit l'expérience de cet homme pour traquer le « milieu ».

Vidocq a publié ses Mémoires *en 1828. Elles ont connu un succès considérable. Il a aussi écrit des romans :* Les voleurs, *en 1836, et* Les vrais mystères de Paris, *en 1844.*

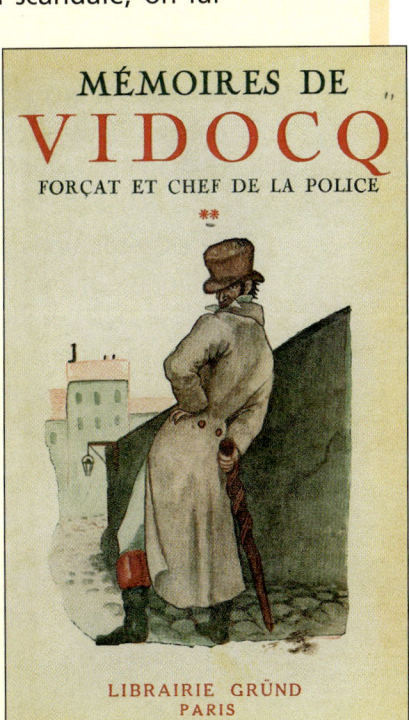

GRAMMAIRE
Écrire des textes au passé (1)
P. 176

CONJUGAISON
Le passé composé de l'indicatif (1)
P. 180

Questions

1. Trouve dans le texte deux délits qu'on attribue à Vidocq.
2. Quel âge a Vidocq quand le préfet Dubois fait appel à ses services ?
3. Pour quelle raison les activités de Vidocq dans la police ont-elles cessé ?
4. Selon toi, était-il judicieux ou au contraire imprudent de confier des responsabilités à Vidocq ? Justifie ta réponse.

Attention, polars !

Lectures croisées

Ces textes veulent susciter la peur et l'angoisse chez le lecteur

Enquête chez l'empailleur, p. 44 à 46.
La poubelle mystère, p. 48 et 49.
L'heure du crime, p. 51.
Vidocq, p. 52 et 53.

1 **Observe les indices temporels dans ces textes.**
   A Indique à quels moments de la journée se déroulent ces histoires.
   B À ton avis, pourquoi les auteurs ont-ils choisi de situer leur histoire à ces moments ?

2 **Intéresse-toi aux « méchants ».**
Pour chacun de ces textes, relève quelques éléments de description des « méchants » qui nous les rendent inquiétants.

3 **Intéresse-toi aux « gentils ».**
   A Indique qui sont les « gentils » des deux premiers textes. Relève des points communs.
   B Durant la scène décrite dans chaque extrait, où sont et que font les « gentils » ? Relève des points communs.
   C Quels mensonges ont-ils faits ? Pourquoi ont-ils menti ? Relève des différences.

4 **Peur et méfiance.**
Relève des passages des textes qui montrent :
   A la peur des jeunes héros face aux « méchants » ;
   B la prudence et la méfiance des « méchants ».

5 **Étrange.**
Pour chaque texte, repère :
   A au moins un événement inattendu et étrange ;
   B au moins un passage où l'auteur cherche délibérément à créer des émotions fortes chez son lecteur.

6 **Et Vidocq ?**
Vidocq était un « méchant » qui fascinait les gens de son époque.
   A Cherche à expliquer pourquoi.
   B En quoi est-il différent des « méchants » des autres textes de l'unité ?

Des livres en réseau

Découvre différents traitements d'un même personnage.

Autour du « vrai » Sherlock Holmes

Un rival pour Sherlock Holmes

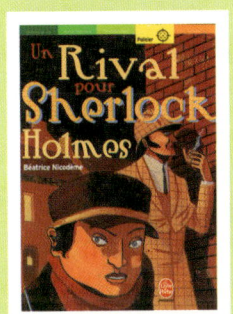

de Béatrice Nicodème.
Le Livre de Poche Jeunesse,
Hachette Livre.

Wiggins, le jeune héros de Wiggins et le perroquet muet, est à nouveau chargé d'une enquête par Sherlock Holmes lui-même. Mais, malheureusement, cette fois, le célèbre détective ne fait rien pour l'aider... bien au contraire !

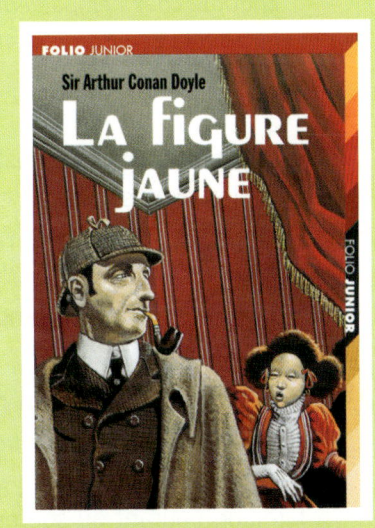

La figure jaune et autres aventures de Sherlock Holmes

de Arthur Conan Doyle,
coll. « Folio junior », Gallimard.

Retrouvez ici un Sherlock Holmes en version originale dans quatre histoires écrites par Arthur Conan Doyle, l'inventeur de ce personnage. Suivez ce célèbre détective privé qui, comme toujours, par l'observation, la déduction et la logique, résout d'inquiétantes énigmes pleines de suspens.

Des parodies de Sherlock

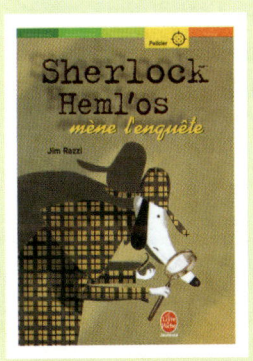

Sherlock Heml'os mène l'enquête

de Jim Razzi,
Le Livre de Poche Jeunesse,
Hachette Livre.

Ce petit livre est composé de nombreuses énigmes, dont les solutions sont données en fin d'ouvrage. Nous suivons un chien détective qui a tous les talents du vrai Sherlock Holmes.

Les énigmes du zoo

de Michel Amelin,
coll. « Délires », Bayard.

Qui a assassiné les autruches ? Qui a voulu la peau de l'éléphant blanc ? Qui a fait taire définitivement le témoin d'un vol ? Au zoo, Sherlock Yack mène l'enquête. À la suite de ce transfuge animalier du célèbre détective et à l'aide des indices trouvés dans l'histoire, démasquez le vrai coupable.

Sherlock Holmes n'a peur de rien

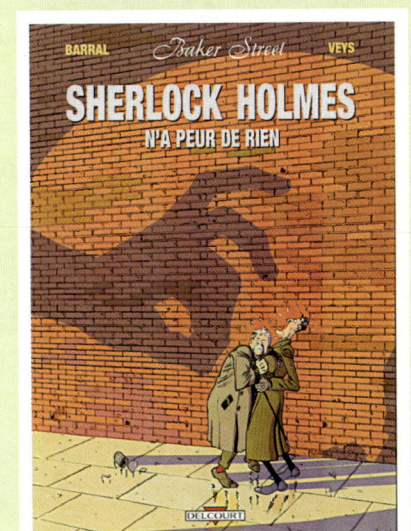

Bande dessinée de la série « Baker Street » (tome 1), scénario de Pierre Veys et dessins de Nicolas Barral, Delcourt.

Ici, Sherlock Holmes perd de son flegme britannique devant un docteur Watson lamentable. Il se permet un cambriolage et réalise gaffes et farces. Pourtant, il traque toujours le minuscule détail dont il tire de flamboyantes déductions pour notre plus grand plaisir. Attention ! une version délirante qui renouvelle le genre.

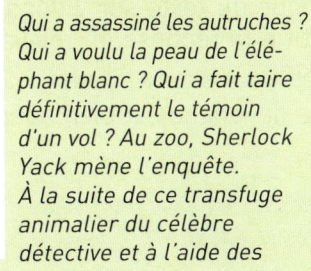

Attention, polars !

Atelier de lecture

Identifier des registres de langue

1 Rappelle ce que tu sais de l'âge et de la personnalité du personnage principal pour chacun des trois textes.

Enquête chez l'empailleur, p. 44 à 46.
La poubelle mystère, p. 48 et 49.
Vidocq, p. 52 et 53.

2 Indique lequel des trois textes utilise le plus d'expressions familières.

A Liste les expressions de ce texte qui relèvent d'un langage familier.

B Réécris les phrases en remplaçant les expressions familières que tu as trouvées par d'autres appartenant au registre courant.

C Explique en quoi ce langage familier est bien adapté à ce texte.

3 Identifie puis modifie un registre de langue.

Enquête chez l'empailleur, p. 44 à 46.

A Quel registre de langue l'auteur a-t-il choisi : familier, courant ou soutenu ?

B Réécris ce passage en employant un registre de langue familier. Tu peux changer les phrases. Tu le liras ensuite à tes camarades.

Maintenant il fallait que je me dépêche. Il était trois heures du matin et j'en avais pour une heure à courir à Baker Street. Le temps de réveiller M. Sherlock Holmes, de tout lui expliquer... Le temps qu'il prévienne Scotland Yard, parce qu'il ne pouvait tout de même pas arrêter Ferguson comme ça, sans autorisation officielle...

Évidemment, tant que le perroquet était sur l'étagère, ça pouvait peut-être attendre. Mais maintenant que j'étais sûr de la culpabilité de mon patron, je ne me voyais pas travailler une journée de plus à côté de lui. J'avais trop peur qu'il s'aperçoive de quelque chose et qu'il me jette dans la Tamise.

4 Identifie le registre de langue d'un texte.

Vidocq, p. 52 et 53.

A Quel est le registre de langue du texte sur Vidocq : familier, courant ou soutenu ? Justifie ta réponse en relevant des mots ou des expressions du texte.

B Indique en quoi ce registre de langue est bien adapté à ce texte.

Écrire

Rédiger une histoire policière

Écris une histoire dont le héros est un enfant. Comme Wiggins, il a un ami détective. Un danger le menace en raison de ce qu'il a découvert.

DÉMARCHE

◆ Rechercher des idées

- Sur la situation :
- Précise ce que le héros a découvert : un trafic d'animaux, un projet de cambriolage…
- Indique ses réactions, par exemple il va chercher de l'aide ou il décide d'empêcher cet acte en se débrouillant tout seul.

- Sur les personnages :
- Caractérise le personnage qui pourrait s'en prendre au héros : son apparence physique, son comportement…
- Présente en quelques mots le détective, ami du héros, et leurs relations.

- Sur l'action :
- Quel danger précis menace le héros : enlèvement, coups, mort ?
- Le dénouement : le héros agit-il seul ou reçoit-il de l'aide de son ami détective ?

◆ Organiser le récit

Ton texte doit contenir plusieurs parties :

1. Quelques lignes serviront à présenter les éléments principaux : le délit dont le héros a connaissance, les personnages principaux, le danger encouru…
2. La menace se précise : le suspens augmente et le lecteur s'angoisse…
3. Attention à la fin ! Est-elle heureuse ou dramatique ? Un héros qui réussit peut s'envoler vers d'autres aventures…

◆ Rédiger le texte

- Utilise le pronom « il » pour raconter cette histoire.
- Utilise des indicateurs de temps variés : *puis, ensuite, après*…
- Tu peux choisir de rédiger ton texte au présent ou au passé.

PROLONGEMENT

Reprends le texte que tu viens d'écrire et change la chute de ton histoire. Choisis par exemple d'écrire une fin heureuse si la fin précédente était dramatique, ou, à l'inverse, une fin dramatique si la précédente était heureuse.

Attention, polars !

Dire

Témoigner

Imaginez qu'ayant assisté à l'une des scènes évoquées dans les textes de l'unité, vous vous rendiez au commissariat pour relater ce que vous avez vu…

DÉMARCHE

◆ Préparer un témoignage

- Mettez-vous par groupes et choisissez un des textes de l'unité.

- Dans le texte que vous avez choisi, relevez les informations qu'il vous paraîtrait important de donner à un inspecteur de police. Vous pouvez compléter les informations relevées dans les textes en inventant des détails supplémentaires.

- Ensemble, préparez ce que vous diriez au commissaire si vous étiez à la place de Wiggins ou d'Amédée Petipotage, ou si vous aviez assisté à l'« heure du crime ».

◆ Apporter un témoignage

- Choisissez dans chaque groupe un élève chargé de témoigner.

- Pour bien témoigner, il faut :
  – indiquer où s'est passée la scène et à quel moment ;
  – préciser de qui et de quoi il s'agissait ;
  – expliquer comment les choses se sont déroulées.

◆ Écouter

- Au moment du témoignage, vérifiez si le « témoin » a apporté des informations suffisamment précises. Il faut qu'une personne n'ayant pas assisté à la scène puisse se la représenter.

- Notez les questions que vous voudriez poser, si vous étiez inspecteur de police, pour obtenir des informations complémentaires. Faites remarquer ainsi au témoin ce qu'il a omis de dire.

GRAMMAIRE
Se repérer dans un texte : quand et où ?
P. 196

GRAMMAIRE
Savoir qui parle, à qui, de qui, de quoi
P. 166

PROLONGEMENT

Imaginez d'autres situations et organisez des jeux de rôles entre un témoin et un inspecteur. Par exemple, lors d'un concert, on a tiré sur le pianiste…

Amour et Séduction 4

Constantin Brancusi, *Le Baiser*, 1910.

La réponse d'Anna

PETER HÄRTLING
Cet auteur allemand né en 1933 a été journaliste avant de devenir l'un des grands écrivains de son pays. Traduits en une vingtaine de langues, ses livres parlent avec tendresse des difficultés de vivre ensemble.

Voilà déjà plusieurs semaines que Ben a fait sa déclaration d'amour à Anna dans une lettre. Depuis, Anna agit comme si de rien n'était et ne prend pas le temps de répondre. Pourtant…

Le dernier jour avant les vacances, Anna posa une feuille sur la table de Ben. Elle le fit tout à fait ouvertement. Les autres se mirent à ricaner. Ben mit sa main dessus et l'enleva lentement.

— Il faut que tu lises tout de suite ! lui lança Anna.

5 M. Seibmann entra dans la salle de classe. Ben fourra en vitesse le mot dans sa poche.

— Mais ! dit Anna très fort d'un air mécontent.

— Mais quoi ? demanda M. Seibmann.

— Anna a écrit une lettre à Ben ! crièrent les élèves tous à la fois.

10 — Ah oui ! Et alors ?

M. Seibmann réagissait comme si Ben recevait tous les jours un mot d'Anna.

Anna se leva. Elle ne prêtait aucune attention au vacarme qui régnait dans la classe.

15 — Il l'a mise dans sa poche et ne l'a pas lue.

À présent, M. Seibmann avait compris.

— Voilà pourquoi tu disais « mais »… Eh bien, Ben, lis donc ta lettre. Et silence, vous autres !

Ben sortit la lettre de sa poche, la déplia. Il avait honte.
20 Pourquoi Anna ne lui avait-elle pas remis son mot à la récréation ? D'abord elle le faisait attendre, puis elle le faisait passer pour un benêt.

— Lis-la ! Lis-la tout haut ! crièrent les élèves.

— Silence ! hurla de nouveau M. Seibmann. Vous ne savez donc pas
25 que la correspondance est une chose privée ? Allons ! On commence ! Sortez vos livres de lecture. Puisque vous voulez de la lecture…

Ben lut la lettre. Elle n'était pas longue.

60

Cher Ben,

J'ai bien reçu ta lettre. Je la trouve belle. Je trouve beau aussi ce que tu me dis. Est-ce que tu pars pour les vacances ? Ou est-ce que nous pourrons faire quelque chose ensemble ?

Ton Anna.

Ben sentait qu'Anna le regardait fixement pendant qu'il lisait.
— Fini ? demanda M. Seibmann.
— Oui, répondit très bas Ben.
— Alors tu peux te mettre à travailler. Tu diras à Anna dans deux heures ce que tu penses de sa lettre. D'accord ?

Ben hocha la tête.

Il avait la tête en feu. Bernhard chuchotait. Ben ne le comprenait pas, et ne voulait pas comprendre. Il n'arrivait pas non plus à bien suivre le cours. M. Seibmann ne lui fit pas d'histoires. Ben trouva ça très chic de sa part.

Il se demandait s'il devait sortir de la classe avec Anna pendant la récréation, ou s'il ne valait pas mieux courir seul dans la cour et l'attendre là-bas. Comme ça, les autres se moqueraient moins de lui.

Anna le prit de vitesse. Elle se mit sur son chemin et lui demanda, sans se soucier de son embarras :
— Alors, tu pars en vacances ?

Ben ne put pas dire un mot et se contenta de secouer la tête.

Elle le prit par la main et l'entraîna.
— Formidable ! Demain tu es invité chez nous. Papa et maman veulent que tu viennes déjeuner. Chez nous, en Pologne, on s'invite à manger.
— Mais nous ne sommes pas en Pologne, dit Ben.

Il arrivait enfin à reparler.
— Tu me trouves bête ?

Anna se mit à rire malicieusement.
— Je dois demander la permission.
— Fais-le.
— Et après il faudra que tu viennes à la maison, Anna.
— Bien sûr. […]

Soudain, elle le prit dans ses bras et se pressa contre lui. Tout le monde put les voir dans la

Amour et séduction

GRAMMAIRE
Écrire des textes au passé (2)
P. 186

VOCABULAIRE
Explorer la construction des mots
P. 194

cour de l'école. Puis elle s'éloigna en faisant de petits bonds. Ben était complètement abasourdi.

— À demain ! lui cria-t-elle.
— Mais on peut encore se parler après l'école…
— Pas possible ! Maman m'attend !
— Elle t'a embrassé ? demandèrent Jens, puis Bernhard.
— Non ! non ! non !

Ben trépignait de colère. Pourquoi avait-elle agi ainsi ? De toute façon, ç'avait été très beau.

Il demanda à sa mère, avant qu'elle ne parte travailler, s'il pouvait aller le lendemain déjeuner chez Anna.

Sa mère ne voulait pas.

— Ces gens ont à peine de quoi vivre, dit-elle.
— Mais les parents d'Anna sont d'accord.
— Eh bien, vas-y, déclara sa mère. On dit toujours que les Polonais sont hospitaliers.
— Mais ce ne sont pas des Polonais, corrigea Ben.
— Comme tu veux, répondit sa mère.

L'après-midi, il s'enferma dans sa chambre. Holger ne vint pas le déranger : il devait aller jouer au ping-pong.

Ben s'assit à son bureau et écrivit lentement, phrase après phrase :

Anna n'est pas aussi grande que moi.
Anna est allemande et vient de Pologne.
Mais elle est allemande.
Anna vient de Katowice, avec un e à la fin.
Anna a des cheveux noirs et une grosse natte.
Anna est différente des autres filles.
Anna a un beau visage. À cause de ses yeux.
Sûrement, j'aime Anna.
J'aime beaucoup Anna.
Anna m'a presque embrassé.
Anna a vraiment les plus beaux yeux qui soient.

Quand Ben relut ce qu'il avait écrit, il eut honte de lui et jeta la feuille dans la corbeille à papier.

Peter Härtling,
Ben est amoureux d'Anna,
© Éditions Pocket Jeunesse, 1995,
département d'Univers Poche.

Lire

La réponse d'Anna

IDENTIFIER

1. Où se passe cette histoire ?
2. À quelle période de l'année scolaire se déroule-t-elle ?
3. Qui sont ces différents personnages : M. Seibmann, Bernhard, Jens, Holger ?
4. Pourquoi certains passages du texte sont-ils écrits de façon différente ?
5. Que sait-on de la famille d'Anna ?

EXPLIQUER

6. « D'abord elle le faisait attendre, puis elle le faisait passer pour un benêt. » *(ligne 21)*
7. « M. Seibmann ne lui fit pas d'histoires. » *(ligne 41)*
8. « Ben […] eut honte de lui et jeta la feuille dans la corbeille à papier. » *(ligne 97)*

MIEUX COMPRENDRE

9. Que penses-tu de l'attitude de M. Seibmann ?
10. Que penses-tu de l'attitude de la maman de Ben ?
11. Comment pourrais-tu définir le caractère d'Anna ?
12. Pourquoi Ben est-il complètement abasourdi ?
13. D'où provient la colère de Ben ?

DÉBATTRE

14. Faut-il respecter les écrits privés ? Pourquoi ?

DIRE LE TEXTE

15. Lis à voix haute la lettre d'Anna et le texte que Ben rédige chez lui. Efforce-toi de traduire l'émotion de Ben.

L'ŒUVRE COMPLÈTE

Ben est amoureux d'Anna — Peter Härtling

Anna vient d'arriver dans une petite école en Allemagne. Les autres enfants la regardent bizarrement. C'est vrai qu'elle est un peu étrange, Anna, car bien qu'allemande, elle vient de Pologne où la vie est très différente. Au fil des jours, Ben continue à l'observer, mais le regard qu'il porte sur elle change. Il découvre ses beaux yeux qui la rendent si différente, si fascinante. Bref, Ben tombe amoureux d'Anna. Mais que c'est difficile de déclarer son amour sous les regards moqueurs de ses camarades et face à la méfiance des adultes ! Pourtant l'amour ne serait-il pas plus fort que tout ?

Amour et séduction

Amour, toujours…

BERNARD FRIOT
Cet auteur, né près de Chartres en 1951, se définit comme un « écrivain public » ; il a besoin de contacts réguliers avec ses jeunes lecteurs pour retrouver en lui-même les émotions et les images dont naissent ses histoires.

C'était un 14 février, jour de la Saint-Valentin, qui est, comme chacun sait, la fête des amoureux. Dans leur chambre, ma sœur Nadia et son petit ami Fabien roucoulaient encore plus fort que d'habitude.

5   Ça donnait à peu près ceci :

Fabien : Nadia, ma colombe, ma caille, ma poulette, ma petite friandise, ma glace à la vanille et aux raisins gonflés de rhum de la Jamaïque, ma confiture de myrtilles pur fruit pur sucre, ma mousse à raser mentholée, ma table à repasser super-performante,
10 tu peux me passer mes chaussettes qui sont juste à côté de toi ?

Nadia : Fabien, mon chou, mon canard en sucre, mon chocolat au lait, mon yaourt à la fraise, mon camembert 45 % de matière grasse, mon dentifrice ultra-protection, mon baladeur programmable, mon congélateur adoré deux cent vingt-cinq litres, viens les
15 chercher toi-même !

Tout attendri, je n'en perdais pas une miette, notant un à un tous ces mots d'amour sur un carnet à spirale : qui sait, pensais-je, cela pourrait me servir un jour, bientôt peut-être…
Et ça continuait.

Fabien : Ma violette adorée, ma croquette au bœuf pour chien, ma petite farine de blé type 55, ma cafetière filtre programmable, ma jolie galette de Bretagne pur beurre, tu vois bien que je suis tout mouillé et que je vais dégueulasser la moquette, allez, file-moi mes chaussettes, tu vas pas en crever !

Nadia : Mon petit lot de sacs-poubelle, mon grille-pain à thermostat réglable, mon mignon ravioli à la sauce tomate, mon casque hyperfréquence sans fil, mon gros sachet de frites précuites surgelées, compte là-dessus et bois de l'eau fraîche, je suis pas ta bonne, alors dém… -toi.

À partir de là, ça a complètement dérapé. J'ai arrêté de noter, car le vocabulaire que les deux amoureux s'envoyaient à la figure, je le connaissais par cœur.

J'étais un petit peu déçu, quand même, mais rassuré aussi. Car j'ai pensé : finalement, parler d'amour, ce n'est pas si compliqué que ça.

Bernard Friot,
Encore des histoires pressées,
coll. « Milan Poche junior »,
© Éditions Milan, 1999.

Amour et séduction

Lire

Amour, toujours

IDENTIFIER

1. Où et quand se déroule cette histoire ?
2. Quels sont les trois personnages et quel lien de parenté y a-t-il entre deux d'entre eux ?

EXPLIQUER

3. « …qui sait, pensais-je, cela pourrait me servir un jour, bientôt peut-être… » *(ligne 17)*
4. « … compte là-dessus et bois de l'eau fraîche… » *(ligne 28)*
5. « À partir de là, ça a complètement dérapé. » *(ligne 30)*

MIEUX COMPRENDRE

6. Pourquoi le narrateur est-il « un petit peu déçu, quand même, mais rassuré aussi » ?

7. Pour parler d'amour, Fabien et Nadia utilisent des expressions courantes et des expressions inattendues. Relève trois exemples pour chaque type d'expression.
8. Parmi les répliques que se font les deux amoureux, retrouve celles qui marquent l'énervement.

DÉBATTRE

9. Penses-tu que l'humour soit utile dans la vie ?

DIRE LE TEXTE

10. À deux, entraînez-vous à dire les répliques de Fabien et de Nadia en faisant bien sentir la montée de l'énervement.

L'ŒUVRE COMPLÈTE

Ces histoires courtes qui se lisent rapidement ont été écrites pour des lecteurs pressés ! Ce recueil propose 33 histoires pressées, qui jouent avec les mots, les situations et les personnages. Beaucoup d'histoires s'appuient sur des paradoxes, c'est-à-dire des oppositions curieuses qui ne sont pas logiques. Ces histoires sont souvent drôles, parfois même absurdes.

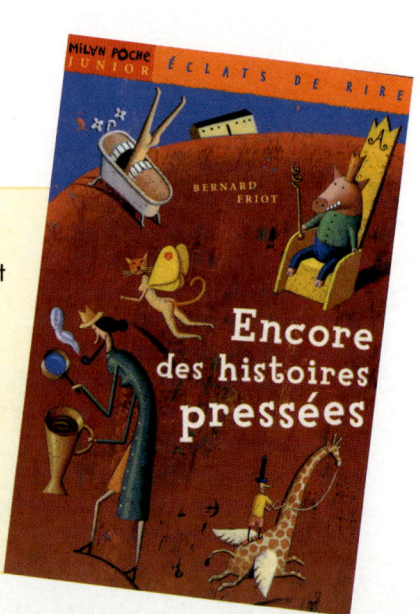

L'Amoureuse

Elle est debout sur mes paupières
Et ses cheveux sont dans les miens,
Elle a la forme de mes mains,
Elle a la couleur de mes yeux,
5 Elle s'engloutit dans mon ombre
Comme une pierre sur le ciel.

Elle a toujours les yeux ouverts
Et ne me laisse pas dormir.
Ses rêves en pleine lumière
10 Font s'évaporer les soleils,
Me font rire, pleurer et rire,
Parler sans avoir rien à dire.

Paul Éluard, *Capitale de la douleur*,
© Éditions Gallimard, 1926.

Paul Éluard (1895-1952)

Avec ses amis surréalistes, il a transformé la poésie au début du XXe siècle. Il est aussi l'un des plus grands poètes de la Résistance.

VOCABULAIRE
Explorer la construction des mots
P. 194

QUESTIONS

1. Qui s'exprime dans ce poème ?
2. De qui parle-t-il ?
3. Comment comprends-tu le premier vers ?
4. Relève les passages du poème qui montrent que le poète pense tout le temps à son amoureuse.

Amour et séduction

La prochaine fois

Avec le paon, nous entrons dans l'univers des Folies-Bergère, mais sachez quand même que durant sa danse le mâle exhibe ses vives couleurs aux autres mâles pour les inciter à s'éloigner, alors qu'il présente son croupion avec insistance à la femelle, qu'il séduit en agitant sa croupe. Le plus doué pour cette danse est sans doute l'oiseau-lyre d'Australie. Il fait une danse nuptiale saccadée sur une aire de parade qu'il a préalablement aménagée, accompagnée de chants. Il trépigne en déployant ses plumes qui le cachent complètement. Le fou à pieds bleus des Galapagos pratique le pas de deux avec la femelle. […]

Paon faisant la roue.

Chez les mammifères, les parades sont beaucoup plus réduites que chez les oiseaux et les arthropodes, et tant pis pour le tango, la valse et le paso doble. Rien à voir avec la belle et interminable danse de M. et Mme Scorpion, pince à pince, avec leur épée de Damoclès oscillant au-dessus de leur tête.

Il arrive aussi que des danses guerrières en direction des intrus (les prédateurs) séduisent les femelles, car elles illustrent le courage démontré des mâles. C'est le cas chez les guppies, certains oiseaux et des ruminants comme les cervidés.

La parade du fou à pieds bleus.

Le choix par les femelles, car elles choisissent toujours, du meilleur danseur ou paradeur peut être dicté par l'intérêt que les autres femelles portent au mâle en action. Chez les guppies et les grouses, le choix du partenaire dépendra du regard porté sur l'élu par les consœurs. La séduction peut être parfois contagieuse.

je vous le chanterai

VOCABULAIRE
Explorer la construction des mots
P. 194

Combat de cerfs à la saison des amours.

Les parades séductrices et danses nuptiales sont souvent difficiles à repérer chez les animaux qui vivent en colonies denses comme les flamants roses, les manchots et les fous.

Par ailleurs, ces oiseaux mettent en œuvre aussi bien la danse que le chant au milieu d'un brouhaha considérable provoqué par les cris des multiples voisins. Pourtant, chacun possédant une signature vocale, ils arrivent à se reconnaître et à ne pas se tromper de partenaire. Chez le manchot d'Adélie, la parade ne manque pas de distinction. Monsieur s'installe en smoking sur un tas de cailloux qui formera le nid et reste en extase face à Madame, qui commencera une série de courbettes silencieuses reprise par Monsieur. Puis l'un et l'autre se mettront à chanter tout cela au milieu d'un immense bazar, causé par l'entassement des oiseaux sur la même aire.

Claude Gudin, *Une histoire naturelle de la séduction*,
coll. « Science ouverte », © Éditions du Seuil, 2003.

QUESTIONS

1. Quelle espèce animale est plus spécialement évoquée dans ce texte ? Cite quelques exemples. Pourquoi l'auteur a-t-il fait ce choix ? Justifie ta réponse par des éléments du texte.
2. La parade du paon remplit en fait deux fonctions. Indique lesquelles.
3. Explique la phrase : « La séduction peut être parfois contagieuse. » (4ᵉ paragraphe)
4. Relève quelques détails qui montrent que ce texte adopte un ton humoristique.

Amour et séduction

Lectures croisées

Ces textes parlent tous de relations amoureuses

La réponse d'Anna, p. 60 à 62.
Amour, toujours..., p. 64 et 65.
L'amoureuse, p. 67.
La prochaine fois je vous le chanterai, p. 68 et 69.

1 Quels textes évoquent plutôt la naissance d'une histoire d'amour ? Justifie ta réponse.

2 Quels textes parlent d'une histoire d'amour déjà existante ? Justifie ta réponse.

3 Voici comment le dictionnaire *Le Petit Robert des enfants* définit le mot « amour ».
- **A** Sentiment très fort pour une personne que l'on a beaucoup de plaisir à voir et par qui on est attiré.
- **B** Sentiment d'affection, de tendresse entre les personnes d'une même famille.
- **C** Goût, attachement très fort pour quelque chose.

Laquelle de ces définitions peut le mieux s'appliquer aux textes de cette unité ?

4 Dans le texte documentaire, on trouve plusieurs fois le verbe « séduire ». On trouve aussi les mots « séduction » et « séductrices ».
Vérifie le sens de ces mots, puis réponds aux questions suivantes :
- **A** Peut-on dire que Ben cherche à séduire Anna et que Anna cherche à séduire Ben ?
- **B** Pose-toi la même question à propos de Fabien et de Nadia.
- **C** Le poème d'Éluard peut-il séduire la femme à qui il s'adresse ?

5 Ben pourrait-il reprendre les mots de Paul Éluard et dire que Anna le fait « rire, pleurer et rire » ?

6 Dans deux de ces textes, les « amoureux » sont observés par d'autres personnages de l'histoire.
- **A** Dans quels textes ?
- **B** Qui sont les « observateurs » ?
- **C** Dans quels buts observent-ils ?
- **D** Quelles sont leurs réactions ?

Des livres en réseau

Découvre d'autres livres sur le thème.

Autour des premiers amours

À la folie, plus du tout…
de Thomas Scotto, Actes Sud junior.

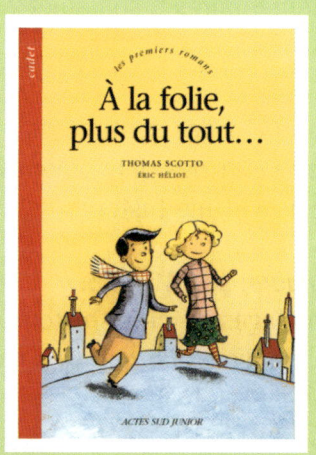

C'est vrai qu'Agnès avait tout pour me chavirer le cœur. Son grand sac en cuir rouge qui dépassait de ses épaules lui faisait comme des ailes dans le dos. Mais je n'étais pas amoureux d'elle. Pas à ce moment-là. Son rire, un rire en cascade, n'était qu'une porte entrouverte par laquelle je pensais bien qu'on pourrait se connaître. C'était le premier jour d'école et déjà je lui sortais tout mon savoir-faire, le grand jeu du séducteur…

L'été des becfigues
de Eglal Errera, Actes Sud junior.

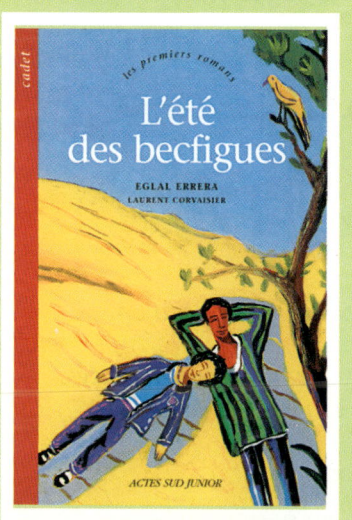

Couchée sous le figuier, avec le sable chaud contre ma peau, je respire le parfum de poivre et de terre de l'arbre et des figues encore petites et vertes. Cette odeur qui m'échappe revient, s'enfuit encore, elle me fait penser à Dahoud, à sa peau couleur cannelle qui sent le sable, l'eau de mer, le pain chaud, et d'autres choses… Son odeur, je l'adore, elle est autant lui que son visage ou ses mains ou que son nom. C'est lui et personne d'autre.

Je suis amoureux d'un tigre
de Paul Thiès, Syros.

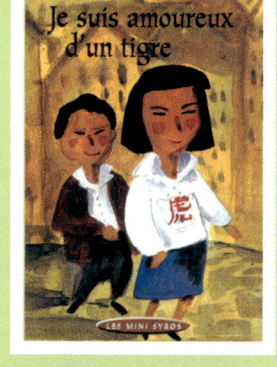

Il s'appelle Benjamin et, cet après-midi, il est tombé amoureux d'un tigre, ou plutôt d'une tigresse qui a de jolis yeux en amande, un joli sourire, et un sacré caractère. Alors Benjamin se transforme en lion. Et tous deux gambadent ensemble, main dans la main, à moins que ce ne soit patte dans la patte, sur les toits de Paris. L'amour vous fait faire des choses folles…

Loin des yeux, près du cœur
de Thierry Lenain, coll. « Demi-lune », Nathan.

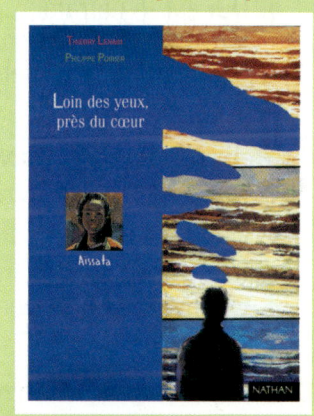

Aïssata et moi, nous nous donnions la main. Moi qui ne voyais rien, je lui appris à écouter le pas des gens. Elle voulut m'enseigner les couleurs. Le jaune, c'est comme le soleil qui chauffe sur la peau. Et elle est douce, la peau d'Aïssata…

Je te hais
de Susie Morgenstern, coll. « Petite poche », Éditions Thierry Magnier.

Mina est furieuse : Raphaël ne veut pas de son amour ! Il a beau être bête, stupide, idiot… il est tout de même craquant. Alors quand Raphaël l'invite à son anniversaire, Mina est bien décidée à ravir son cœur. Et c'est munie des « Dix conseils pour séduire un garçon » trouvés dans son Chipie Gazette qu'elle arrive chez Raphaël prête à tout.
Cette histoire est la suite du livre Je t'aime, écrit par le même auteur.

Amour et séduction

Atelier de lecture

Identifier auteur et narrateur

1 Reporte-toi aux quatre textes de l'unité et précise à chaque fois :
- **A** le titre de l'extrait ;
- **B** le titre de l'œuvre d'où provient l'extrait ;
- **C** le nom de l'auteur qui a écrit ce texte.
  Que sais-tu de cette personne ? Où pourrais-tu trouver des informations supplémentaires à son sujet ?

2 Parmi ces textes, repère :
- **A** le ou les textes qui expriment des sentiments ;
- **B** le ou les textes qui expliquent des phénomènes ;
- **C** le ou les textes qui racontent une histoire.

3 Relis le texte *Amour, toujours,* p. 64 et 65.
- **A** Identifie les trois personnages de cette histoire.
- **B** Qui est le narrateur, c'est-à-dire celui qui nous raconte l'histoire ?
  Est-il un des personnages de l'histoire ?
  Quels indices te permettent de répondre ?

4 Relis le texte *La réponse d'Anna,* p. 60 à 62.
- **A** Relève tous les noms des personnages cités dans le texte.
- **B** Qui sont les personnages principaux ?
- **C** Qui raconte l'histoire ? Est-ce un des personnages cités ?
  Quels indices te permettent de répondre ?

5 Dans la page « Des livres en réseau » (p. 71), tu trouves le livre *Je suis amoureux d'un tigre.*
- **A** Qui est l'auteur de ce livre ?
- **B** Cet auteur est né en 1958. Quel âge a-t-il ?
- **C** Voici le début de ce roman :

Je m'appelle Benjamin et, cet après-midi, je suis tombé amoureux d'un tigre. J'avais pas prévu !
Sale journée à l'école ; je récolte une mauvaise note, et je flanque mon stylo à la tête d'un prof. Le directeur me convoque dans son bureau. [...]
Il me regarde l'air mécontent.
— Encore toi, Benjamin ? Tu sais ce qui finira par arriver ?

Qui raconte l'histoire ? Quel âge environ a ce narrateur ?
- **D** À l'aide des questions **A**, **B** et **C**, explique maintenant la différence entre « auteur » et « narrateur » ?
- **E** Réécris le début du roman. Cette fois, ce n'est plus le personnage qui raconte, mais un narrateur extérieur.

Écrire

Rédiger un pastiche

Écris un texte qui imite le style de Bernard Friot dans *Amour, toujours,* p. 64 et 65.

DÉMARCHE

◆ Rechercher des idées

- Deux personnages (inventés ou connus de toi) sont face à face dans cette histoire. Ils sont amoureux l'un de l'autre.

- Comme Bernard Friot, invente des formules affectueuses, à la fois drôles et inattendues…
  Les formules utilisées par Bernard Friot amusent parce qu'elles font référence à des produits de la vie courante. Tu peux utiliser d'autres thématiques : animaux, plantes, mobilier…

- Pour commencer, reprends intégralement les deux premières phrases du texte de Bernard Friot, en changeant uniquement le nom des personnages.

- Pour terminer, reprends les quatre dernières lignes du texte de Bernard Friot.

◆ Organiser le récit

Ton texte comprendra trois parties comme celui de Bernard Friot :

1. L'introduction, de deux ou trois lignes, pour poser très rapidement la situation.
2. Le dialogue entre les deux personnages principaux.
3. La fin en forme de petit commentaire personnel…

◆ Rédiger le dialogue

- Comme l'auteur, précise, pour chaque réplique, le nom du personnage qui s'exprime.
- Les passages dialogués doivent être écrits au présent.
- Dans le dialogue, oblige-toi à faire sentir la montée de l'énervement.

CONJUGAISON
Le présent de l'indicatif
P. 160

PROLONGEMENT

Reprends ton texte en changeant le jour et le lieu de l'histoire. Modifie la conclusion : tu seras cette fois surpris et amusé, ou déçu et choqué…

Amour et séduction

Dire

Présenter un livre

Présentez l'extrait d'un livre étudié en classe pour donner envie à d'autres élèves de lire ce livre.

Démarche

◆ Choisir l'extrait

- Constituez plusieurs groupes. Dans chaque groupe, choisissez un des textes de l'unité ou des unités précédentes que vous présenterez à d'autres élèves.
- Relisez chacun, individuellement, le texte retenu.
- Réfléchissez ensemble à ce qu'il serait intéressant de dire pour donner envie à vos camarades de lire le livre. Pensez aux péripéties de l'histoire, aux personnages, aux lieux, à l'atmosphère…

◆ Présenter l'extrait

- Dans chaque groupe, désignez l'élève chargé de présenter l'extrait à la classe.
- Pour présenter l'extrait d'un livre, il faut :
  – donner le titre de l'ouvrage dont il est tiré, le nom de l'auteur et de l'éditeur ;
  – indiquer le genre du livre : roman policier, conte, BD, poésie, roman, album, etc. ;
  – dire l'histoire avec ses propres mots ;
  – donner son avis sur l'extrait : est-il amusant, émouvant, palpitant… ?
  – lire quelques lignes qui vous plaisent particulièrement et qui donnent une bonne idée du texte.

◆ Écouter

- Lorsque votre camarade prend la parole, vérifiez s'il respecte bien ces conseils.
- Les informations qu'il donne sont-elles suffisamment précises ?
- Donne-t-il envie de lire le livre ?

ATELIER DE LECTURE
Reconnaître le genre d'un récit
P. 24

Prolongement

Lisez un des ouvrages proposés dans la partie « Des livres en réseau », p. 71, ou un autre livre parlant de tendresse et de sentiments. Présentez-le à des camarades pour les inviter à le lire.

Du côté du Moyen Âge

5

Château de Najac en Aveyron
construit au XIIe siècle.

Estula

> Au Moyen Âge, un fabliau est un récit réaliste souvent comique qui met en scène les différentes classes sociales : mendiants et nobles, prêtres et voleurs, bourgeois et paysans… L'auteur de ce fabliau, écrit au XIIIe siècle, est inconnu.

Il y avait jadis deux frères, orphelins de père et de mère et vivant seuls, sans autre compagnie que celle de la pauvreté – la pire des maladies !

Ils habitaient ensemble une masure délabrée et sans feu. Une nuit de grande détresse où ils souffraient comme jamais de faim, de soif et de froid, ils se demandèrent ce qu'ils pourraient faire pour sortir de cette misère.

Or habitait à côté d'eux un homme connu pour sa richesse et qui était très sot. Il avait quantité de choux dans son jardin et quantité de brebis dans son étable.

La pauvreté rend fous les hommes, c'est bien connu ! Voilà donc nos deux frères, profitant de la nuit, qui se rendent chez le voisin. L'un prend un sac à son cou, l'autre un couteau à la main : tous deux se mettent en route.

L'un entre dans le jardin et vivement coupe autant de choux qu'il le peut pour emplir son sac.

L'autre, pendant ce temps, se dirige vers l'étable, en ouvre la porte, commence à tâter les moutons, en trouve un gros et gras, le saisit et va pour l'emporter.

Mais dans la maison du riche voisin personne n'était encore couché et l'on entendit grincer la porte de l'étable – si doucement qu'ait fait le voleur.

L'homme appela son fils :

— Va voir au jardin s'il n'y a rien d'inquiétant. Appelle le chien de garde !

Ce chien s'appelait Estula. Par chance pour les deux frères, il n'était pas dans le jardin cette nuit-là !

Le fils sort donc, ouvre la porte donnant sur la cour et crie :

— Estula !

— Oui, je suis là ! répond le frère qui était dans l'étable en train de prendre le mouton le plus gras.

La nuit était obscure, très noire, si bien que le garçon qui appelait le chien ne put apercevoir celui qui lui avait répondu. Il crut très réellement que c'était le chien.

Il courut jusqu'à la maison, y entra tout haletant de peur.

— Qu'as-tu, mon fils ? demanda son père.

— Sur la foi que je dois à ma mère, Estula vient de me parler !

— Qui ? Notre chien ?

— Oui, par la foi ! Si vous ne voulez pas me croire, appelez-le tout de suite et vous l'entendrez parler !

L'homme se précipite pour voir cette merveille : son chien qui parle ! Il l'appelle :

— Estula !

Le frère qui achevait de s'emparer du mouton – et qui croyait toujours que l'autre, du jardin, l'appelait, répondit à nouveau, avec un peu d'impatience :

— Mais oui, enfin, je suis là !

Le voisin reste ébahi :

— Par tous les saints et toutes les saintes, mon fils, jamais je n'ai assisté à pareille merveille. Va vite conter ce miracle au prêtre, ramène-le et dis-lui d'apporter l'étole et l'eau bénite pour exorciser notre chien !

Le garçon se hâte au plus vite et arrive au presbytère. Sans traîner à l'entrée, il court au prêtre :

— Venez vite, messire, il y a grande merveille à la maison. Jamais vous n'en avez vu de pareille. Mettez l'étole à votre cou et suivez-moi !

Du côté du Moyen Âge

— Tu es complètement fou ! s'écrie le prêtre. Me faire sortir à cette heure de la nuit ! Vois, je suis nu-pieds, je ne peux y aller !

— Qu'à cela ne tienne, fait l'autre. Je vous porterai.

Le prêtre céda – il était intrigué –, prit son étole, monta sans plus de paroles sur les épaules du jeune homme et les voilà partis.

Arrivé près de chez lui, le garçon, voulant couper court car le prêtre était gros et lourd, prit le sentier qui menait droit à la maison, par-derrière et par le jardin.

Le frère qui cueillait les choux vit le prêtre, vêtu de blanc, posé comme un paquet sur les épaules de quelqu'un qu'il crut être son frère et demanda, tout joyeux :

— Apportes-tu quelque chose ?

— Ma foi, oui, fait le garçon, croyant que son père venait de lui parler.

— Vite ! Jette-le par terre. Mon couteau est bien aiguisé, je l'ai fait repasser hier à la forge : je m'en vais lui couper la gorge !

Car il pensait à un mouton ! Mais le prêtre, affolé, sauta à terre et, persuadé qu'il avait affaire à des fous, s'enfuit jambes au cou ! Au passage son surplis blanc resta accroché à un pieu mais il n'osa pas s'arrêter pour le décrocher.

Celui qui avait cueilli les choux ne fut pas moins ébahi que celui qui s'enfuyait à cause de lui : il ne comprenait rien à ce qui se passait !

Et moins encore le fils de la maison qui rentra prévenir son père de l'étrange aventure du chien qui menaçait, du curé qui fuyait…

À ce moment le frère qui était dans l'étable sortit, portant le mouton sur son dos. L'autre chargea son sac de choux et, sans trop éclaircir l'affaire, ils préférèrent rentrer chez eux.

Ce qui, de leur part, était sage, car volerie peut souvent mal tourner…

Adaptation de Jacqueline Mirande,
Contes et Légendes du Moyen Âge, © Nathan.

Lire

Estula

IDENTIFIER

1. Énumère les différents personnages de ce texte selon leur ordre d'apparition.
2. Qui est Estula ? Comment doit-on prononcer ce nom ?
3. Où se rendent les deux frères ? À quel moment ?

EXPLIQUER

4. « La pauvreté rend fous les hommes, c'est bien connu ! » *(ligne 11)*
5. « … dis-lui d'apporter l'étole et l'eau bénite pour exorciser notre chien ! » *(ligne 51)*
6. « … le garçon, voulant couper court… » *(ligne 66)*
7. « Mon couteau est bien aiguisé, je l'ai fait repasser hier à la forge… » *(ligne 76)*

MIEUX COMPRENDRE

8. Pourquoi est-ce une chance pour les deux frères que le chien ne soit pas là ?
9. Qu'est-ce qui permet de dire que le riche est sot ?
10. Sur quels malentendus repose l'histoire ?
11. La dernière ligne du texte constitue la morale de l'histoire. Peux-tu l'expliquer ?

DÉBATTRE

12. Quels personnages te paraissent les plus sympathiques ?
13. Peut-on, comme dans ce fabliau, être à la fois voleur et sympathique ?

DIRE LE TEXTE

14. Avec plusieurs camarades, repérez les parties dialoguées du texte. Attribuez-vous les différents rôles et mettez en scène ce passage.

L'ŒUVRE COMPLÈTE

Dans ce livre, tu trouveras différents exemples de récits du Moyen Âge. Tu pourras lire les exploits de héros admirables tels que Roland ou Guillaume d'Orange. Tu découvriras des contes et des fabliaux. Tu riras par exemple de la malice d'une femme trop gourmande… Tu verras les tours que Renard peut jouer à son cousin le loup. Le livre présente aussi deux belles histoires d'amour, en particulier celle de Tristan et Iseult.

Du côté du Moyen Âge

Chevalier

ODILE WEULERSSE
Née à Neuilly-sur-Seine en 1938, cette enseignante écrit des scénarios pour la télévision et des livres pour les enfants. Dans ses romans, elle situe les aventures dans des époques du passé et elle donne des informations très précises sur la vie pendant ces époques.

Thibaut, jeune noble de quinze ans, vient de sauver une jeune demoiselle, Éléonore, la fille du comte de Blois qui était attaquée par des brigands. En récompense, il va être adoubé dans la cour du château et devenir ainsi un chevalier…

Quand Thibaut, le premier adoubé, car le plus jeune, s'avance sur le tapis, un silence recueilli se fait dans l'assistance. Thibaut sent la fierté inonder son cœur. Un peu maladroitement, son père, qui lui sert de parrain, se baisse, lui lace les chausses de fer qui
5 enveloppent ses jambes et attache à ses pieds deux éperons d'argent. Ensuite, il lui enfile le haubert, longue robe de mailles de fer qui enveloppe la tête, les bras et le corps jusqu'aux chevilles. Puis il pose sur la tête de son fils le heaume, casque de fer qui protège le crâne et le nez. Enfin, lentement, malgré ses doigts
10 malhabiles, il noue les petits lacets de cuir qui attachent le heaume à la cotte de mailles.

Maintenant que le garçon est préparé pour l'adoubement, le seigneur de Montcornet s'approche. Il tient une épée au pommeau vermeil.

15 « Thibaut, mon neveu, je te donne l'épée que mon oncle m'a confiée, avant de mourir en Terre sainte. Je compte sur ta vaillance pour maintenir l'honneur de notre lignage. […] »

Thibaut ferme les yeux. Il sent le baudrier passer autour de son cou, et puis l'épée, la longue épée, qui vient battre son flanc
20 gauche. Sa main s'empare du pommeau et l'étreint violemment. Dorénavant s'ouvre devant lui le chemin des prouesses et la joie emplit son cœur. Il voudrait crier d'allégresse, lorsque le seigneur lui dit :

« Maintenant, courbe la tête, je vais te donner la colée. »

25 Thibaut baisse la tête et reçoit sur la nuque un si vigoureux coup de paume qu'il chancelle. Le seigneur l'embrasse en souriant et dit :

« Tu es désormais chevalier. Honore les chevaliers. Donne aux pauvres, aime Dieu. Que le Christ, qui fut mis en croix, te défende contre tous ennemis. »

30 Thibaut répond en regardant fièrement le seigneur :

« Je vous remercie beau sire. Que je serve Dieu et qu'Il m'aime. »

Thibaut exulte en découvrant la monture que lui donne son seigneur. C'est un magnifique cheval brun, jeune, fringant, nerveux, tel qu'il en rêvait. Thibaut recule de quelques pas, prend son élan,
35 saute en selle. La foule, regroupée dans la plaine, applaudit en criant :

« Sans étrier ! Il n'a pas touché l'étrier ! »

Thibaut jette sur l'assistance un regard fier et heureux. Le seigneur de Montcornet s'approche et lui tend un grand bouclier vert.

40 « Chevalier Thibaut, je te donne ce bouclier fabriqué à Lyon, sur le Rhône. Il n'y en a pas de meilleur sur Terre. Sa couleur est celle de la jeunesse et de l'audace. Que ton caractère hardi porte loin ton courage et ne nuise pas à ton honneur. »

Puis le seigneur lui tend une lance longue de huit pieds.
45 Aussitôt Thibaut se met à caracoler sous les applaudissements de la foule.

Odile Weulersse,
Le chevalier au bouclier vert,
Livre de Poche Jeunesse, © Hachette Livre.

Du côté du Moyen Âge

Lire

Chevalier

IDENTIFIER

1. Qui est Thibaut ? Où se trouve-t-il ?
2. Qui est Thibaut par rapport au seigneur de Montcornet ?
3. Un autre personnage est présent lors de cette cérémonie. De qui s'agit-il ?

EXPLIQUER

4. « … son père, qui lui sert de parrain… » *(ligne 3)*
5. « Je compte sur ta vaillance pour maintenir l'honneur de notre lignage. » *(ligne 16)*
6. « Dorénavant s'ouvre devant lui le chemin des prouesses… » *(ligne 21)*
7. « Sans étrier ! Il n'a pas touché l'étrier ! » *(ligne 37)*

MIEUX COMPRENDRE

8. Énumère ce que fait le père de Thibaut pour le préparer à l'adoubement.
9. Relève les différentes étapes de la cérémonie d'adoubement à partir du moment où Thibaut est préparé *(à partir de la ligne 12)*.
10. À qui appartenait l'épée donnée à Thibaut ? Qu'a-t-elle de si particulier ?
11. Thibaut devient chevalier. Quels vont être ses devoirs ?

DÉBATTRE

12. Les personnages de chevaliers font-ils encore rêver les enfants d'aujourd'hui ?

DIRE LE TEXTE

13. À plusieurs, jouez la scène de cette cérémonie d'adoubement. Un élève est Thibaut, un autre est le seigneur de Montcornet, d'autres représentent la foule.

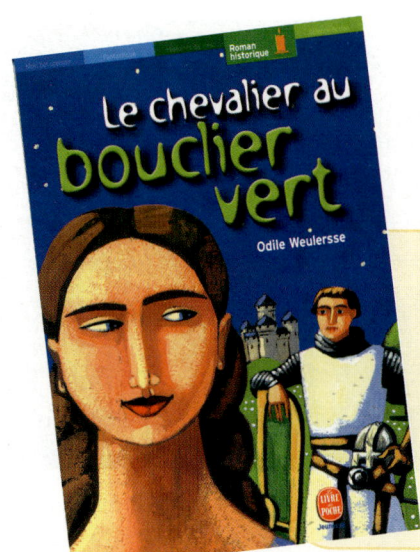

L'ŒUVRE COMPLÈTE

Au Moyen Âge, Thibaut de Sauvigny, un écuyer de 15 ans, se fait adouber pour avoir sauvé la fille du comte de Blois, Éléonore, dont il tombe amoureux. Rosamonde, sa sœur, est jalouse et pose sur son front une pierre maléfique qui la plonge dans un sommeil sans fin. Pour sauver sa belle, Thibaut doit lutter contre la sorcellerie et passer de terribles épreuves.

Le Coq et le Renard

Voici l'histoire d'un coq
qui était perché sur
un fumier et chantait.
Un renard s'approcha de lui
5 et lui dit de fort belles
paroles :
« Seigneur, que vous êtes
beau !
Je n'ai jamais vu un si bel
10 oiseau !
Vous avez la voix la plus
claire !
Hormis votre père, que je
connaissais bien,
15 nul oiseau n'a jamais mieux
chanté.
Mais lui faisait mieux, car
il chantait les yeux fermés !
— Moi aussi je sais le faire ! »
20 dit le coq.
Il bat des ailes, ferme les yeux,
s'imaginant chanter d'une voix
plus claire.
Le renard s'en saisit d'un bond
25 et gagne la forêt avec sa proie.
Il traversait un champ
quand tous les bergers
se lancent à sa poursuite ;
les chiens aboient après lui.

30 « Regardez ce renard, qui tient
le coq !
S'il passe par ici, il paiera cher
sa capture !
— Vas-y ! dit le coq, crie-leur
35 que je suis à toi et que tu ne
me laisseras pas ! »
Le renard veut crier fort,
et le coq saute de sa gueule :
il monte en haut d'un arbre.
40 Quand le renard s'en aperçoit,
il se voit bien attrapé
et bien trompé par le coq.
De colère et de fureur
il se met à maudire la bouche
45 qui parle quand elle devrait
se taire.
Le coq répond : « Je dois faire
comme toi :
maudire l'œil qui veut se fermer,
50 quand il devrait veiller et guetter
pour éviter un malheur
à son seigneur ! »

Ainsi font les fous : la plupart
parlent quand il faut se taire,
55 et se taisent quand il faut
parler.

Marie de France,
Fables françaises du Moyen Âge,
XIIe siècle, © GF - Flammarion.

Marie de France (1154-1189)

Cette femme poète a vécu au XIIe siècle. Elle a écrit des lais, petits contes en vers, et des fables. Elle est un des premiers auteurs à écrire en français.

QUESTIONS

1. Trouve les deux principales étapes de ce récit.
2. À quelle fable connue te fait penser la première étape ?
3. Quel nom peut-on donner à la dernière strophe de la fable ?

Du côté du Moyen Âge

Deux exemples d'éducation

L'ÉDUCATION D'UN JEUNE CLERC

Beaucoup de jeunes garçons étudiaient à l'époque pour pouvoir obtenir une fonction dans l'Église, c'est-à-dire pour devenir clerc (membre du clergé). Il s'agissait avant tout d'apprendre à lire et à écrire. Le mot « clerc » désignait aussi une personne instruite.

Même les jours de dimanche et pendant les fêtes des saints, on m'accordait à peine quelques instants de repos, jamais un jour entier. Mon maître m'accablait presque tous les jours d'une grêle de coups et de soufflets pour me contraindre à apprendre.

Un jour que j'avais été frappé, je vins m'asseoir aux genoux de ma mère, rudement meurtri et certainement plus que je ne l'avais mérité. Ma mère m'ayant, selon sa coutume, demandé si j'avais encore été battu ce jour-là, moi, pour ne point dénoncer mon maître, je répondis que non. Mais écartant mon vêtement, elle vit mes petits bras tout noircis et la peau de mes épaules toute soulevée et bouffie des coups de verges que j'avais reçus.

« Je ne veux plus, dit-elle, que tu deviennes clerc, ni que, pour apprendre les lettres, tu supportes un pareil traitement. » Mais moi, la regardant avec toute la colère dont j'étais capable, je dis : « Quand il devrait m'arriver de mourir, je ne cesserais pas pour cela d'apprendre les lettres et de vouloir être clerc. »

Gilbert de Nogent, XIe siècle.
Pierre Riché et Danièle Alexandre-Bidon, *L'enfance au Moyen Âge*,
©Éditions du Seuil, Bibliothèque nationale de France, 1994.

Différents programmes d'enseignement

Sous la menace de la verge du maître, cet enfant lit sa leçon à voix haute.

On a choisi pour cet enfant la carrière de l'Église : il apprend à chanter, suivant les notes de musique du doigt.

Cet enfant apprend la peinture. Les jeunes nobles doivent en effet se perfectionner dans les arts d'agrément.

Cet enfant est destiné à une carrière militaire : il s'exerce dans une lutte corps à corps et doit s'entraîner à l'épée.

au Moyen Âge

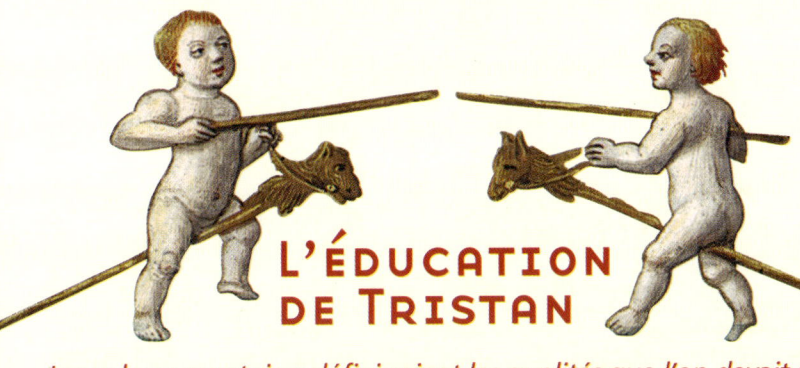

L'ÉDUCATION DE TRISTAN

Les jeux guerriers des enfants nobles étaient encouragés dès le plus jeune âge. Bientôt, le cheval et la lance en bois seront remplacés par des vrais.

Les valeurs courtoises définissaient les qualités que l'on devait avoir lorsque l'on vivait à la cour du seigneur : politesse, générosité, honnêteté. Ces valeurs visaient à adoucir les mœurs des chevaliers.

Le roi Rivalin confia son enfant chéri à une nourrice qui prit soin de lui. Elle l'éleva jusqu'au jour où il put monter à cheval. Peu de temps après, le roi Rivalin confia son fils bien-aimé à un écuyer qui avait nom Kurneval. Celui-ci s'entendait à lui enseigner les règles de la courtoisie. Entre autres choses, il apprit à l'enfant à jouer de la harpe et à chanter. Jamais on ne vit avant ou après lui, enfant mieux enseigné. [...] Il lui donna aussi largement l'occasion de jouer avec d'autres enfants. En outre, il lui apprit à être adroit de ses mains et de ses jambes : à lancer des pierres, à courir et sauter, à lutter avec habileté, à lancer le javelot avec force, comme un vaillant guerrier. Il lui apprit à être prodigue de ses biens, à chevaucher en portant l'écu tel un chevalier, et à frapper de l'épée dans les batailles. Il lui enseigna à parler en homme bien élevé et à ne jamais manquer à sa parole [...]. Il lui enseigna les vertus courtoises et tout ce qui pouvait lui apporter de la considération dans le monde, car lui-même il avait tel caractère qu'il aimait mieux faire deux prouesses qu'une action peu digne, quoi qu'il lui en coûtât.

E. von Oberg, *Les enfances de Tristan*, XIIe siècle.
Pierre Riché et Danièle Alexandre-Bidon, *L'enfance au Moyen Âge*,
©Éditions du Seuil, Bibliothèque nationale de France, 1994.

QUESTIONS

1 Lis *L'éducation d'un jeune clerc* et précise les méthodes d'enseignement utilisées. Que penses-tu de la réaction de la mère et de celle de l'enfant ?

2 Lis *L'éducation de Tristan* et relève tout ce qui lui est enseigné. Quelles qualités doit acquérir un chevalier ?

3 Observe les quatre images (p. 84).
Quelles sont les images que l'on peut mettre en relation avec les textes ? Quels autres programmes d'enseignement sont également présentés ?

4 Observe l'image des jeunes enfants ci-dessus et explique ce qu'ils font.
À leur âge, leur éducation est-elle confiée à une nourrice ou à un écuyer ?

Du côté du Moyen Âge

texte documentaire

Lectures croisées

Ces textes évoquent tous le Moyen Âge

Estula, p. 76 à 78.
Chevalier, p. 80 et 81.
Le coq et le renard, p. 83.
L'éducation d'un jeune clerc, p. 84.
L'éducation de Tristan, p. 85.

1 Pour chaque texte, relève les indices montrant que l'histoire se déroule au Moyen Âge.
- **A** Pense aux noms des personnages, aux objets utilisés…
- **B** Relève des expressions et des mots qui te paraissent caractéristiques de cette époque.

2 Voici les principaux personnages des différents textes :

Estula : les deux frères – le curé – le père et son fils
Chevalier : Thibaut – son père – le seigneur de Montcornet
L'éducation d'un jeune clerc : le jeune clerc – le maître du jeune clerc
L'éducation de Tristan : le roi Rivalin – Tristan

- **A** Place chaque personnage dans la colonne qui convient.

Tableau à photocopier dans le livre du maître.

NOBLESSE	CLERGÉ	AUTRE	
		RICHE	PAUVRE

- **B** À quelles colonnes correspondent les personnages représentés sur les cinq images des pages 84 et 85 ?

3 Voici une liste de qualités ou de défauts.
peureux – rusé – déterminé – pieux – sot – vantard – fier – hardi – violent
- **A** À quels personnages des textes pourrais-tu les appliquer ?
- **B** Quelle catégorie sociale est valorisée dans ces textes ?

4 Selon toi, l'éducation reçue par Thibaut se rapproche-t-elle plus de celle de Tristan ou de celle du jeune clerc ?

5 Lequel des personnages évoqués dans les textes aimerais-tu rencontrer ?

Des livres en réseau

Découvre d'autres livres dont l'histoire se déroule au Moyen Âge.

Des romans historiques

6 récits d'un château fort
de Jacqueline Mirande, Castor Poche Flammarion.

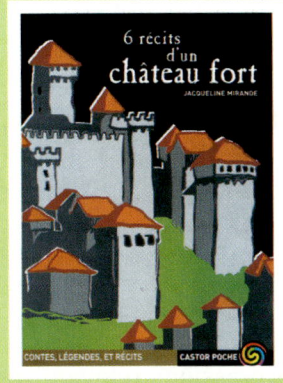

Aujourd'hui, il ne reste que des ruines. Hier, les mâchicoulis, le pont-levis et les tourelles faisaient de ce château un fier témoin de l'histoire des hommes. De Philippe Auguste à Napoléon III, ces six récits nous permettent d'imaginer la construction, les aventures et les batailles traversées par cet édifice. Vie et mort d'un château fort à travers les siècles par une auteure grande spécialiste de cette époque historique.

L'inconnu du donjon
de Évelyne Brisou-Pellen, coll. « Folio junior », Gallimard.

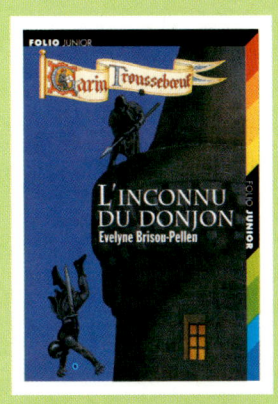

Avec ce récit, écrit par une auteure de littérature de jeunesse spécialisée dans le roman historique, nous sommes transportés en l'an 1354. Nous y suivons les aventures pleines de suspens et de rebondissements du jeune scribe Garin Trousseboeuf. Les aventures de ce héros se poursuivent dans d'autres ouvrages, notamment L'hiver des loups, Les pèlerins maudits ou Le crâne percé d'un trou.

Jehan de Loin
de Bertrand Solet, Le Livre de Poche Jeunesse, Hachette Livre.

Jehan est un troubadour et un amuseur. Accompagné de son ours, il distrait le château. Mais là, Mahaut, la fille du comte Louis, a d'autres soucis en tête. Dans l'angoisse, elle s'interroge. Est-il vrai que le peuple souffre et qu'il songe à se révolter ? Est-il vrai que les oubliettes du château sont pleines de brigands ? Est-il vrai qu'en forêt des écorcheurs attendent le seigneur ?

et une bande dessinée

Angelot du Lac
1. Le temps des loups
Dessin et scénario de Yvan Pommaux, Bayard.

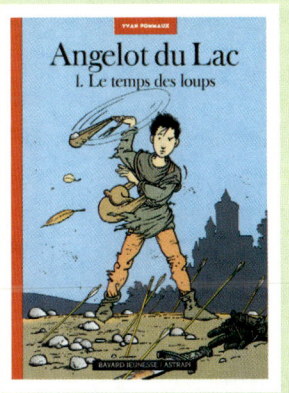

Au Moyen Âge, un enfant abandonné est recueilli par une bande de jeunes vagabonds. À leur contact, il apprend à survivre de rapines et de jonglages dans un pays dévasté par la guerre de Cent Ans et où le danger est omniprésent. Cette bande dessinée d'aventures apporte également de nombreuses références historiques et culturelles.

Le bouffon de chiffon
de Arthur Ténor, coll. « Folio cadet », Gallimard.

Que renferme le mystérieux souterrain découvert dans la chapelle du château ? Aliénor, Jean et Yvain décident de partir l'explorer. Ils y découvrent une curieuse cassette contenant un bouffon de chiffon et un parchemin. Jean prononce imprudemment la formule magique qui redonne vie à l'insupportable bouffon ! Et toi, te sens-tu l'âme d'un chevalier en herbe ? Si oui, lis vite cet ouvrage.

Du côté du Moyen Âge

Atelier de lecture

Repérer les mots caractéristiques d'une époque

Dans les textes de cette unité, certains mots sont caractéristiques du Moyen Âge.

1 **Cherche les mots relevant du domaine guerrier.**
- **A** Relève dans les textes tous les mots qui ont un rapport avec l'équipement des chevaliers, les armes et la guerre.
- **B** Classe ces termes en deux listes selon qu'ils servent :
  – à attaquer ;
  – à se défendre ou à se protéger.

2 **Cherche les mots et les expressions relevant du domaine religieux.**
- **A** Dans les paroles des personnages de tous ces textes, relève les passages qui ont un rapport avec la religion.
- **B** Dans le texte *Estula*, un des personnages est un homme d'Église. Lequel ? Quels mots le désignent ? Comment s'appelle le lieu où il habite ? Trouve deux mots qui décrivent sa tenue. Trouve le mot qui désigne un phénomène surnaturel.
- **C** Dans le texte *Chevalier*, quel est l'engagement des personnages vis-à-vis de Dieu ? Qu'est-ce que les personnages attendent de Dieu en retour ?
- **D** D'après ces textes, peux-tu dire quelle importance la religion avait dans la vie des gens au Moyen Âge ?

3 **Dans l'extrait suivant, quels mots permettent de situer l'action au Moyen Âge ?**

« Qu'y a-t-il ? demande Gayette. Que veut cet enfant ? »
Le fauconnier s'avança. Avec une lenteur étudiée, il déposa le faucon sur le poing de la châtelaine.
« Il y a, très noble dame, que ce manant ose disputer l'oiseau que voici à son seigneur. »

Jean-Côme Noguès, *Le faucon déniché*, Éd. GP.

4 **Voici le passage d'un texte écrit au Moyen Âge. Il décrit, dans la langue de l'époque, l'équipement des chevaliers.**

*Il vit les haubers et les hiaumes clers et luisanz,
et vit le vert et le vermoil reluire contre le soloil,
et l'or et l'azur et l'argent.*

- **A** Relève cinq mots que l'on retrouve, en français d'aujourd'hui, dans le texte *Chevalier*.
- **B** Réécris ce passage en français d'aujourd'hui.

Écrire

Inventer la suite d'un récit

Écris la suite de *Chevalier,* p. 80 et 81. Que va faire le jeune Thibaut ?

DÉMARCHE

◆ Rechercher des idées

- Que va-t-il se passer ensuite ? Quel pourrait être le premier acte de bravoure du jeune chevalier Thibaut ? Voici plusieurs pistes :
– Un combat lors d'un tournoi : un rival lance un défi à Thibaut, parce qu'il veut conquérir Éléonore ou parce qu'il est jaloux de ses succès.
– Une bataille contre les agresseurs d'Éléonore qui veulent se venger de lui.

◆ Organiser le récit

- Ton récit doit commencer exactement à la fin de l'extrait proposé.
– Si tu choisis le combat avec le chevalier, tu peux : préciser d'abord comment et pourquoi le rival lance son défi ; décrire les armes des deux protagonistes ; raconter les grandes étapes du combat.
– Si tu préfères la bataille avec les brigands, il faut : expliquer où les brigands sont cachés pour tendre une embuscade ; indiquer combien ils sont et comment ils sont habillés ; préciser comment se déroule le combat (les étapes, les stratagèmes utilisés…).
- N'oublie pas d'introduire une « chute », une fin pour terminer ton texte.

◆ Rédiger le dialogue

- Emploie les mêmes temps de conjugaison que ceux employés dans *Chevalier* : présent, à ce moment-là du texte.
- Garde les caractéristiques du texte, en particulier le langage soutenu.
- Utilise quelques mots ou expressions caractéristiques du Moyen Âge (en t'aidant du travail fait dans l'Atelier de lecture, p. 88).

CONJUGAISON
Le présent de l'indicatif
P. 156

ATELIER DE LECTURE
Identifier des registres de langue
P. 56

PROLONGEMENT

Écris maintenant la suite de ces quelques lignes.
Des cris résonnent dans la sombre forêt qui s'étend non loin de la forteresse du seigneur de Montcorbier. Une fillette apparaît brusquement sur un gros rocher moussu. La voici maintenant qui saute sur un tronc abattu.
— Au secours, à moi ! Chevalier Flamboyant ! s'écrie-t-elle en mettant ses mains en porte-voix.

Arthur Ténor, *Le bouffon de chiffon,* coll. « Folio cadet », © Éditions Gallimard.

Du côté du Moyen Âge

Dire

Exposer des informations

Faites un exposé sur la vie des chevaliers.

DÉMARCHE

◆ Préparer

- Relisez les textes de l'unité, recensez ce que vous avez appris au sujet des chevaliers.
- Collectivement, ensuite, interrogez-vous sur ce que vous voudriez encore savoir les concernant : habillement, armement, occupations, éducation, etc. Répartissez les recherches par thème : par exemple, un groupe traite de l'éducation des chevaliers, un autre de leur tenue, etc.

◆ Organiser

- Toujours en groupes, triez les informations recueillies, mettez en valeur les plus importantes et trouvez un ordre chronologique pour les présenter.
- Organisez l'exposé en plusieurs parties : présentation du thème, développement de celui-ci en s'appuyant sur les documents retenus, récapitulation des informations les plus importantes.
- Choisissez les illustrations qui accompagneront l'exposé.
Si vous désirez lire quelques extraits de textes, soulignez-les pour les retrouver plus facilement au moment de l'exposé.

◆ Communiquer

Pour présenter un exposé, il faut :
– regarder l'auditoire et ne pas lire ses notes intégralement ;
– apporter des informations précises et s'appuyer sur des documents ;
– utiliser le passé composé et l'imparfait pour rapporter des faits historiques.

◆ Écouter

- Vérifiez si votre camarade a suivi les règles d'un exposé.
A-t-il répondu à la question que le groupe devait traiter ?
S'est-il montré suffisamment précis ?
- Notez vos remarques et donnez des conseils pour améliorer l'exposé.

GRAMMAIRE
Écrire des textes au passé (1)
P. 176

CONJUGAISON
Le passé composé de l'indicatif (1) et (2)
P. 180 et 210

CONJUGAISON
L'imparfait de l'indicatif
P. 190

PROLONGEMENT

Avec les documents accompagnant les exposés, organisez une exposition dans l'école et des visites commentées pour la présenter.

Sirènes et Ondines 6

Edvard Eriksen, *La petite sirène*, 1913 (port de Copenhague).

Le pingouin et la petite sirène

JEAN-GABRIEL NORDMANN
Il est né en 1947 à Paris. Comédien, il est aussi auteur de pièces de théâtre, destinées aux enfants ou aux adultes, et metteur en scène.

Sur un rocher à distance, une créature féminine aux longs cheveux et à la poitrine nue apparaît. Elle secoue sa chevelure pour attirer l'attention de notre pingouin.

Sirène : Tu m'as réveillée. Tout le monde dort et toi tu chantes ?
5   Qui es-tu ?
Pingouin : Je suis le Pingouin, je suis le Pingouin.
Sirène : Jamais entendu parler.
Pingouin : Je viens de la banquise derrière moi, là-bas. Où tout est blanc et glacé.
10 **Sirène** : Connais pas !
Pingouin : J'ai quitté mes parents et mes amis, en pleine nuit, sans prévenir.
Sirène : La belle affaire, moi aussi j'ai quitté mes parents et s'il fallait les prévenir chaque fois que je les quitte, ça n'aurait plus
15 d'intérêt.
Pingouin : Mais moi je me prépare à un long voyage, je suis en route vers la jungle.
Sirène : Jamais entendu parler.
Pingouin : C'est en Afrique, il paraît que là-bas, il fait toujours
20 chaud et qu'il y a partout des arbres plus grands que des ours.
Sirène : Quelle horreur !
Pingouin : Tu n'y es jamais allée ?
Sirène : Quel intérêt d'aller là où personne ne me connaît. Ici on raconte mon histoire dans les livres.
25 **Pingouin** : Sans blague !
Sirène, *fièrement* : Je suis la Petite Sirène.
Pingouin : Qu'est-ce que c'est ?
Sirène : Comment ! Tu ne me connais pas ?

Pingouin : Jamais entendu parler.

Sirène : Ça alors ! *Elle insiste.* LA PETITE Sirène… *Il fait signe que non.* J'ai ma statue dans le port de Copenhague. Tu connais Copenhague ! Co-pen-hague…

Pingouin : C'est bizarre comme nom, c'est dur à prononcer.

Sirène : Tu es vraiment mal dégrossi, je n'ai jamais rencontré un type aussi inculte.

Pingouin : Je ne suis pas un type, je suis le Pingouin, je suis le Pingouin.

Sirène : Oui, oui, j'ai bien entendu, pas la peine de te répéter.

Le pingouin ne sait plus quoi dire. La petite sirène secoue ses longs cheveux et soupire.

Sirène : J'ai de grands soucis, figure-toi, ce n'est pas facile d'être célèbre quand on est malheureuse.

Pingouin : Ah ! tu es malheureuse ? Tes parents ne sont pas gentils avec toi ?

Sirène : Mon Dieu que tu es balourd. Mes parents ! Je suis amoureuse, figure-toi !

Pingouin : Amoureuse ! C'est pour ça que tu te promènes en pleine nuit toute seule ?

Sirène, *soupirant* : Oui, c'est pour ça.

Pingouin : Et celui dont tu es amoureuse, il ne veut pas de toi ?

Sirène : Il ne veut pas de moi…

La petite sirène se met à rire, mais à rire tellement fort qu'elle rit aux larmes. Elle sort un grand mouchoir pour essuyer ses larmes.

Pingouin : Excuse-moi, je cherche à comprendre, c'est la première fois que je visite le monde, je ne connais pas les usages.

Sirène : Mon histoire est hors du commun, unique, EXCEPTIONNELLE, tu entends, exceptionnelle. Crois-tu que je serais devenue une héroïne de livres pour enfants si mon histoire avait quelque chose à voir avec les usages ?

Sirènes et ondines

GRAMMAIRE
Poser des questions
P. 206

Pingouin : Excuse-moi.

Sirène : Tu ne trouves pas que je suis belle, particulièrement belle ?

Pingouin : Tu as de très beaux cheveux, c'est vrai.

Sirène : Tout le monde le dit.

Pingouin : Tu as aussi une très jolie poitrine, enfin si je peux me permettre.

Sirène : Tu peux te permettre.

Pingouin : Et tu habites par ici ?

Sirène : Oui, au fond de la mer… *Ménageant son effet.* Dans les splendeurs sous-marines.

Pingouin : Dans les splendeurs sous-marines ! Ça doit être… Ça doit être délicieux !

Sirène : Ce serait en effet délicieux si je n'étais pas amoureuse d'un Prince.

Pingouin : D'un Prince ?

Sirène : Lui aussi est très amoureux mais je dois attendre d'avoir quinze ans pour fréquenter le monde des hommes…

Elle se met à pleurer des larmes salées qui coulent abondamment sur sa jolie poitrine et se mélangent à l'eau salée des vagues.

Pingouin : Pauvre petite sirène.

Sirène : Ne me plains pas, je déteste la pitié.

Pingouin : Excuse-moi. Mais pourquoi dois-tu attendre ?

Sirène : Regarde !

La petite sirène s'allonge sur le rocher et dans la clarté de la lune, on voit sa magnifique queue de poisson. Notre pingouin en reste tout ébahi.

Jean-Gabriel Nordmann,
Le Long Voyage du Pingouin vers la jungle,
scène 3, « La petite sirène », © Éditions La Fontaine, 2001.

Lire

Le pingouin et la petite sirène

IDENTIFIER

1. Quels sont les deux personnages de ce texte ?
2. D'où viennent-ils ?
3. À quel moment a lieu cette rencontre ?
4. Repère les passages écrits en italique. À quoi correspondent-ils dans un texte de théâtre ?

EXPLIQUER

5. « Quel intérêt d'aller là où personne ne me connaît. Ici on raconte mon histoire dans les livres. » *(ligne 23)*
6. « Tu es vraiment mal dégrossi… » *(ligne 35)*
7. « … c'est la première fois que je visite le monde, je ne connais pas les usages. » *(ligne 59)*
8. « *Ménageant son effet.* » *(ligne 73)*

MIEUX COMPRENDRE

9. Comment expliques-tu le comportement du pingouin ?
10. Qu'est-ce que la sirène peut bien trouver de si horrible à l'Afrique ?
11. Pourquoi la sirène dit-elle que son histoire est « exceptionnelle » ?
12. Pourquoi la sirène est-elle si malheureuse ?

DÉBATTRE

13. Le pingouin et la sirène ont du mal à se comprendre. À ton avis, pourquoi ?

DIRE LE TEXTE

14. À deux camarades, entraînez-vous à dire cette scène à haute voix. Montrez la naïveté du pingouin par opposition à l'assurance de la sirène.

L'ŒUVRE COMPLÈTE

Petit pingouin aurait pu être heureux sur sa banquise. Mais il rêve de découvrir le monde des couleurs et surtout les animaux de la jungle. Et par une belle nuit noire et polaire, il se met en route… Le voyage est long, riche en rencontres agréables ou dangereuses : la petite sirène, la pieuvre géante, la très vieille baleine… De mémoire de bête, son arrivée en Afrique est l'occasion d'organiser l'une des plus belles fêtes que la jungle ait connues. Dans son cœur, pourtant, un étrange sentiment s'installe : la nostalgie. C'est peut-être aussi cela grandir.

Sirènes et ondines

La petite sirène et le prince

HANS CHRISTIAN ANDERSEN (1805-1875)
Cet écrivain danois a écrit plus de cent cinquante contes, tous traduits dans plus de quatre-vingts langues.

La petite sirène, princesse du fond des mers, a toujours été très curieuse de voir le monde d'en haut, le monde des hommes. Le jour de ses quinze ans, elle a obtenu la permission de monter à la surface ; elle est arrivée près d'un navire à trois mâts, sur lequel on fête l'anniversaire d'un jeune prince.

Bientôt la mer commença à s'agiter ; les vagues grossissaient, et de grands nuages noirs s'amoncelaient dans le ciel. Dans le lointain brillaient les éclairs, un orage terrible se préparait. Le vaisseau se balançait sur la mer impétueuse, dans une marche rapide. Les
5 vagues, se dressant comme de hautes montagnes, tantôt le faisaient rouler entre elles comme un cygne, tantôt l'élevaient sur leur cime. La petite sirène se plut d'abord à ce voyage accidenté ; mais, lorsque le vaisseau, subissant de violentes secousses, commença à craquer, lorsque tout à coup le mât se brisa comme un
10 jonc, et que le vaisseau se pencha d'un côté tandis que l'eau pénétrait dans la cale, alors elle comprit le danger, et elle dut prendre garde elle-même aux poutres et aux débris qui s'en détachaient.

[....] L'agitation était à son comble sur le navire ; encore une secousse ! il se fendit tout à fait, et elle vit le jeune prince s'englou-
15 tir dans la mer profonde. Transportée de joie, elle crut qu'il allait descendre dans sa demeure ; mais elle se rappela que les hommes ne peuvent vivre dans l'eau, et que par conséquent il arriverait

mort au château de son père. Alors, pour le sauver, elle traversa à la nage les poutres et les planches éparses sur la mer, au risque de se faire écraser, plongea profondément sous l'eau à plusieurs reprises, et ainsi elle arriva jusqu'au jeune prince, au moment où ses forces commençaient à l'abandonner et où il fermait déjà les yeux, près de mourir. La petite sirène le saisit, soutint sa tête au-dessus de l'eau, puis s'abandonna avec lui au caprice des vagues.

Le lendemain matin, le beau temps était revenu, mais il ne restait plus rien du vaisseau. Un soleil rouge, aux rayons pénétrants, semblait rappeler la vie sur les joues du prince ; mais ses yeux restaient toujours fermés. La sirène déposa un baiser sur son front et releva ses cheveux mouillés. Elle lui trouva une ressemblance avec la statue de marbre de son petit jardin, et fit des vœux pour son salut. Elle passa devant la terre ferme, couverte de hautes montagnes bleues à la cime desquelles brillait la neige blanche. Au pied de la côte, au milieu d'une superbe forêt verte, s'étendait un village avec une église ou un couvent. En dehors des portes s'élevaient de grands palmiers, et dans les jardins croissaient des orangers et des citronniers ; non loin de cet endroit, la mer formait un petit golfe s'allongeant jusqu'à un rocher couvert d'un sable fin et blanc. C'est là que la sirène déposa le prince, ayant soin de lui tenir la tête haute et de la présenter aux rayons du soleil.

Hans Christian Andersen,
La petite sirène, 1835,
© G-F Flammarion.

Lire

La petite sirène et le prince

IDENTIFIER

1. Où se trouve la petite sirène au début du texte ?
2. Qui se trouve sur le navire et pourquoi ?
3. Où se trouve la demeure de la petite sirène ?
4. Sur combien de jours se déroule cet extrait ?

EXPLIQUER

5. « [Elle] s'abandonna avec lui au caprice des vagues. » *(ligne 24)*
6. « Un soleil rouge, aux rayons pénétrants, semblait rappeler la vie sur les joues du prince... » *(ligne 26)*
7. « [Elle] fit des vœux pour son salut. » *(ligne 30)*

MIEUX COMPRENDRE

8. Au début du texte, quelles sont les conditions météorologiques ? La petite sirène en a-t-elle conscience ? Explique pourquoi.
9. Pourquoi la petite sirène est-elle transportée de joie quand le prince est englouti par la mer ?
10. À quel moment la petite sirène rejoint-elle le prince ?
11. Relève des mots ou expressions du texte qui montrent que la petite sirène tombe amoureuse du prince.

DÉBATTRE

12. Qu'est-ce qui montre que cet extrait est issu d'un conte ?

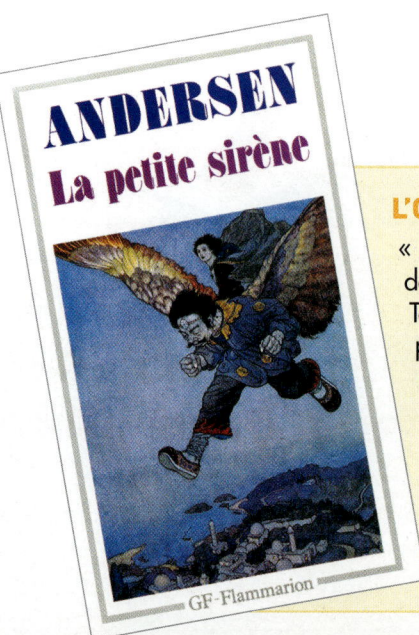

L'ŒUVRE COMPLÈTE

« Son plus grand plaisir consistait à écouter des récits sur le monde où vivent les hommes. Toujours elle priait sa vieille grand-mère de lui parler des vaisseaux, des villes, des hommes et des animaux. Elle s'étonnait surtout que, sur la terre, les fleurs exhalent un parfum qu'elles n'ont pas sous les eaux de la mer, et que les forêts y soient vertes. » Pourquoi la petite sirène veut-elle changer de vie ? Quel prix est-elle prête à payer pour quitter le royaume des eaux ? Où la conduira son désir ?

L'ondine

Une ondine nageait au fil d'une rivière
    Scintillant de clarté lunaire,
Et tentait de lancer à la lune d'argent
    L'écume légère en jouant.

5 Le courant emportait comme un flottant mirage
    Les reflets mouvants des nuages ;
Et l'ondine chantait, et les mots de son chant
    Volaient sur les rocs dans le vent.

Elle disait : « Là-bas, sur nos plages profondes,
10   Le soleil pénètre les ondes,
Et glissent les poissons en troupeau fluvial
    Parmi les villes de cristal.

« Là, sur un chatoyant oreiller, fait de sable,
    Sous des roseaux impénétrables,
15 Dort un beau chevalier dans les flots immergé,
    Un beau chevalier étranger.

« Nous avons caressé sa chevelure soyeuse
    Au long des nuits mystérieuses,
Et sur ses yeux fermés, nous avons déposé
20   Parfois les plus tendres baisers.

« Mais j'ignore pourquoi nos si douces caresses
    Ne peuvent chasser sa tristesse.
Sur mon cœur il se penche, et cet étrange amant
    Ne respire pas en dormant… »

25 Ainsi, dans sa langueur, d'une voix qui fascine
    Au fil de l'eau chantait l'ondine.
Et le fleuve emportait comme un flottant mirage
    Les reflets mouvants des nuages.

Michel Lermontov, 1836, *Anthologie de la poésie russe*,
© Éditions Gallimard.

Michel Lermontov (1814-1841)
Cet officier russe a été aussi un grand poète romantique. Son œuvre exprime la révolte et l'insatisfaction. Lermontov est mort dans un duel au pistolet à 27 ans.

QUESTIONS

1. Quelles strophes rapportent le chant de l'ondine ?
2. Que révèle l'avant-dernière strophe à propos du chevalier ?
3. Deux strophes contiennent des vers qui se ressemblent. Lesquelles ? Quelle impression crée cette « répétition » ?

Sirènes et ondines

La grande famille

LES SIRÈNES POISSONS

L'image de la belle sirène à longue chevelure apparaît au Moyen Âge. Souvent représentée assise sur un rocher, elle chante de sa douce voix une mélodie irrésistible, tout en se démêlant les cheveux et en se regardant rêveusement dans un miroir. […] En dépit de son apparence séduisante, la sirène n'était souvent qu'une vile tentatrice qui, par sa beauté et son chant, envoûtait les marins et les menait à la mort, pour garder l'âme de ses victimes prisonnière des flots. Les sirènes les plus malfaisantes dévoraient même la chair de leurs proies. Voir une sirène était donc considéré comme un très mauvais présage. Sa présence annonçait tempêtes, naufrages et noyades. […]

Fort heureusement, toutes les sirènes ne se comportaient pas de façon aussi détestable. Certaines auraient même eu une connaissance très sûre des herbes médicinales ; on parvenait parfois à les persuader d'en user pour secourir des humains. […]

Les sirènes étaient aussi convoitées par les hommes en quête d'épouse, que séduisaient ces belles enchanteresses. Cela tombait plutôt bien, puisque les sirènes recherchaient quant à elles des maris humains, non seulement pour les aimer, mais aussi pour acquérir une âme, supplément qui faisait défaut à toutes les créatures des mers. […] La légende raconte que les enfants nés de ces unions avaient les mains et les pieds palmés et que cette caractéristique permettait de les distinguer infailliblement des enfants humains.

Dans les légendes germaniques et scandinaves, une ondine est une déesse des eaux, fleuves, rivières et lacs.
Comme les sirènes, elles envoûtent les hommes soit pour les perdre, soit pour les épouser.

Alberich et les filles du Rhin, gravure de Knut Ekwall, 1876.

des sirènes

Miniature du XVIᵉ siècle

Les sirènes oiseaux

Les sirènes oiseaux trouvent leur origine dans la mythologie grecque. Comme les naïades, elles peuplaient les rivières. Cependant, lorsqu'elles s'avisèrent d'offenser la déesse Aphrodite, celle-ci les transforma en créatures malignes dotées d'un corps d'oiseau et d'une tête de femme et les envoya vivre sur une île déserte de la côte sud de l'Italie. [...] Les marins qui passaient au large de leur île et entendaient leurs mélodies envoûtantes ne pouvaient s'empêcher de se diriger vers elles, ce qui les conduisait droit sur de dangereux récifs. La légende raconte qu'Ulysse, le héros de *L'Odyssée*, réussit à sauver son équipage de ce destin fatal en ordonnant à ses marins de se boucher les oreilles avec de la cire et en se faisant lui-même attacher au mât de son navire, pour profiter malgré tout du récital au moment de passer au large de l'île.

Allan et Elizabeth Kronzek,
Le livre de l'apprenti sorcier,
© Éditions l'Archipel, 2001.

Vase étrusque en céramique, VIᵉ siècle avant Jésus-Christ.

Questions

1. Qui était particulièrement mis en danger par les sirènes ?
2. Comment certaines sirènes pouvaient-elles venir au secours des hommes ?
3. Quels sont les points communs entre les sirènes poissons et les sirènes oiseaux ?

Sirènes et ondines

Lectures croisées

Ces textes parlent tous de sirènes ou d'ondines

Le pingouin et la petite sirène, p. 92 à 94.
La petite sirène et le prince, p. 96 et 97.
L'ondine, p. 99.
La grande famille des sirènes, p. 100 et 101.

1 Indique à quel genre appartient chaque texte : théâtre, poésie, conte ou documentaire.

2 Où vivent les sirènes et les ondines ? Justifie ta réponse en relevant des mots ou des expressions dans chaque texte.

3 Les deux premiers textes de l'unité présentent un même personnage. Relève des mots ou des expressions qui le montrent.

4 Les sirènes et les ondines sont toujours représentées comme belles et envoûtantes. Relève dans ces textes des mots et des expressions qui montrent d'où vient leur charme.

5 Le caractère de la petite sirène te paraît-il le même dans les deux premiers textes ? Quels mots utiliserais-tu pour qualifier le caractère du personnage ?

6 Dans *Le pingouin et la petite sirène*, la sirène dit qu'elle est très amoureuse. De qui ? Est-ce aussi le cas pour la sirène dans le texte d'Andersen et pour l'ondine dans le poème de Lermontov ?

7 Dans quelle situation se trouvent les jeunes hommes dont ces sirènes ou ondines sont amoureuses ?

8 À l'origine de la légende, est-il question de prince et d'amour ? Aide-toi de *La grande famille des sirènes* pour répondre.

9 En définitive, que veulent les sirènes ou les ondines d'après ces textes ?

10 Lequel de ces quatre textes préfères-tu ?

Des livres en réseau

Découvre des albums autour du personnage mythologique de la sirène.

Autour des sirènes oiseaux

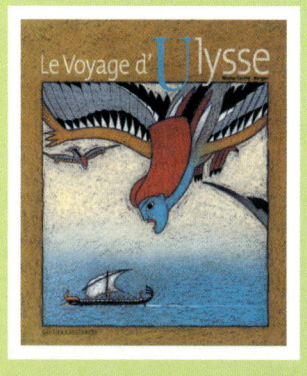

Le voyage d'Ulysse

adapté par Nicolas Cauchy, illustré par Morgan, Éd. Gautier-Languereau.

Voici un livre remarquable pour entrer dans l'univers d'Homère et de L'Odyssée. Comme le montre la couverture, on y lira notamment l'aventure d'Ulysse charmé par les voix des terrifiantes sirènes.

Raymond, pêcheur d'amour et de sardines

de Aurélia Grandin, Éditions Rue du Monde.

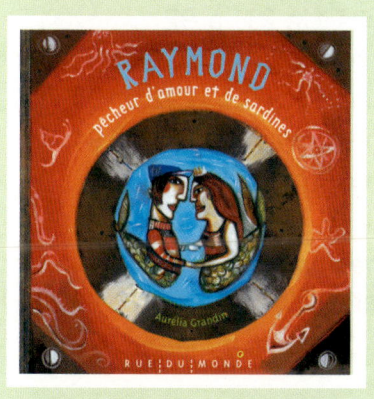

Un jour, Raymond le pêcheur attrape un curieux poisson dans ses filets. Il s'agit d'une bouteille lancée à la mer par le peuple des fonds marins qui réclame de l'aide. N'écoutant que son courage, notre brave Raymond plonge... et tombe nez à nez avec une charmante sirène prénommée Ondine. Voilà notre pêcheur amoureux...

Autour des sirènes poissons

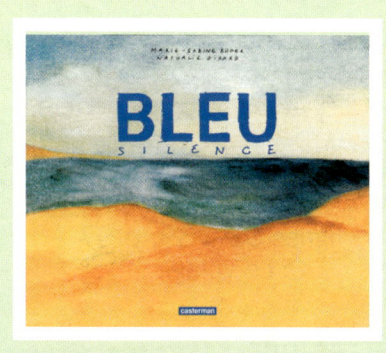

Bleu silence

de Marie-Sabine Roger, illustré par N. Girard, Casterman.

Adil est un garçon solitaire et rêveur qui aime se réfugier dans un blockhaus en bord de mer. Un jour, dans l'eau de la mer, il aperçoit une jeune baigneuse aux allures de sirène. Un amour naît alors entre ce garçon de la terre et cette fille de la mer. Cette belle histoire est soutenue par un très beau travail d'illustration qui, instantanément, nous plonge dans l'atmosphère puissante et silencieuse des grands espaces marins.

Le secret de la sirène

de Jane Ray, Éd. Gautier-Languereau.

Lorsque Éliza, petite fille solitaire, rencontre Océane, c'est le coup de foudre. Mais ce n'est pas facile l'amitié lorsqu'on est une petite fille et que cette amie est une sirène ! Pourtant, Océane prend le risque de suivre Éliza. La mère de la sirène ne voit pas les choses ainsi et tempête dans les flots... Au-delà du récit, ce sont les magnifiques illustrations de Jane Ray qui nous attirent vers cet album tout simplement superbe.

Sirènes et ondines

Atelier de lecture

Hiérarchiser les informations contenues dans un texte

1 Pour chaque passage du texte *La petite sirène et le prince*, indique :
– le titre qui résume le passage ;
– le titre qui ne résume pas le passage, même s'il s'appuie sur un détail du texte.

lignes 1 à 7, p. 96
    Ⓐ Au cœur de la tempête   Ⓑ Comme de hautes montagnes

lignes 7 à 12, p. 96
    Ⓐ Le bateau cède   Ⓑ Attention, petite sirène !

lignes 13 à 24, p. 97
    Ⓐ Transportée de joie   Ⓑ Sauvetage en mer

lignes 25 à 32, p. 97
    Ⓐ Tendre sirène   Ⓑ Sous le soleil rouge

lignes 33 à 39, p. 97
    Ⓐ Le village   Ⓑ Un lit de sable pour le prince

2 Utilise les titres résumant les passages sélectionnés lors de l'activité 1 pour rédiger un court résumé du texte *La petite sirène et le prince*.
Inclus ces titres dans des phrases. Associe-les en ajoutant des mots de liaison, par exemple : *puis, alors, mais, le matin*, etc.

GRAMMAIRE
Marquer des liens logiques
P. 228

3 Voici des titres résumant des passages du texte *Le pingouin et la petite sirène*. Indique lequel correspond à chacun de ces passages.

  Ⓐ Belle, si belle !   • lignes 1 à 21, p. 92
  Ⓑ Ah ! l'amour…   • lignes 22 à 40, p. 92 et 93
  Ⓒ Star méconnue sur la banquise   • lignes 41 à 58, p. 92 et 93
  Ⓓ Dans l'attente de ses quinze ans   • lignes 59 à 74, p. 93 et 94
  Ⓔ La rencontre de deux fugueurs   • lignes 75 à 95, p. 94

4 Pour rédiger un résumé du texte *Les sirènes poissons*, p. 100, quelles informations importantes vas-tu conserver :
– à propos de l'apparence de ces sirènes ;
– à propos de leur pouvoir de séduction ;
– à propos de ce qu'elles faisaient, de dangereux ou de bénéfique ;
– dans le troisième paragraphe ?

Avec les éléments retenus, rédige un petit résumé de trois phrases au maximum.

Écrire

Insérer une description dans un récit

Lis ce passage de *La petite sirène* d'Andersen qui précède l'extrait de l'unité.

« Lorsque sa tête apparut à la surface de la mer, le soleil venait de se coucher ; mais les nuages brillaient encore comme des roses et de l'or. Il était tard, mais la petite sirène ne put se lasser d'admirer le vaisseau. […] Bientôt la mer commença à s'agiter. »

Décris le vaisseau tel que le voit la sirène avant la tempête. Ta description doit pouvoir s'insérer dans le passage ci-dessus à la place des pointillés.

DÉMARCHE

◆ Rechercher des idées

- Une description crée une impression dominante. Tu dois donc insister sur l'impression que le vaisseau provoque chez la sirène : elle admire le vaisseau.

- Fournis des détails qui renforcent l'impression dominante : couleurs, formes, ambiance, bruits…

◆ Organiser la description

- Tu peux commencer par livrer l'impression dominante puis la préciser par des détails, ou au contraire débuter ta description par des détails et conclure par l'impression dominante. Tu peux essayer les deux manières avant de choisir la plus convaincante.

◆ Rédiger

- Utilise l'imparfait pour les verbes de ta description.

- Emploie des adjectifs qualificatifs en essayant d'éviter les plus banals.

- Tu peux également te servir de comparaisons, comme le fait Andersen : « Les nuages brillaient encore <u>comme</u> des roses et de l'or. »

CONJUGAISON
L'imparfait de l'indicatif
P. 190

PROLONGEMENT

Voici maintenant le début de *La petite sirène* :

« Bien loin dans la mer, l'eau est bleue et si profonde qu'il serait inutile d'y jeter l'ancre. C'est là que demeure le peuple de la mer. À l'endroit le plus profond se trouve le château du roi de la mer. […] Toute la journée, les enfants jouaient dans les grandes salles du château. »

Décris le château du roi de la mer. Ta description doit pouvoir s'insérer dans le passage ci-dessus à la place des pointillés.

Sirènes et ondines

105

Dire

Raconter une histoire

Racontez un de ces trois contes d'Andersen : *La petite fille aux allumettes*, *La bergère et le ramoneur* ou *La princesse au petit pois*.

DÉMARCHE

◆ Comprendre et mémoriser l'histoire

- Lisez les trois contes proposés et choisissez celui que vous désirez raconter. Répartissez-vous par groupes : un groupe par conte.
- Pour garder en mémoire le déroulement de l'histoire, découpez le conte en plusieurs parties : début, différentes péripéties, fin. Trouvez un titre pour chacune de ces parties et notez ces titres dans l'ordre des parties. En structurant ainsi le conte, vous facilitez sa mémorisation.

◆ Restituer le conte

- Pour bien raconter, il faut :
- – respecter le déroulement de l'histoire ;
- – utiliser un vocabulaire précis pour permettre à l'auditoire de bien se représenter les actions ;
- – employer le passé composé pour donner l'impression à ceux qui écoutent que l'on a assisté aux événements que l'on raconte ;
- – utiliser des mots de liaison : *puis, ensuite, après*... pour permettre à l'auditoire de saisir la chronologie de l'histoire.

GRAMMAIRE
Écrire des textes au passé (1)
P. 176

GRAMMAIRE
Marquer des liens logiques
P. 228

◆ Écouter

- Si vous connaissez le conte, vérifiez que votre camarade conteur n'a pas oublié de détails importants, qu'il a fidèlement raconté l'histoire et qu'il a respecté les règles définies ci-dessus.
- Si vous ne connaissez pas le conte, interrogez-vous : qu'avez-vous compris ? Avez-vous saisi le début de l'histoire, ses différentes péripéties et sa conclusion ? Vous manque-t-il des éléments pour comprendre ? Lesquels ? Les mots utilisés étaient-ils assez précis ?
- Après avoir écouté les trois contes, demandez à vos camarades quel conte ils ont préféré et pourquoi.

PROLONGEMENT

Racontez à des élèves d'autres classes le conte que vous avez préparé.

7 Sauvages !

Henri Rousseau (dit le Douanier Rousseau), *Tigre dans l'orage tropical (surpris)*, 1891.

Tire, Billy, tire !

MICHAEL MORPURGO
Cet Anglais, ancien professeur, dit avoir commencé à écrire des histoires pour les lire à ses élèves. Aujourd'hui, ses livres sont publiés et traduits en plusieurs langues.

Billy, un jeune garçon abandonné, n'aimait personne et personne ne l'aimait jusqu'à ce qu'il sauve un renardeau. Alors que le renard devient adulte, les deux compères se réfugient sur la péniche du vieux Joe. Billy commence à comprendre que son ami va le quitter...

Un soir, le renard disparut. Billy prit une lampe de poche et le chercha partout pendant une heure, promenant le halo lumineux çà et là, espérant voir briller des yeux dans l'obscurité. Mais il ne vit luire que l'œil jaune d'un mouton.

5 — Il sera peut-être de retour demain matin, Billy, suggéra Joe. Il est sans doute parti chasser.

— Il ne sait pas chasser, objecta Billy. Il est trop jeune. Il va mourir de faim, seul dans les bois. J'en suis sûr.

— Alors, il est peut-être en train d'apprendre, Billy. Il faut
10 qu'il apprenne à chasser s'il doit vivre tout seul dans la nature.

— Il n'en est pas question ! protesta Billy. Il va vivre avec moi, toujours !

— Fiston, dit Joe, laisse-moi te rappeler qu'un renard est un animal sauvage. Je ne sais pas comment tu as mis la main sur celui-
15 là, mais je parie que tu l'as trouvé dans la nature, et un renard retourne toujours à la nature, Billy, tôt ou tard. Tu ne pourras jamais l'apprivoiser totalement. Ce n'est pas un chien.

Cette nuit-là, Billy tourna et retourna dans sa tête les paroles de Joe. Jusqu'alors, il ne lui était même pas venu à l'esprit que le
20 renard puisse avoir envie de le quitter un jour. Quand il s'éveilla aux premières heures du matin, et qu'il trouva l'animal endormi sur la couchette à côté de lui, il faillit crier de joie. [...]

Maintenant, le renard disparaissait chaque soir un peu plus tôt et rentrait de plus en plus tard dans la nuit. [...] Désormais, il
25 obéissait rarement quand Billy l'appelait, et au lieu de se lover

108

près de lui à l'avant de la péniche, il allait et venait sur le pont comme un tigre en cage. Il ne semblait pas moins aimer Billy,
30 pas moins lui faire confiance, mais Billy sentait qu'il était de plus en plus distant, qu'il avait l'esprit ailleurs.

Un soir, alors qu'ils étaient
35 assis tous les deux sur le pont, le bras de Billy passé autour du cou du renard, celui-ci voulut se détacher de lui. Billy le retint, redoutant de ne plus jamais le revoir s'il le laissait partir.

40 — Fiston, dit Joe, ce renard assis près de toi est un animal sauvage. Il t'aime, bien sûr, autant que tu l'aimes. Il t'aime comme il aimerait sa mère. Et les renards quittent leur mère un jour, vois-tu. S'il doit s'en remettre à toi pour sa survie, ce ne sera plus un vrai renard. Tu lui auras enlevé sa nature sauvage, et ce serait une
45 chose terrible à faire, ce serait comme lui enlever son âme. Laisse-le partir, Billy. Laisse-le partir.

Billy relâcha son étreinte, le renard bondit aussitôt sur la berge et s'éloigna en courant. [...]

Sauvages !

GRAMMAIRE
Remplacer des noms dans un texte
P. 216

VOCABULAIRE
Choisir entre les synonymes d'un mot
P. 224

Billy n'appela pas le renard cette nuit-là, il savait que ça n'aurait servi à rien. C'était une nuit chaude, trop étouffante pour dormir. De toute façon, une partie de lui-même restait éveillée, à attendre malgré tout. L'animal ne réapparut pas à l'aube, ni à l'heure du petit-déjeuner. Ce matin-là, Billy se sentit incapable d'avaler quoi que ce soit. Refusant d'écouter les conseils de Joe, il sortit dans les champs et siffla encore et encore pour appeler son renard. Quand il remonta à bord, Joe constata qu'il avait pleuré. Rien ne pouvait le consoler, et Joe le savait, aussi garda-t-il le silence.

L'homme était sûr que le renard finirait par revenir, et c'est ce qui arriva. L'animal réapparut sur le coup de midi, foulant l'herbe d'un pas souple et feutré. Il se dirigeait vers eux. Joe le vit le premier. Il avait son fusil à portée de la main. Il attendit que le renard soit suffisamment proche pour tirer deux coups en l'air. Billy bondit sur ses pieds et lui hurla d'arrêter, mais Joe rechargea son arme et tira encore deux balles, au-dessus de la tête du renard. Celui-ci se sauva en courant, puis s'arrêta au bout d'une vingtaine de mètres pour se retourner.

— C'est le seul moyen, Billy, expliqua Joe en rechargeant son fusil une fois de plus. Le renard n'a qu'un ennemi : l'homme. Toi, moi. Si tu veux qu'il survive là-dehors, c'est une leçon que tu dois lui enseigner toi-même.

Il tendit l'arme à Billy.

— Tire en l'air, fiston. Vas-y, fais-lui peur, qu'il ne revienne jamais. Fais-le, Billy. Fais-le pour lui, et fais-le tout de suite.

Billy appuya sur la détente à deux reprises et regarda le renard détaler à travers les champs et s'évanouir parmi les arbres.

Michael Morpurgo,
Le secret du renard,
© éditions Pocket Jeunesse, 2002,
département d'Univers Poche.

Lire

Tire, Billy, tire !

IDENTIFIER

1. Qui est Billy ? Qui est Joe ?
2. Où se trouvent ces deux personnages ?
3. Quel animal a été recueilli par Billy ?

EXPLIQUER

4. « — Fiston, dit Joe… » *(ligne 13)*
5. « … un renard retourne toujours à la nature… » *(ligne 15)*
6. « Tu lui auras enlevé sa nature sauvage, […] ce serait comme lui enlever son âme. » *(ligne 44)*
7. « …une partie de lui-même restait éveillée… » *(ligne 51)*
8. « Le renard n'a qu'un ennemi : l'homme. » *(ligne 68)*

MIEUX COMPRENDRE

9. Où Billy a-t-il pu trouver le renard ?
10. À quoi voit-on que le renard est de plus en plus distant à l'égard de Billy ?
11. Pourquoi Billy ne supporte-t-il pas l'idée de ne plus avoir le renard avec lui ?
12. Explique l'attitude de Joe.
13. Pourquoi Billy tire-t-il en l'air à son tour ?

DÉBATTRE

14. Que penses-tu du fait d'apprivoiser un animal sauvage ?

DIRE LE TEXTE

15. Relève les parties dialoguées du texte et, avec un camarade, attribuez-vous les deux rôles pour les dire à voix haute.

L'ŒUVRE COMPLÈTE

Billy Bunch est un enfant abandonné. Ne supportant plus les réprimandes de la dame qui le loge, il se réfugie de plus en plus souvent dans le petit bois avoisinant. C'est là qu'il fait la rencontre d'un renardeau orphelin qu'il nourrit et apprivoise. Bientôt, Billy s'enfuit avec son renard. Mais l'amitié peut-elle durer entre un jeune fuyard et un animal qui résiste de plus en plus difficilement à l'appel de la vie sauvage ?

Sauvages !

Une étonnante rencontre

JOSEPH KESSEL (1898-1979)
Cet écrivain français est né dans une famille russe d'origine juive. Il a combattu pendant les deux guerres mondiales. Journaliste, il a écrit de nombreux romans.

Patricia, une fillette d'une dizaine d'années, vit au Kenya. Elle est l'amie d'un lion qu'elle a recueilli lorsqu'il était tout petit et qui, adulte, est reparti dans la savane. Elle propose un jour au narrateur de rencontrer ce lion.

Le lion gronda plus haut, sa queue claqua plus fort. Une voix dépourvue de vibrations, de timbre, de tonalité m'ordonna :

— Pas de mouvement… Pas de crainte… Attendez.

D'une main, Patricia tira violemment sur la crinière ; de l'autre, elle se mit à gratter le mufle du fauve entre les yeux. En même temps, elle lui disait en chantonnant un peu :

— Reste tranquille, King. Tu vas rester tranquille. C'est un nouvel ami. Un ami, King, King. Un ami… un ami…

Elle parla d'abord en anglais, puis elle usa de dialectes africains. Mais le mot « King » revenait sans cesse.

La queue menaçante retomba lentement sur le sol. Le grondement mourut peu à peu. Le mufle s'aplatit de nouveau contre l'herbe et, de nouveau, la crinière, un instant dressée, le recouvrit à moitié.

— Faites un pas, me dit la voix insonore.

J'obéis. Le lion demeurait immobile. Mais ses yeux, maintenant, ne me quittaient plus.

— Encore, dit la voix sans résonance.

J'avançai.

De commandement en commandement, de pas en pas, je voyais la distance diminuer d'une façon terrifiante entre le lion et ma propre chair dont il me semblait sentir le poids, le goût, le sang.

[…] La voix clandestine m'attirait, me tirait vers le grand fauve étendu. Il m'était impossible de lui désobéir. Cette voix, je le savais en toute certitude, était ma seule chance de vie, la seule force – et si précaire, si hasardeuse – qui nous tenait, Patricia, le fauve et moi dans un équilibre enchanté.

Mais est-ce que cela pouvait durer ? Je venais de faire un pas de plus. À présent, si je tendais le bras, je touchais le lion.

Il ne gronda plus cette fois, mais sa gueule s'ouvrit comme un piège étincelant et il se dressa à demi.

— King ! cria Patricia. Stop, King !

Il me semblait entendre une voix inconnue, tellement celle-ci était chargée de volonté, imprégnée d'assurance, certaine de son pouvoir. Dans le même instant, Patricia assena de toutes ses forces un coup sur le front de la bête fauve.

Le lion tourna la tête vers la petite fille, battit des paupières et s'allongea tranquillement.

— Votre main, vite, me dit Patricia.

Je fis comme elle voulait. Ma paume se trouva posée sur le cou de King, juste au défaut de la crinière.

— Ne bougez plus, dit Patricia.

Elle caressa en silence le mufle entre les deux yeux. Puis elle m'ordonna :

— Maintenant, frottez la nuque.

Je fis comme elle disait.

— Plus vite, plus fort, commanda Patricia.

Le lion tendit un peu le mufle pour me flairer de près, bâilla, ferma les yeux. Patricia laissa retomber sa main. Je continuai à caresser rudement la peau fauve. King ne bougeait pas.

— C'est bien, vous êtes amis, dit Patricia gravement.

Joseph Kessel, *Le Lion*,
© Éditions Gallimard, 1958.

Lire
Une étonnante rencontre

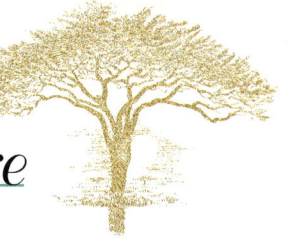

IDENTIFIER

1. Qui est Patricia ? Qui est King ?
2. Quel rapport y a-t-il entre eux deux ?
3. Qui est l'autre personnage ?
4. Retrouve les différents types de voix qu'utilise Patricia pour parler au lion.

EXPLIQUER

5. « … ma propre chair dont il me semblait sentir le poids, le goût, le sang. » *(ligne 22)*
6. « La voix clandestine m'attirait, me tirait vers le grand fauve… » *(ligne 24)*
7. « Cette voix […] était ma seule chance de vie… » *(ligne 25)*
8. « … sa gueule s'ouvrit comme un piège étincelant… » *(ligne 31)*

MIEUX COMPRENDRE

9. Pourquoi est-il impossible au narrateur de désobéir à Patricia ?
10. Comment expliques-tu les gestes violents de Patricia à l'égard du lion ?
11. Pourquoi le lion est-il si obéissant ?
12. Que peut ressentir le narrateur en caressant le fauve ?

DÉBATTRE

13. Aimerais-tu vivre la même expérience que le narrateur ?

DIRE LE TEXTE

14. Avec un camarade, lisez cet extrait à voix haute. L'un lit les passages où le narrateur raconte ce qui se passe et ce qu'il ressent, l'autre lit ce que dit Patricia en tenant compte des différentes voix qu'elle utilise lorsqu'elle parle.

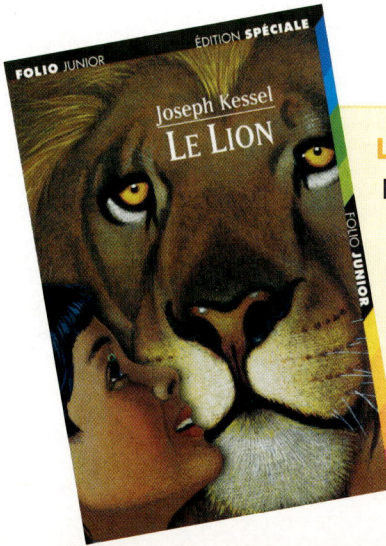

L'ŒUVRE COMPLÈTE

Dans la réserve naturelle que son père, John Bullit, dirige au Kenya, Patricia, dix ans, peut admirer bien des animaux : girafes, rhinocéros, gazelles… Mais surtout, dans la savane, elle retrouve King, un lion qu'elle a nourri quand il n'était qu'un lionceau. Entre Patricia et King, l'amitié est totale. Près de la réserve vit Oriounga, un jeune guerrier masaï. Pour prouver à sa tribu qu'il est devenu un homme, Oriounga veut défier un lion et le tuer. Va-t-il alors affronter King ?

114

Les oies sauvages

Tout est muet ; l'oiseau ne jette plus ses cris.
La morne plaine est blanche au loin sous le ciel gris.
Seuls, les grands corbeaux noirs, qui vont cherchant leurs proies,
Fouillent du bec la neige et tachent sa pâleur.
5 Voilà qu'à l'horizon s'élève une clameur ;
Elle approche, elle vient : c'est la tribu des oies.
Ainsi qu'un trait lancé, toutes, le cou tendu,
Allant toujours plus vite en leur vol éperdu,
Passent, fouettant le vent de leur aile sifflante.
10 Le guide qui conduit ces pèlerins des airs
Delà les océans, les bois et les déserts,
Comme pour exciter leur allure trop lente,
De moment en moment jette son cri perçant.
Comme un double ruban la caravane ondoie,
15 Bruit étrangement, et par le ciel déploie
Son grand triangle ailé qui va s'élargissant.
Mais leurs frères captifs répandus dans la plaine,
Engourdis par le froid, cheminent gravement.
Un enfant en haillons en sifflant les promène
20 Comme de lourds vaisseaux balancés lentement.
Ils entendent le cri de la tribu qui passe ;
Ils érigent leur tête ; et, regardant s'enfuir
Les libres voyageurs au travers de l'espace,
Les captifs tout à coup se lèvent pour partir.
25 Ils agitent en vain leurs ailes impuissantes,
Et dressés sur leurs pieds, sentent confusément
À cet appel errant, se lever grandissantes
La liberté première au fond du cœur dormant,
La fièvre de l'espace et des tièdes rivages.
30 Dans les champs pleins de neige ils courent effarés,
Et, jetant par le ciel des cris désespérés,
Ils répondent longtemps à leurs frères sauvages.

Guy de Maupassant, *Des vers*, 1880.

Guy de Maupassant (1850-1893)

Cet écrivain français du XIXe siècle est surtout connu pour ses romans et ses 300 contes et nouvelles, dont beaucoup peuvent être lus par de jeunes lecteurs.

QUESTIONS

1. Le silence qui règne au début du poème cesse soudain : quel vers évoque un bruit naissant ?
2. Qui sont les « frères captifs » des oies ?
3. Que voudraient-ils faire ?

Le retour du loup

Accusé de dévorer bêtes et hommes, le loup a été éliminé de nos contrées dans les années 1930. Devenu espèce protégée, il y est récemment revenu. Au grand dam des chasseurs et des bergers...

En 1979, la convention de Berne déclare le loup « espèce strictement protégée ». Dès lors, celle-ci entre dans une phase d'expansion. Une expansion favorisée par l'augmentation du nombre de cerfs, de chevreuils, de sangliers et autres ongulés dont le loup se régale. Dans les pays où ils n'avaient pas disparu, tels que l'Italie, les loups se reproduisent tranquillement. L'organisation des meutes oblige les jeunes adultes à quitter leur groupe pour fonder une nouvelle meute plus loin. Voilà comment, de proche en proche, le loup a réapparu sur le territoire français en 1992. On en compte aujourd'hui environ trente.
[...]

Mais ce retour ne se passe pas sans heurts ! Parmi les mécontents : les chasseurs et les bergers. Les premiers, parce qu'ils craignent que le loup les prive de leur gibier. Pourtant, les scientifiques sont formels : la France compte de plus en plus d'ongulés, ce qui nuit aux forêts où ces herbivores mangent parfois tout ce qui est à leur portée, y compris les jeunes pousses d'arbre.
En outre, les chasseurs ne réussissent pas à tuer le nombre d'animaux autorisé par les préfectures.
[...]

La trentaine de loups français ne risque pas, par conséquent, de décimer les populations de cerfs ou de chevreuils. Quant aux bergers, ils sont nombreux à souhaiter que le loup ne soit jamais revenu dans nos montagnes. On estime le loup responsable de la mort d'environ 2 000 brebis par an, en comptant celles qui, lors des mouvements de panique, sont poussées par les autres au fond d'un ravin. Mais si les ongulés sauvages sont si abondants, pourquoi le loup s'en prend-il aux troupeaux domestiques ? C'est que le prédateur est un opportuniste : il poursuit tout ce qu'il croise… mais abandonne vite. D'ailleurs, ses attaques font chou blanc plus de neuf fois sur dix. Plutôt que de s'épuiser à courir derrière un animal, il préfère chercher des proies plus faciles en d'autres endroits. Et entre un chamois bondissant, un cerf toujours sur le qui-vive et un troupeau de brebis sans défense… devinez qui sont les plus vulnérables ?

D'après Sylvie Redon-Clauzard, « Le loup à la loupe »,
Science et Vie Junior, n° 173, février 2004.

Présence du loup en France

■ Savoie, Isère, Hautes-Alpes, Drôme, Alpes-de-Haute-Provence, Alpes-Maritimes, Var.

QUESTIONS

1. Pourquoi la convention de Berne est-elle importante pour les loups ?
2. Comment les loups sont-ils réapparus en France ?
3. Pour ou contre la présence des loups : quels sont les arguments des scientifiques, des bergers et des chasseurs ?
4. Pourquoi les brebis sont-elles les proies préférées des loups ?

Sauvages !

Lectures croisées

Ces textes parlent des animaux sauvages et... de l'homme

Tire, Billy, tire !, p. 108 à 110.
Une étonnante rencontre, p. 112 et 113.
Les oies sauvages, p. 115.
Le retour du loup, p. 116 et 117.

1 Relève tous les animaux cités dans ces textes et classe-les en deux colonnes :
- **A** dans la première, place les animaux qui sont souvent domestiqués par l'homme ;
- **B** dans la seconde, place les animaux qu'on ne rencontre qu'à l'état sauvage.

2 Sur quels continents rencontre-t-on les animaux dont parlent ces textes ? Pour chacun d'eux, indique la ou les possibilités.

3 Quelles sont les caractéristiques des animaux sauvages évoqués dans les textes ? Relève ces éléments de description.

4 Dans deux textes, une relation d'amitié s'est nouée entre l'homme et l'animal sauvage. Lesquels ?
- **A** Dans quel texte cette relation se poursuit-elle une fois l'animal devenu adulte ?
- **B** Dans quel texte la relation cessera-t-elle vraisemblablement une fois l'animal devenu adulte ?
- **C** En te servant d'éléments de ces textes, explique pourquoi la relation va se poursuivre dans un cas et cesser dans l'autre ?

5 Dans quel texte l'animal sauvage rencontre-t-il de l'hostilité de la part de certains hommes ? Rappelle de quels hommes il s'agit. Leurs arguments pourraient-ils concerner d'autres espèces sauvages ?

6 Relève dans ces textes des passages qui font naître chez le lecteur :
- **A** un sentiment d'admiration vis-à-vis de l'animal sauvage ;
- **B** un sentiment de tristesse ;
- **C** un sentiment de crainte.

Des livres en réseau

Découvre des histoires qui mettent en relation des hommes et des animaux sauvages.

Des romans

Du vent dans les plumes.
Mémoires d'un vautour fauve 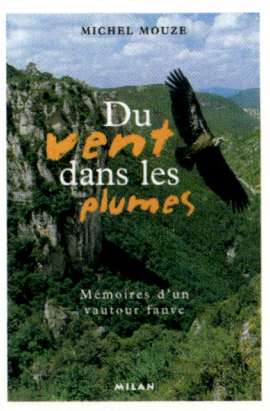
de Michel Mouze, Milan.

L'auteur, professeur de biologie animale à l'université, n'a pas réalisé un documentaire sur les oiseaux sauvages, mais un vrai roman d'aventures dont les héros sont des vautours fauves. S'inspirant librement de ce qu'il a étudié lors de la réintroduction de ces rapaces dans les Cévennes, cet auteur nous propose de suivre Julio, père vautour et narrateur du roman.

La rencontre
de Allan W. Eckert, Le Livre de Poche Jeunesse, Hachette Livre.

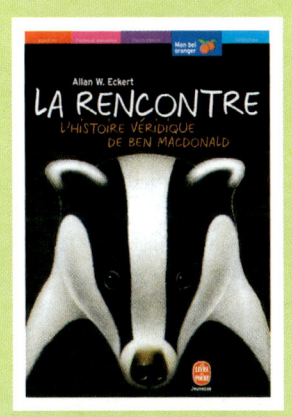

Par un jour orageux de 1870, Ben MacDonald, un petit garçon un peu sauvage, se perd dans la prairie américaine où ses parents ont installé leur ferme. Surpris par la tempête, Ben se glisse dans un terrier où vit une mère blaireau. De la rencontre de ces deux solitaires naît une extraordinaire aventure. L'histoire d'un enfant qui partagea six semaines de la vie d'une femelle blaireau.

Le grizzly
de James Oliver Curwood, Le Livre de Poche Jeunesse, Hachette Livre.

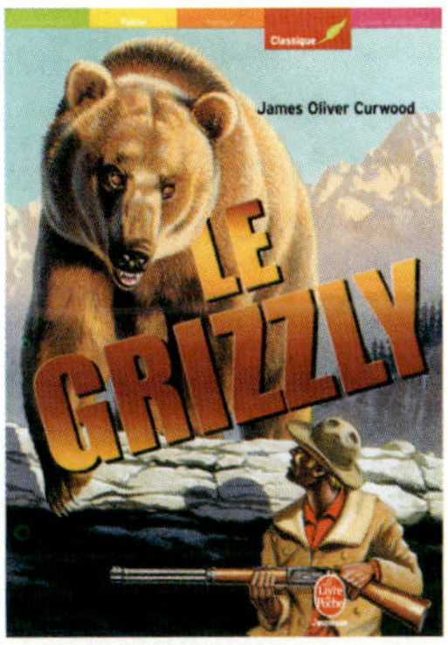

Dans les montagnes Rocheuses encore sauvages du début du XXe siècle, deux chasseurs – Jim et son ami Bruce – sont sur les traces de Tyr, le grizzly. Le gigantesque ours tient tête aux chiens les plus courageux pour protéger Muskwa, l'ourson orphelin. Pourtant, lorsqu'il fait face à Jim désarmé, Tyr l'épargne et lui tourne le dos...

et un album

À pas de louve
de Jo Hoestlandt, illustré par Marc Daniau, Milan.

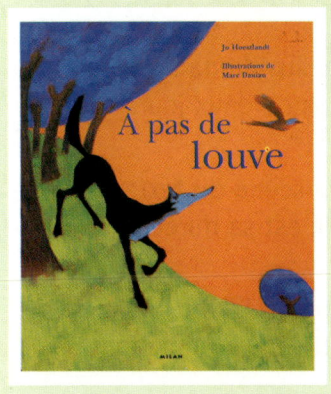

Une louve est nerveuse au milieu de sa meute. Elle ressent un besoin irrésistible de s'éloigner, de partir à la découverte du monde qui l'environne et dont elle ne sait rien. Nous la suivons, « à pas de louve », jusqu'à la rencontre improbable. Un être étrange, dont elle ignorait encore l'existence, lui fait face. Il s'agit d'un humain. Par leurs regards mutuels, ils se racontent et s'instruisent l'un l'autre.

Oreille-Déchirée
de Geoffrey Malone, Casterman.

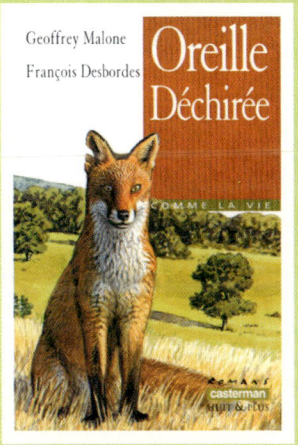

Oreille-Déchirée est un renard dont nous suivons la vie trépidante. Nous l'accompagnons dans ses plaisirs de chasseur, ses courses folles, ses balades nocturnes. Mais avec lui, nous tremblons aussi aux dangers qu'il rencontre : les animaux prédateurs et surtout les hommes...

Sauvages !

Atelier de lecture

Repérer les indices temporels d'un texte

GRAMMAIRE
Se repérer dans un texte : quand et où ?
P.196

Tableau à photocopier dans le livre du maître.

1 Pour chaque passage du texte *Tire, Billy, Tire !*, p. 108 à 110 :
- lignes 1 à 17 • lignes 18 à 20 • lignes 20 à 22 • lignes 34 à 48
- lignes 49 à 52 • lignes 52 à 57 • lignes 58 à 80
– Indique à quel moment cette scène se déroule.
– Précise combien de temps elle dure.
À chaque fois, relève les indices qui t'ont permis de répondre.

2 Classe les indices temporels relevés en deux colonnes.

Ceux qui indiquent un moment précis	Ceux qui indiquent une durée

3 En t'appuyant sur les indices temporels relevés, estime la durée des événements se déroulant des lignes 1 à 22.

4 Relève les indices temporels du passage des lignes 23 à 33. Quelles informations nous donnent-ils sur la durée des événements se produisant durant cette période ?

5 En t'appuyant sur les indices temporels relevés, estime la durée des événements se déroulant des lignes 34 à 80.

6 Finalement, estime la durée totale de l'histoire. Justifie ta réponse.
   Ⓐ deux heures   Ⓑ deux jours   Ⓒ plus de deux jours

7 Peux-tu dire à quel moment précis se passe la scène du texte *Une étonnante rencontre*, p. 112 et 113, et quelle est sa durée ?

8 Relève dans le texte *Le retour du loup*, p. 116 et 117, tous les nombres qui indiquent une date, ainsi que deux indications de temps non chiffrées.
   Ⓐ Place toutes ces indications sur une frise chronologique.
   Ⓑ Classe toutes les indications de temps que tu as relevées, chiffrées ou non, en deux colonnes : celles qui sont précises et celles qui sont imprécises.

Écrire

Introduire un nouveau personnage

Écris un autre épisode du *Secret du renard* en introduisant un nouveau personnage qui n'apparaît pas dans l'extrait « Tire, Billy, tire ! » (p. 108 à 110) : un petit citadin anglais rend visite au vieux Joe pendant les vacances et rencontre Billy.

DÉMARCHE

◆ Rechercher des idées

- Le nouveau personnage, que Billy ne connaît pas encore, va avoir une influence sur l'histoire.

- Il peut :
– devenir ami avec Billy et lui faire oublier le départ du renard ;
– aider Billy à faire revenir le renard ;
– proposer à Billy d'apprivoiser un autre animal…

◆ Organiser le récit

1 Explique d'abord brièvement comment ce garçon apparaît dans l'histoire et comment il rencontre Billy. Donne-lui un prénom.

2 Raconte ce que les deux garçons décident de faire et comment le nouveau venu aide Billy.

3 Termine ton histoire en choisissant une fin heureuse ou malheureuse.

◆ Rédiger

- Utilise l'imparfait et le passé simple, comme dans le texte de Michael Morpurgo.

- N'oublie pas que le narrateur est extérieur à l'histoire.

- Fais dialoguer les personnages, comme dans le texte de Morpurgo :
– utilise des tirets ;
– retourne à la ligne à la fin de chaque réplique.

> **CONJUGAISON**
> L'imparfait de l'indicatif
> P. 190
>
> **CONJUGAISON**
> Le passé simple de l'indicatif
> P. 200
>
> **ATELIER DE LECTURE**
> Identifier auteur et narrateur
> P. 72

PROLONGEMENT

Le nouveau personnage n'est plus un garçon. C'est la petite fille de Joe, qui a le même âge que Billy. Elle aide Billy, mais d'une autre façon.

Sauvages !

Dire

Lire un poème à haute voix

Entraînez-vous à lire à haute voix le poème *Les oies sauvages*, p. 115.

DÉMARCHE

◆ Préparer la lecture

- Relisez silencieusement les six premiers vers. Repérez les signes de ponctuation. Marquez d'une barre les pauses à effectuer après une virgule, un point-virgule et deux points. Utilisez deux barres pour indiquer qu'il faut baisser la voix après un point.

- Lisez à haute voix les vers 14 à 16. Vous constaterez que vous devez marquer d'autres pauses pour reprendre votre souffle. Utilisez une autre couleur pour indiquer les groupes de souffle.

- Poursuivez ce travail sur l'ensemble du poème.

- Placez un trait sous les mots où il faut faire une liaison.

- En vous attachant au sens et au rythme du poème, recherchez les mots à mettre en valeur. Accentuez-les en les prononçant plus lentement.

◆ Dire le poème

- Découpez le poème en quatre parties pour le dire à plusieurs.

- Pour bien dire un poème, il faut :
– bien articuler ;
– ne pas avoir un débit trop rapide ;
– respecter la ponctuation et les groupes de souffle ;
– faire les liaisons ;
– mettre en valeur les mots ou expressions porteurs de sens.

◆ Écouter

Lorsqu'un élève dit une partie du poème, vérifiez s'il respecte les règles définies. Notez vos observations. Sa diction était-elle claire ?
A-t-il tenu compte de la ponctuation ? Quels mots a-t-il mis en valeur ?
Êtes-vous d'accord avec lui ? Confrontez vos remarques et échangez des conseils.

PROLONGEMENT

Dans le manuel et dans des anthologies, recherchez en petits groupes des poèmes qui vous plaisent. Entraînez-vous à les lire à haute voix en tenant compte des conseils reçus.

Vers l'Afrique 8

Masque en bois, Cameroun, XXᵉ siècle.

BLAISE CENDRARS (1887-1961)
Ce poète français, d'origine suisse, a été un grand voyageur. Il a glané aux quatre coins de la planète des histoires qu'il a adaptées dans notre langue.

Le mauvais juge

Un jour, raconte-t-on, il se passa ce qui suit :
La souris avait grignoté les vêtements du tailleur. Le tailleur alla trouver le juge, qui était pour lors le babouin, toujours en train de dormir. Il le réveilla pour se plaindre de la façon suivante :

5 — Babouin, ouvre tes yeux ! Tiens, regarde, voilà pourquoi je viens te réveiller, il y a des trous partout ! C'est la souris qui a déchiré mes vêtements ; mais elle dit que ce n'est pas vrai, elle accuse le chat. Le chat, lui, proteste malicieusement de son innocence et prétend que c'est le chien qui doit l'avoir fait. Le chien
10 nie tout et affirme que c'est le bâton qui l'a fait. Le bâton rejette la faute sur le feu et soutient :
— C'est le feu, le feu, qui l'a fait, le feu !
Le feu ne veut rien savoir :
— Non, non, non, ce n'est pas moi, c'est l'eau ! se contente-
15 t-il de dire.
« L'eau feint de tout ignorer de cette histoire, elle insinue pourtant que c'est l'éléphant le coupable. L'éléphant se fâche et met tout sur le compte de la fourmi. La fourmi devient rouge, court partout, bavarde, ameute tout le monde, et eux tous de
20 s'entre-quereller et de crier si fort que je n'arrive pas à savoir qui, mais qui a déchiré mes vêtements ! On me fait perdre mon temps, on me fait aller, venir, courir, attendre, patienter, discuter, pour, finalement, me renvoyer sans me payer. O Babouin, ouvre tes yeux et regarde ! Il y a des trous partout ! Que vais-je devenir ?
25 Maintenant je suis ruiné ! » se lamentait le tailleur.
Il n'avait pourtant pas grand-chose à perdre, le tailleur, car c'était un pauvre homme qui avait une grande femme maigre à la maison et beaucoup de petits enfants, des garçons et des filles, et une méchante vieille qui se tenait toujours devant sa porte, ce

n'était pas sa grand-mère, non, ni la mère de sa femme, ni une étrangère, elle était bien de la famille – c'était une vieille sorcière qui s'était emparée de lui et des siens et qui les tourmentait beaucoup, elle avait de longues dents et une lame de couteau dans le dos qui lui servait d'échine – et elle s'appelait la Faim. La Faim habitait devant sa porte et, plus le tailleur travaillait, plus la Faim lui prenait tout, elle entrait chez lui sans vergogne, vidait ses calebasses et ses pots, battait ses enfants, se chamaillait avec sa femme, se disputait avec lui, si bien que le pauvre tailleur ne savait plus où donner de la tête. Et voilà que maintenant la souris venait de grignoter tous les vêtements des clients et qu'il ne restait que des trous ! […]

Le babouin se tenait droit. Il était gros et gras, et tout luisant de santé. Il écoutait le tailleur en se caressant le poil. Il avait prodigieusement envie de se rendormir. Néanmoins, il convoqua les gens du procès. Il avait hâte d'en finir pour reprendre son somme. […]

Ce fut un beau tollé ! Tout le monde criait à la fois, et la confusion était telle, et la fourmi se démenait tellement que le babouin en avait le vertige. Déjà il allait pousser tout le monde dehors pour aller rejoindre son somme et dormir tranquille dans sa case, quand le tailleur le rappela à son devoir de juge, en criant plus fort que tous :

— O Babouin, ouvre tes yeux et regarde, il n'y a que des trous partout !

Le babouin était fort ennuyé. Que devait-il faire ? Et que cette affaire était compliquée ! Et puis, il avait tellement sommeil, une si prodigieuse envie de se rendormir. Ces gens auraient bien pu le laisser en paix et régler leur affaire eux-mêmes. Il se tenait droit. Il était gros et gras, et tout luisant de santé. Il regardait tout le monde en se caressant le poil. Il ne songeait qu'à reprendre son somme.

Alors il dit :

— Moi, Babouin, juge suprême de tous les animaux et des hommes, je vous ordonne : punissez-vous, vous-mêmes !

« Chat, mords la souris !

Chien, mords le chat !

Bâton, frappe le chien !

Feu, brûle le bâton !

Eau, éteins le feu !

Éléphant, bois l'eau !

Fourmi, pique l'éléphant !

Sortez ! J'ai dit. »

Les animaux sortirent et le babouin alla se coucher. Et, depuis ce temps-là, les animaux ne peuvent plus se supporter. Ils ne pensent plus qu'à se faire du mal. […]

Mais le tailleur ? me direz-vous, le tailleur ? Qui paya le tailleur pour les vêtements déchirés ?

Ah ! oui, le tailleur ?

Eh bien ! le babouin l'avait oublié, tout simplement ; c'est pourquoi l'homme a toujours faim.

Il a beau travailler, le babouin dort toujours.

L'homme attend toujours justice.

Il a toujours faim.

Mais aussi, quand le babouin veut sortir de chez lui, vite il se met à courir à quatre pattes pour que l'homme ne le reconnaisse pas. C'est pourquoi, depuis ce temps-là, on le voit toujours courir à quatre pattes.

De par son jugement insensé, il a perdu la faculté de marcher debout, droit debout.

Blaise Cendrars,
Petits contes nègres pour les enfants des Blancs,
© Éditions Denoël, 1921.

Lire

Le mauvais juge

IDENTIFIER

1. De quel(s) être(s) humain(s) parle cette histoire ?
2. Relève le nom des différents animaux de l'histoire.
3. Liste les objets qui s'expriment dans l'histoire.

EXPLIQUER

4. « Il n'avait pourtant pas grand-chose à perdre, le tailleur… » *(ligne 26)*
5. « Il était gros et gras, et tout luisant de santé. » *(lignes 42 et 56)*
6. « Ce fut un beau tollé ! » *(ligne 47)*

MIEUX COMPRENDRE

7. Pourquoi la description physique du babouin est-elle importante ?
8. Qui est cette vieille femme si méchante qui se tient devant la porte de la maison du tailleur ?
9. Pourquoi le babouin est-il un « mauvais juge » ?
10. Quelles sont les trois conséquences du jugement du babouin ?

DÉBATTRE

11. Quels éléments du texte montrent qu'il s'agit d'un conte qui explique l'origine de certains phénomènes ?
12. Quelles sont selon toi les qualités que doit avoir un juge ?

DIRE LE TEXTE

13. Le babouin donne une succession d'ordres en énonçant son jugement. Reprends ce qu'il dit et lis ce passage à voix haute en insistant bien sur l'impératif.

L'ŒUVRE COMPLÈTE

Blaise Cendrars a écrit ces histoires ramenées d'Afrique pour les petits Français qui ne savent rien du continent noir. On y fait notamment la connaissance d'un vent affamé, d'un poussin qui devient roi, d'un caïman qui doit être porté à dos d'homme ou encore d'un babouin juge de paix. Au fil de ces dix contes tout simples, on rencontre aussi la sagesse et la malice des griots africains. Et on rit, on rit beaucoup.

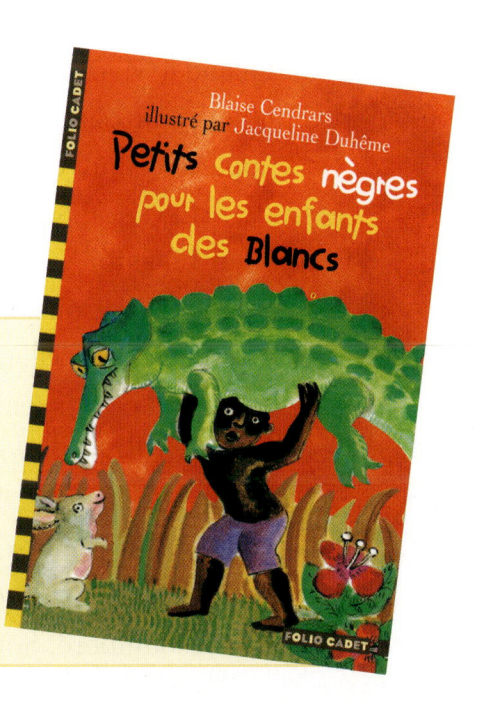

Vers l'Afrique

La volonté de Soundiata

DIALIBA KONATÉ
Ce Sénégalais né en 1942 a écrit cette adaptation de l'épopée de Soundiata Keïta. Mais c'est avant tout un dessinateur qui est parvenu à traduire en images ce que les griots répètent depuis des siècles en paroles et en chants. Ses dessins ont été exposés en 2001 au musée des Arts africains et océaniens de Paris.

Un jour qu'elle cuisinait, Sougoulou s'aperçut qu'elle n'avait plus de feuilles de baobab pour préparer une bonne sauce à ses enfants. Chaque chose a une cause. Pourquoi, ce jour-là, en demanda-t-elle trois ou quatre à Sassouma Berté ? La haine est
5 parfois si dure qu'elle vous refuserait même la plus petite feuille du plus petit arbre à sauce de la forêt. « Demande donc plutôt à ton fils d'aller t'en cueillir », ricana Sassouma. Il y avait tant de méchanceté dans ses paroles que Sougoulou, humiliée, regretta amèrement d'avoir enfanté ce Soundiata, bon à rien et paralysé.
10 Quand Soundiata vit sa mère pleurer, il comprit. « Console-toi ma mère, console-toi, lui répétait-il, je vais laver cet affront ! Aujourd'hui, je vais marcher. Tu voulais quelques feuilles de baobab pour ta sauce ? C'est le baobab tout entier que je déracinerai et chacun verra qui est ton fils ! »

15 Il ordonna à Balafasséké, son griot qui était à ses côtés ce jour-là : « Cours, cours chez le forgeron et rapporte-moi un arc de fer. » Quand le vieux forgeron vit le griot arriver si vite, il sut qu'enfin le grand jour était arrivé ! Il appela ses six apprentis : « Que l'on apporte cet arc de fer à Soundiata. »

20 « Lève-toi, Soundiata ! » cria Balafasséké.
« Lève-toi ! » supplia le vieux forgeron. Mais l'arc se plia une première fois, puis une deuxième et une troisième fois. Alerté par le bruit, tout le village se réunit et encouragea Soundiata qui faisait tant d'efforts, en vain pour se mettre debout. Mais le chasseur
25 Tiémoko Koné intervint : « Il lui faut une canne faite dans un arbre de la brousse, le sousoumbéré. Son bois est très solide et ses feuilles éloignent les maladies. »

Aussitôt, il partit dans la brousse et rapporta une grosse branche de sousoumbéré. Soundiata s'en saisit des deux mains. Il se fit un silence de mort. Soundiata tendit tous ses muscles, s'arc-bouta. Ses genoux se détachèrent peu à peu de la poussière et dans un ultime effort, il se dressa sur ses deux jambes.

Soundiata se tenait là, debout, droit comme une statue géante ! Sa mère remerciait Dieu, le vieux forgeron dansait et le griot chantait :
« Place ! Faites place ! Le Lion du Manding, le Lion de la savane a marché ! Écartez-vous de son chemin ! Antilopes, cachez-vous ! »

Soundiata, suivi de tous les curieux, déracina le plus grand baobab, et les enfants dans les branches dégringolèrent sans bien comprendre ce qui se passait. Il mit l'arbre sur son épaule comme un fagot de petit bois et le planta devant la case de sa mère.
« À partir d'aujourd'hui, chacun viendra ici cueillir ses feuilles », déclara-t-il. Pour Sougoulou Konté, il était arrivé, le plus beau jour de sa vie.

Dialiba Konaté,
L'épopée de Soundiata Keïta,
© Éditions du Seuil, 2002.

GRAMMAIRE
Produire des phrases, pour donner un ordre, un conseil…
P. 226

CONJUGAISON
L'impératif présent
P. 230

GRAMMAIRE
Rapporter directement les paroles dans un récit
P. 236

Lire

La volonté de Soundiata

IDENTIFIER

1. Qui sont Sougoulou Konté, Sassouma Berté, Soundiata, Tiémoko Koné et Balafasséké ?
2. Où se déroule cette histoire ?
3. Quels arbres sont évoqués ?
4. Quel problème a Soundiata ?

EXPLIQUER

5. « La haine est parfois si dure qu'elle vous refuserait même la plus petite feuille du plus petit arbre à sauce de la forêt. » *(ligne 4)*
6. « Console-toi ma mère, console-toi, [...] je vais laver cet affront ! » *(ligne 10)*
7. « Place ! Faites place ! Le Lion du Manding, le Lion de la savane a marché ! » *(ligne 35)*

MIEUX COMPRENDRE

8. Pourquoi le forgeron dit-il que le grand jour est arrivé ?
9. Pourquoi une canne en bois conviendrait-elle mieux à Soundiata qu'un arc de fer ?
10. Pourquoi Soundiata dit-il : « À partir d'aujourd'hui, chacun viendra ici cueillir ses feuilles » ? *(ligne 41)*
11. Pourquoi, pour Sougoulou, est-ce le plus beau jour de sa vie ?

DÉBATTRE

12. Connais-tu des hommes ou des femmes aussi volontaires que Soundiata ? Que penses-tu d'eux ?

DIRE LE TEXTE

13. Relevez les dialogues des lignes 18 à 36. Avec plusieurs camarades, retrouvez tous les personnages qui parlent dans ce passage et attribuez-vous un rôle chacun.

L'ŒUVRE COMPLÈTE

Soundiata Keïta fut empereur du Manding, l'actuel Mali, de 1230 à 1255. Enfant du roi Naré Maghan Konaté et de sa deuxième femme, Sougoulou Konté, Soundiata naît paralysé. Ce n'est qu'à la mort de son père, et chassé du trône par son demi-frère Dankaran, qu'il promet à sa mère : « Aujourd'hui, je vais marcher. » Comme par miracle, Soundiata retrouve l'usage de ses jambes et, bientôt, on ne parle plus que de lui. Mais, chassé de son pays, il connaît l'exil. Un jour, apprenant que le terrible roi Soumangourou a pris le pouvoir et ravage le Manding, il décide de rentrer et d'affronter celui-ci.

Nuit de Sine

Femme, pose sur mon front tes mains balsamiques,
tes mains douces plus que fourrure.
Là-haut les palmes balancées qui bruissent
dans la haute brise nocturne
5 À peine. Pas même la chanson de nourrice.
Qu'il nous berce, le silence rythmé.
Écoutons son chant, écoutons battre notre sang sombre, écoutons
Battre le pouls profond de l'Afrique dans la brume
des villages perdus.

10 Voici que décline la lune lasse vers son lit de mer étale
Voici que s'assoupissent les éclats de rire,
que les conteurs eux-mêmes
Dodelinent de la tête comme l'enfant sur le dos de sa mère
Voici que les pieds des danseurs s'alourdissent,
15 que s'alourdit la langue des chœurs alternés.

C'est l'heure des étoiles et la Nuit qui songe
S'accoude à cette colline de nuages,
drapée dans son long pagne de lait.
Les toits des cases luisent tendrement.
20 Que disent-ils, si confidentiels, aux étoiles ?
Dedans, le foyer s'éteint dans l'intimité d'odeurs
âcres et douces. […]

Léopold Sédar Senghor, *Chants d'ombre*,
1945, in *Œuvre poétique*, © Éditions du Seuil.

Léopold Sédar Senghor (1906-2001)
Écrivain et homme politique, il a été le premier président de la République du Sénégal, pays où il est né, dans une région appelée Sine. Il a écrit des poèmes qui disent les sentiments de l'homme et de la femme noirs.

QUESTIONS

1. Relève des mots ou des expressions qui indiquent que le poème parle de l'Afrique.
2. Quels mots du poème développent le thème de la nuit annoncé par le titre ?
3. Ce poème crée une impression de calme et de douceur. Relève des passages qui le montrent.

Vers l'Afrique

Deux sociétés traditionnelles :

Les Dogons, qui vivent au Mali, ou les Masaïs, installés sur les hautes terres du Kenya, ont les caractéristiques d'une société traditionnelle. En effet, ces peuples vivent repliés sur eux-mêmes : ils produisent notamment leur propre nourriture et construisent leurs maisons selon des techniques très anciennes.

Les Dogons sont environ 300 000. Ils se sont isolés pour conserver leurs croyances et leurs coutumes.

Les Masaïs sont environ 250 000. Ce peuple nomade, dont les troupeaux de vaches sont la principale richesse, refuse le modernisme.

CHEZ LES DOGONS

La société : La structure sociale du village repose sur les clans familiaux. Une famille se regroupe dans un enclos où se dressent les cases. Chaque homme vit avec sa femme ou ses deux femmes et tous ses enfants. Lorsqu'ils ont sept ans, les garçons vont dormir dans une case indépendante. Même lorsqu'ils ont choisi leur épouse, ils restent dans la case des garçons jusqu'à ce qu'ils aient un ou deux enfants. Pendant cette durée, la jeune femme vit avec d'autres jeunes filles dans une maison qui appartient à une vieille femme seule.

Le baobab, qui pousse dans les régions chaudes d'Afrique, fournit des feuilles vertes pour les sauces afin d'agrémenter les plats ou la bouillie de mil. Son écorce est utilisée pour tresser les cordages.

Ce griot vit au Mali. En Afrique, le griot est un conteur qui est craint et respecté. Chez certains peuples, il est même le « ministre de la parole », celui qui sait prédire l'avenir.

Les Dogons et les Masaïs

Chez les Masaïs

La maison : Les maisons du *boma*, le village en langue masaï, sont toutes construites de la même manière : une pièce où les invités peuvent discuter, une deuxième pour les animaux et la pièce principale où se trouvent les nattes et le feu pour cuisiner. Dans la maison, pas de meubles : on dort sur les nattes, à même le sol. Les murs et le toit sont faits de branches entrecroisées. Ils sont recouverts de torchis, un mélange d'herbes sèches et de bouse de vache.

L'éducation : Les enfants masaïs ne vont pas à l'école. Tant qu'ils sont des *layonis*, c'est-à-dire des enfants, ils restent dans le village. À l'âge de quatorze ans, ils deviennent des *moranes*, c'est-à-dire des guerriers. Ils quittent alors leur famille pour aller vivre dans une *manyata*, un village construit en pleine brousse. Là, un ancien leur apprend le maniement des armes, les chants de guerre, les danses traditionnelles. Quand un *morane* a terminé son apprentissage dans la classe des guerriers, il peut revenir au village, se marier et s'occuper d'un troupeau de bœufs.

D'après *Enfants du monde,* PEMF, 2000.

Questions

1. En quoi les maisons des Masaïs sont-elles simples ? Cette simplicité est-elle liée à leur pauvreté ou à d'autres raisons ?
2. À quel âge les jeunes garçons dogons prennent-ils de la distance avec leur famille ? Est-ce la même chose chez les Masaïs ?
3. En quoi l'éducation des enfants masaïs diffère-t-elle de la nôtre ?
4. À la lecture de ces textes, peux-tu définir ce qu'est une société traditionnelle ?

Vers l'Afrique

Lectures croisées

Tous ces textes parlent de l'Afrique

Le mauvais juge, p. 124 à 126.
La volonté de Soundiata, p. 128 et 129.
Nuit de Sine, p. 131.
Deux sociétés traditionnelles : les Dogons et les Masaïs, p. 132 et 133.

1 Pour chacun de ces textes, retrouve des passages, mots ou expressions qui montrent qu'ils ont l'Afrique pour cadre.

2 Des animaux sont évoqués dans plusieurs de ces textes. Dresse la liste de ces animaux et indique dans quel texte :
- **A** les animaux sont personnifiés et parlent comme des humains ;
- **B** les humains sont comparés à ces animaux ;
- **C** les animaux font partie de la vie quotidienne des humains.

3 Parmi ces quatre textes, trois s'appuient fortement sur l'organisation ou la description des villages africains :
- **A** Retrouve celui qui n'est pas dans cette catégorie. Explique pourquoi il ne l'est pas.
- **B** Pour les trois autres, relève des passages caractéristiques qui le montrent.

4 Le texte documentaire apporte des informations complémentaires à l'histoire de Soundiata :
- **A** Quelles informations complémentaires donne-t-il sur les feuilles de baobab ?
- **B** Quelles informations complémentaires donne-t-il sur le griot ?

5 Relis attentivement les trois textes qui ne sont pas documentaires. Complète ce tableau et note pour chaque texte quelques éléments qui pourraient faire l'objet d'une recherche d'information documentaire.

Tableau à photocopier dans le livre du maître.

Le mauvais juge	La volonté de Soundiata	Nuit de Sine

6 En dehors du texte documentaire, quel texte t'a apporté le plus d'informations sur l'Afrique ? Quelles sont ces informations ?

Des livres en réseau

Découvre des livres écrits par des auteurs africains.

Des romans

Yacouba, chasseur africain
de Ahmadou Kourouma, coll. « Folio junior », Gallimard.

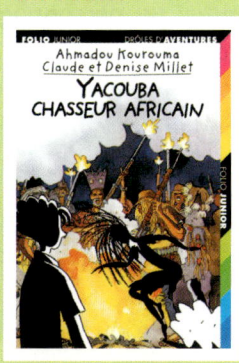

Pour son premier roman pour enfants, ce grand écrivain ivoirien traite d'un sujet d'importance : les épreuves initiatiques et les cérémonies traditionnelles qui marquent l'entrée des adolescents dans l'âge adulte. Malgré eux, de jeunes Français vont y être mêlés. C'est alors un récit palpitant où se mêlent suspens, magie et humour, sans oublier une critique sociale de cette Afrique prise entre tradition et modernité.

L'enfant noir
de Camara Laye, Pocket junior.

Il s'agit d'une autobiographie romancée écrite en 1953. L'auteur nous raconte l'Afrique qu'il a vécue avant l'indépendance de son pays, la Guinée. Un petit garçon, qui réussit bien à l'école, va quitter son village pour poursuivre sa scolarité dans la capitale, Conakry, où il va subir l'opposition entre la société africaine traditionnelle et la « modernité » à l'européenne imposée alors par la France.

Kariuki, aventures avec le petit homme blanc
de Meja Mwangi, L'Harmattan.

Kariuki est un jeune Kenyan de 13 ans qui vit dans un village traditionnel avant l'indépendance de son pays. Il devient vite ami avec Nigel, un jeune Anglais de 11 ans, venu passer ses vacances chez son grand-père. Mais dans les villages, la révolte contre la domination coloniale britannique gronde. Un jour, lors d'une chasse, Nigel disparaît... Ce roman permettra aux jeunes lecteurs de mieux connaître les richesses et les spécificités du continent noir.

et des contes

Mariama et autres contes de l'Afrique de l'Ouest
de Mamadou Diallo, Syros jeunesse.

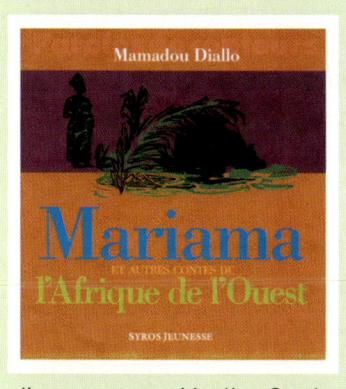

« Est-ce que vous ne perdez pas votre temps en n'écoutant que des contes ? » aimait à dire le conteur sénégalais Mamadou Diallo en commençant une séance. Mais est-ce perdre son temps que d'accompagner Maalign Saadyo l'hippopotame, Bouki la hyène, Diabou N'Dao qui aimait trop les gnioules, ou Mariama qui rêvait d'un mari sans cicatrice ? Cet ouvrage regroupe cinq contes à lire tels qu'on les dit grâce à la présentation typographique du texte qui favorise les mises en scène et les mises en mots.

Sagesses et malices de M'Bolo le lièvre d'Afrique
de Ébokea, Albin Michel.

Tous dans la brousse connaissent M'Bolo ! Et sa réputation s'étend bien au-delà des côtes africaines, car M'Bolo n'est vraiment pas un exemple à suivre : il aime tant ruser, se venger, exagérer ! Mais que son intelligence est vive, tapageuse, débrouillarde ! À travers quarante aventures de M'Bolo, cette conteuse camerounaise nous fait découvrir la fanfaronnade et l'autodérision de M'Bolo, ainsi qu'un humour typiquement africain. M'Bolo, c'est le goupil africain.

Vers l'Afrique

Atelier de lecture

Identifier les relations entre les personnages

1 Dans une histoire, il y a en général un personnage principal et des personnages secondaires. Pour chaque texte :
   A nomme le personnage principal ;
   B nomme les personnages secondaires.

2 Dans une histoire, le personnage principal rencontre souvent des difficultés. Dans ces textes, les personnages principaux souffrent. Pour chaque texte :
   A identifie les raisons de la souffrance du personnage principal ;
   B précise qui souffre avec lui.

3 Dans une histoire, le personnage principal tente généralement de réagir pour surmonter ses difficultés. Pour chaque texte :
   A indique quel événement va décider le personnage principal à réagir pour changer sa situation ;
   B explique comment il va s'y prendre.

4 Dans une histoire, le personnage principal est souvent aidé dans sa lutte. Dans quel texte le personnage principal est-il aidé par d'autres personnages ?
   A Nomme les personnages qui l'aident.
   B Décris les attitudes des autres personnages durant leurs tentatives.

5 Dans une histoire, le personnage principal rencontre souvent des obstacles qui l'empêchent de réussir. Pour chaque texte, identifie les obstacles que le personnage principal rencontre.

6 À la fin d'une histoire, le personnage principal réussit généralement à surmonter ces obstacles. Pour chaque texte, indique si le personnage principal les a surmontés.

7 Compare la situation du personnage principal et des personnages qui l'entourent au début et à la fin de l'histoire.
   A Dans quel texte la situation du personnage principal s'est-elle améliorée ?
   B Dans quel texte s'est-elle détériorée ?

Écrire

Créer un conte

Comme Blaise Cendrars, écris un conte qui explique d'où vient la particularité d'un animal.

DÉMARCHE

◆ Rechercher des idées

- Blaise Cendrars explique pourquoi le babouin marche à quatre pattes. Tu peux à ton tour inventer une histoire pour expliquer pourquoi la panthère a des taches, pourquoi la girafe a un long cou, pourquoi le serpent n'a pas de pattes…
- Ton héros est l'animal en question.
- Imagine ce qui a pu entraîner l'apparition de cette particularité :
  – l'animal a été puni parce qu'il a mal agi : qu'a-t-il fait de mal ?
  – sa punition est sa transformation physique.

◆ Organiser le récit

1 La situation de départ : Où est l'animal ? Comment est-il ?

2 Des péripéties :
– il fait une rencontre ;
– il fait une mauvaise action qui entraîne le malheur de celui qu'il a rencontré ;
– sa victime se venge.

3 La chute : la vengeance de la victime a pour conséquence la transformation physique de l'animal.

◆ Rédiger

- Comme dans *Le mauvais juge*, utilise l'imparfait et le passé simple.
- Pour passer d'une étape à l'autre du conte, utilise les indicateurs de temps qui conviennent : *ensuite, pendant ce temps, un peu plus tard, le lendemain, soudain…*

PROLONGEMENT

Écris un nouveau conte. Cette fois, la transformation physique de l'animal n'est plus une punition mais une récompense.

GRAMMAIRE
Écrire des textes au passé (2)
P. 186

CONJUGAISON
L'imparfait de l'indicatif
P. 190

CONJUGAISON
Le passé simple de l'indicatif
P. 190

GRAMMAIRE
Se repérer dans un texte : quand et où ?
P. 196

Vers l'Afrique

Dire

Décrire un personnage

Présentez des personnages en les décrivant.

DÉMARCHE

◆ Préparer le portrait

- Relisez l'un des textes de l'unité : *Le mauvais juge,* p. 124 à 126, ou *La volonté de Soundiata,* p. 128 à 129.

- Choisissez un personnage : le babouin ou le tailleur pour le premier texte ; Sougoulou, Sassouma Berté, Soundiata, le griot ou le forgeron pour le second.

- Imaginez le caractère et le physique du personnage choisi en vous appuyant sur le texte et les illustrations. Pour vous aider à mieux vous représenter un personnage non illustré, vous pouvez le dessiner.

◆ Présenter

- Constituez un ou plusieurs groupes autour de chaque personnage.

- Pour bien présenter un personnage, il faut :
– organiser son portrait : aspect physique (allure, visage, corps, vêtements) et caractère (qualités ou défauts) ;
– varier les verbes utilisés : *être, paraître, sembler, ressembler à…* ;
– employer des adjectifs qualificatifs précis ;
– utiliser des comparaisons introduites par « comme » ;
– varier les sujets des phrases en évitant de répéter le nom du personnage. Utiliser à la place des mots de reprise.

GRAMMAIRE
Remplacer des noms dans un texte
P. 216

◆ Écouter

- Attention ! La description physique d'un même personnage peut varier d'un élève à l'autre puisque le portrait est en grande partie inventé.

- Lorsque chaque élève s'exprime, posez-vous les questions suivantes : le personnage est-il facilement identifiable ? Sa description est-elle cohérente avec l'histoire ? Est-elle suffisamment précise et complète ?

PROLONGEMENT

En groupes, choisissez un personnage d'un des contes dont il a été question dans le manuel (unités 1, 6, 8). Présentez-le sans le nommer. Les élèves des autres groupes doivent pouvoir deviner de qui il s'agit.

Ah ! les adultes

9

Quentin Blake, 1991.

Les nougats

CLAUDE GUTMAN
Cet auteur, né en 1946, vit actuellement à Paris. Il écrit des livres pour les enfants mais aussi pour les adultes. Il est également scénariste et éditeur.

L'autoroute pour les vacances au soleil, c'est long et fatigant. Je me suis endormi à l'arrière de la voiture à l'instant où maman disait que c'était drôlement joli. Je ne saurai jamais quoi. J'ai commencé la plus longue sieste du monde, pleine de mer, de matelas pneumatiques et de masques de plongée.

J'ai rouvert les yeux juste avant Montélimar-Nord. J'ai entendu papa me grogner quelque chose. Peut-être :

— Dors, on n'est pas encore arrivés… Juste un arrêt pipi-essence.

Que ce soit Montélimar-Nord ou Montélimar-Sud, c'est tous les ans Montélimar, et tous les ans des nougats de toutes les formes, de toutes les couleurs. Mais papa ne veut jamais en acheter à cause de la chaleur. « Ça va fondre et tacher les housses de la voiture. »

Mais pour cette année, j'avais un plan. J'avais économisé sur mon argent de poche et, dès que mes parents auraient le dos tourné, j'en profiterais pour m'acheter la grosse boîte de nougats, à tous les parfums et à toutes les couleurs, enveloppée dans un papier transparent avec une étiquette dorée.

J'ai senti la main de maman sur mes cheveux et-reste-sage-mon-lapin. Les portières ont claqué.

J'étais réveillé et bien réveillé. J'ai remis mes sandales et je suis sorti aussi en plein soleil, celui qui fait fondre les nougats.

La boutique de la station-service, c'était Auchan, Mammouth et Euromarché réunis, les caddies en moins et les toilettes en plus. Papa et maman devaient faire la pause-café devant l'appareil à rendre la monnaie qui la vole tout le temps parce qu'il est en panne. Et quand on veut un thé, il ne reste plus que du Coca. Je me suis faufilé et j'ai regardé les nougats. Ma boîte. Ma boîte surtout. Même si celle d'à côté était plus grosse et plus belle. Mais en recomptant avec mes doigts dans ma poche, je n'avais pas assez pour l'acheter. J'ai regretté. J'ai pris ma boîte et je suis allé payer sur la pointe des pieds pour que la dame de la caisse me voie. J'avais réussi le plan de toute une année !

Vite, avant que papa et maman reviennent ! J'ai couru vers la
35 voiture rouge. Impossible de la manquer tellement elle est rouge avec deux toits ouvrants. Rien. Pas de voiture. Juste une bleue à la place. Je me suis frotté les yeux. J'ai cherché. J'ai couru. J'ai recherché. Et j'ai pleuré, assis sur le goudron qui fondait presque et ma boîte de nougats sûrement déjà fondue. Ils étaient partis
40 sans moi. Ils s'étaient débarrassés de moi comme tous les chats et les chiens de l'été. Mais je n'étais pas un chien. Et je me suis mis à hurler :

— Maman ! Maman ! Papa !

Le cauchemar. L'abandon.
45 L'histoire du Petit Poucet, maintenant je comprenais que c'était possible.

Un gros monsieur en short, avec des jambes
50 toutes blanches et poilues, s'est approché. Il m'a interrogé. Mais je pleurais trop. Il m'a pris par la main et m'a conduit vers la caisse à nougats. Ils ont appelé au haut-parleur. Mais papa
55 et maman étaient partis sans moi et la voix du micro n'était pas assez puissante pour les rattraper.

Tout le monde s'en est mêlé. Ils ont tous dit du mal de mes parents.
60 Que c'était une honte. Un scandale. Des gros mots. Et puis un motard de la police a dit que je ne m'inquiète pas. Ça arrivait tous les ans. Il a
65 démarré. Il avait le signalement de l'auto rouge. J'étais un peu rassuré. Rien qu'un peu. Mais c'est beaucoup.

Ah ! les adultes

Le monsieur en short ne me lâchait pas la main et on s'est assis sur les marches de la boutique. Il discutait tout seul. Moi, je tournais la tête dans tous les sens, sans l'écouter. Et puis soudain, j'ai vu venir de loin un petit point rouge et de plus en plus gros et la porte s'est ouverte et maman s'est jetée sur moi en pleurant, en m'embrassant, en me salant tout le visage. Papa est venu, plus calme et, d'un seul coup, la claque est partie.

— Ça veut dire quoi de s'échapper comme ça ?

Maman a dû me consoler et papa, pris de remords, m'a soulevé dans ses bras.

— Viens !

Il s'est dirigé vers la plus grosse boîte de nougats, celle sur laquelle je louchais avant mon abandon, et il me l'a offerte en souriant et en m'embrassant.

Quand la voiture a redémarré, au lieu d'une boîte de nougats, j'en avais deux qui fondaient au soleil tandis que je me rendormais, heureux, avec papa et maman.

Claude Gutman,
Les nougats,
© Éditions Nathan, 1995.

Lire

Les nougats

IDENTIFIER

1. À quelle période de l'année se déroule cette histoire ?
2. Où la voiture s'arrête-t-elle ?
3. En compagnie de qui se trouve le narrateur ?
4. Deux autres personnages s'adressent au narrateur. De qui s'agit-il ?

EXPLIQUER

5. « … c'est tous les ans Montélimar, et tous les ans des nougats de toutes les formes, de toutes les couleurs. » *(ligne 10)*
6. « La boutique de la station-service, c'était Auchan, Mammouth et Euromarché réunis… » *(ligne 23)*
7. « L'histoire du Petit Poucet, maintenant je comprenais que c'était possible. » *(ligne 45)*

MIEUX COMPRENDRE

8. Le narrateur parle d'un « plan ». De quel plan s'agit-il ?
9. Comment expliques-tu le départ des parents ? Peut-on parler d'un « abandon » ?
10. Pourquoi le père réagit-il si violemment dans un premier temps ? Pourquoi est-il pris de remords ensuite ?

DÉBATTRE

11. Le petit garçon se croit abandonné. Qu'a-t-il pu ressentir ?

DIRE LE TEXTE

12. Lis à haute voix les lignes 34 à 47. Efforce-toi de montrer l'angoisse grandissante du narrateur qui vit un abandon.

L'ŒUVRE COMPLÈTE

Les quatre nouvelles de ce recueil parlent avec émotion et espièglerie des désirs et des peurs des enfants face aux petites et grandes trahisons du monde des adultes. Dans *Les nougats*, l'enfant est oublié sur une aire d'autoroute. Dans *La dent de fer*, l'enfant doit faire son deuil de son désir le plus profond : obtenir une dent en fer comme son papa. Dans *Casse-bonbons*, le petit de la cour de récréation parvient à soumettre les grands à l'aide d'une poignée de bonbons. Dans *La sorcière de la boutique à livres*, une élève modèle se trouve soudain prise d'un hoquet interminable, jusqu'à ce qu'elle fasse une horrible rencontre.
Voici quatre histoires « qui font du bien là où ça fait même pas mal ! »

Ah ! les adultes

Aussi bêtes qu'eux !

LOUIS PERGAUD (1882-1915)
Cet auteur français, né dans le Doubs, s'est inspiré de ses souvenirs de petit campagnard pour écrire ses œuvres. Les plus connues sont « De Goupil à Margot » et « La guerre des boutons ». Il a été tué à la guerre en 1915.

Les garçons de Longeverne et ceux de Velrans se battent sans cesse et le vainqueur arrache tous les boutons des vêtements des vaincus. Jusqu'au jour où un enfant se plaint à ses parents…

Une bordée de sanglots et de râles et de cris et d'injures et de menaces s'évadait de chaque maison, montait, se mêlait, emplissait la rue pour une effarante cacophonie, un sabbat infernal, un vrai concert de damnés.

5   Toute l'armée de Longeverne, du général au plus humble soldat, du plus grand au plus petit, du plus malin au moins dégourdi, tous recevaient la pile et les paternels y allaient sans se retenir (la question d'argent ayant été évoquée), à grands coups de poings et de pieds, de souliers et de sabots, de martinets et de triques ; et
10   les mères s'en mêlaient elles aussi, farouches, impitoyables sur les questions de gros sous, tandis que les sœurs, navrées et un peu complices, pleuraient, se
15   lamentaient et suppliaient qu'on ne tuât pas pour si peu leur pauvre petit frère. […]

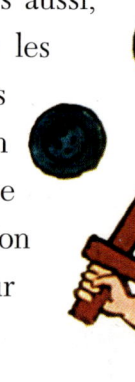

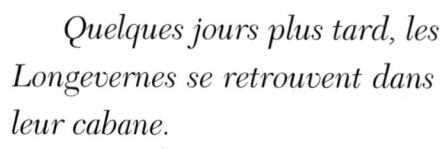

Quelques jours plus tard, les Longevernes se retrouvent dans
20   *leur cabane.*

— Tout de même, des parents comme les nôtres, c'est pas rigolo ! Ils sont charognes au fond, tout comme si, eux, ils n'en avaient pas fait autant.

« Et dire qu'ils se figurent, maintenant
25   qu'ils nous ont bien tanné la peau, que tout

est passé et qu'on ne songera plus à recommencer.

— Non, mais des fois, est-ce qu'ils nous prennent pour des c…! Ah ! ils auront beau dire, sitôt qu'ils auront un peu oublié, on les retrouvera les autres, hein, fit Lebrac, on recommence !

« Oh ! ajouta-t-il, j'sais bien qu'il y a "quéques" froussards qui ne reviendront pas, mais vous tous, vous, sûrement vous reviendrez, et bien d'autres encore, et quand je devrais être tout seul, moi, je reviendrais et je leur z'y dirais aux Velrans que je les emm… et que c'est rien que des peigne-culs et des vaches sans lait, voui ! je leur z'y dirais !

— On y sera aussi, nous autres, on z'y sera sûrement et flûte pour les vieux !

« Comme si on ne savait pas ce qu'ils ont fait eux aussi, quand ils étaient jeunes !

« Après souper, ils nous envoient au plumard et eux, entre voisins, ils se mettent à blaguer, à jouer à la bête hombrée, à casser des noix, à manger de la "cancoillote", à boire des litres, à licher des gouttes, et ils se racontent leurs tours du vieux temps.

« Parce qu'on ferme les yeux ils se figurent qu'on dort et ils en disent, et on écoute et ils ne savent pas qu'on sait tout. […]

— Tout de même, bon Dieu ! Qu'il y a pitié aux enfants d'avoir des père et mère !

Un long silence suivit cette réflexion. Lebrac recachait le trésor jusqu'au jour de la nouvelle déclaration de guerre.

Chacun songeait à sa fessée, et, comme on redescendait entre les buissons de la Saute, La Crique, très ému, plein de la mélancolie de la neige prochaine et peut-être aussi du pressentiment des illusions perdues, laissa tomber ces mots :

— Dire que, quand nous serons grands, nous serons peut-être aussi bêtes qu'eux !

Louis Pergaud,
La guerre des boutons,
© Mercure de France, 1912.

Ah ! les adultes

Lire

Aussi bêtes qu'eux !

IDENTIFIER

1. Donne les noms des deux clans qui s'opposent.
2. Le texte relate deux moments différents. Lesquels ?
3. Repère la partie dialoguée de ce texte et énumère le nombre d'interventions.
4. Relève les passages qui reproduisent le langage enfantin avec ses tournures familières, voire grossières, et incorrectes.

EXPLIQUER

5. « … tous recevaient la pile… » *(ligne 7)*
6. « Ils sont charognes au fond… » *(ligne 22)*
7. « Qu'il y a pitié aux enfants d'avoir des père et mère ! » *(ligne 51)*

MIEUX COMPRENDRE

8. Le texte parle de « l'armée de Longeverne ». De quelle armée s'agit-il ?
9. Comment expliques-tu l'attitude des sœurs ?
10. Pourquoi, en réalité, les parents administrent-ils une telle correction à leurs fils ?
11. Lebrac évoque un trésor. De quoi peut-il s'agir ?
12. Comment les enfants réagissent-ils après la correction qu'ils ont reçue ?

DÉBATTRE

13. Que veut dire La Crique quand il affirme : « Dire que, quand nous serons grands, nous serons peut-être aussi bêtes qu'eux ! » Es-tu d'accord avec lui ?

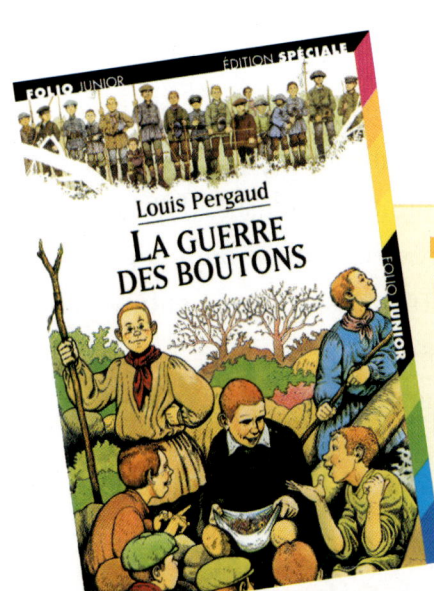

L'ŒUVRE COMPLÈTE

Les gamins de Velrans ont osé insulter ceux de Longeverne ! Ces derniers décident alors de se venger. Bientôt c'est la guerre, avec embuscades, plans de bataille, négociations, pièges…
Au sujet de ce livre, l'auteur a précisé : « J'ai voulu restituer un instant de ma vie d'enfant, de notre vie enthousiaste et brutale de vigoureux sauvageons… »

Jeanne était au pain sec…

À 75 ans, Victor Hugo écrit L'Art d'être grand-père *pour ses deux petits-enfants, Georges et Jeanne, qui pourront lire ces poèmes quand ils seront plus grands. L'art d'être grand-père, pour Hugo, c'est « l'art d'obéir aux petits… ».*

Jeanne était au pain sec dans le cabinet noir,
Pour un crime quelconque, et, manquant au devoir,
J'allai voir la proscrite en pleine forfaiture,
Et lui glissai dans l'ombre un pot de confiture
5 Contraire aux lois. Tous ceux sur qui, dans ma cité,
Repose le salut de la société,
S'indignèrent, et Jeanne a dit d'une voix douce :
— Je ne toucherai plus mon nez avec mon pouce ;
Je ne me ferai plus griffer par le minet.
10 Mais on s'est récrié : — Cette enfant vous connaît ;
Elle sait à quel point vous êtes faible et lâche.
Elle vous voit toujours rire quand on se fâche.
Pas de gouvernement possible. À chaque instant
L'ordre est troublé par vous ; le pouvoir se détend ;
15 Plus de règle. L'enfant n'a plus rien qui l'arrête.
Vous démolissez tout. — Et j'ai baissé la tête,
Et j'ai dit : — Je n'ai rien à répondre à cela,
J'ai tort. Oui, c'est avec ces indulgences-là
Qu'on a toujours conduit les peuples à leur perte.
20 Qu'on me mette au pain sec. — Vous le méritez, certe.
On vous y mettra. — Jeanne alors, dans son coin noir,
M'a dit tout bas, levant ses yeux si beaux à voir,
Pleins de l'autorité des douces créatures :
— Eh bien, moi, je t'irai porter des confitures.

Victor Hugo, *L'Art d'être grand-père*, 1877.

Victor Hugo (1802-1885)
Cet auteur français du XIXe siècle est l'un des plus grands écrivains de tous les temps. Ses œuvres sont encore lues dans le monde entier. Également homme politique, il a toujours lutté pour la liberté.

QUESTIONS

1. Repère les paroles citées dans ce poème. Peux-tu dire précisément qui parle ?
2. Comment Jeanne est-elle punie ? Sait-on pourquoi elle a été punie ?
3. Que reprochent certaines personnes à Victor Hugo, et pourquoi ?

Ah ! les adultes

poésie

Dire « non » sans désobéir,

Chez les adultes, dire « non » n'est pas interdit. Ce qui est interdit, en revanche, c'est de désobéir à la loi. Dans notre pays qui est une démocratie, chacun a le droit de donner son avis, de s'exprimer comme il le souhaite. On peut être pour ou contre l'interdiction des voitures dans les centres-villes, pour ou contre la peine de mort : ceci est une caractéristique essentielle de la démocratie, ce qu'on appelle un « droit fondamental ». Mais chacun doit le faire en respectant les règles que tout le monde s'est données, ensemble, en votant. Ces règles ce sont les lois. Et c'est sans doute ce qui différencie un adulte d'un enfant, la connaissance d'un minimum de lois et de règles sociales. Car s'exprimer librement n'est possible que si tous respectent les lois qui permettent de vivre ensemble, en harmonie. Cette question de la loi est très importante pour comprendre celle de l'obéissance.

Puisqu'on a le droit de dire « non » quand on est adulte, pourquoi les enfants n'auraient-ils pas ce même droit au sein de la famille ? Après tout, le choix des vacances, le cadeau à faire pour l'anniversaire du copain, la marque et la couleur des vêtements, tout cela les concerne autant sinon davantage que les parents. Pourquoi devrait-on alors obéir si on n'est pas d'accord ?

Demain Olivier fête l'anniversaire de Jules, son meilleur ami. Olivier est au rayon des jouets avec sa maman. Son regard s'arrête sur une boîte de Lego et ses yeux brillent de convoitise. Il sait que Jules ne l'a pas encore et il a très envie de lui faire ce cadeau. Mais maman va dire « non » et ça aussi il le sait bien ! Il a déjà vécu la même expérience il n'y a pas si longtemps pour l'anniversaire de Thomas. Il a beaucoup discuté avec sa mère et, après une longue négociation, ils se sont mis d'accord, tous les deux, sur une règle qu'Olivier s'est engagé à respecter : un cadeau d'anniversaire pour un copain ne doit pas dépasser une certaine

c'est possible !

somme d'argent, sinon la maman d'Olivier ne pourra pas offrir un cadeau pour tous les anniversaires à venir : elle n'est pas si riche que ça. En contrepartie, maman a promis de laisser Olivier libre de son choix, même si elle le trouve mauvais. Alors, à regrets, Olivier s'éloigne de ce Lego magnifique pour reporter son choix vers un autre plus modeste dont il est sûr qu'il fera plaisir à Jules.

Voilà une règle qu'Olivier et sa mère acceptent d'appliquer. Cette règle, comme les lois votées au Parlement, a fait l'objet d'un débat entre eux et n'est plus remise en cause. Elle s'impose sans autre forme de discussion, ce qui simplifie la vie de tout le monde et évite les conflits inutiles.

Aujourd'hui, la famille […] est devenue un lieu de discussion, la mère est l'égale du père et chacun peut donner son avis, y compris les enfants. C'est un grand progrès. Mais cela signifie aussi qu'aucune voix ne peut s'imposer aux autres sans raison valable…

Roger Teboul, *Pourquoi toujours obéir ?*,
coll. « brins de psycho », © Éditions Louis Audibert, 2002.

QUESTIONS

1. Cite trois exemples donnés dans le texte de ce que les enfants pourraient avoir le droit de décider. Et toi, qu'aimerais-tu avoir le droit de décider ?
2. L'auteur fait un parallèle entre le respect des lois au sein de la société et le respect des règles au sein de la famille. Donne des exemples pour chaque cas.
3. Comment le conflit a-t-il pu être évité entre Olivier et sa mère ?
4. Que penses-tu de cette méthode ?

Ah ! les adultes

Lectures croisées

Ces textes évoquent des relations entre enfants et adultes

Les nougats, p. 140 à 142.
Aussi bêtes qu'eux !, p. 144 et 145.
Jeanne était au pain sec…, p. 147.
Dire « non » sans désobéir, c'est possible !, p. 148 et 149.

1 Dans certains textes, les enfants sont punis.
- **A** Dans quels textes les enfants sont-ils punis ?
- **B** Par qui sont-ils punis ?
- **C** Quelles punitions reçoivent-ils ?
- **D** Pourquoi ont-ils été punis ?
- **E** Toutes ces punitions te paraissent-elles justifiées ?

2 Dans ces textes, des adultes ont des remords ou soutiennent les enfants.
- **A** Dans quel texte un adulte regrette-t-il son geste violent ?
- **B** Dans quel texte un adulte désobéit-il pour aider un enfant ?
- **C** Dans quels textes des adultes sont-ils montrés du doigt par d'autres adultes. Pour chaque texte, explique pourquoi.

3 Dans quels textes les enfants te paraissent-ils :
- **A** **déçus** par l'attitude de certains adultes ?
- **B** **révoltés** par l'attitude de certains adultes ?
- **C** **désemparés** par l'attitude de certains adultes ?
- **D** **conciliants** avec les adultes ?

Relève, pour chaque cas, un passage qui le montre.

4 Dans quels textes les enfants te semblent-ils bien considérés ? Par qui ? Explique pourquoi.

5 Relève dans ces textes des attitudes d'adultes :
- **A** qui te choquent ;
- **B** que tu approuves.

6 Relève dans ces textes des attitudes d'enfants :
- **A** qui te choquent ;
- **B** que tu approuves.

7 Dans quels textes les adultes ne considèrent-ils pas la punition comme un bon système d'éducation ?

Des livres en réseau

Découvre des « grands classiques » de la littérature française qui parlent des relations entre les enfants et les adultes.

Des « classiques » du XIXᵉ siècle

Un bon petit diable
de la comtesse de Ségur, coll. « Pleine Lune », Nathan.

Charles vit chez sa cousine, la méchante Mac'Miche, qui le persécute. Il ne pense qu'à la vengeance et il invente toutes sortes de farces et de tours pendables. D'ailleurs, la prochaine fois que la Mac'Miche approchera sa baguette des fesses de Charles, il lui réserve une surprise diabolique !

Poil de Carotte
de Jules Renard, Librio.

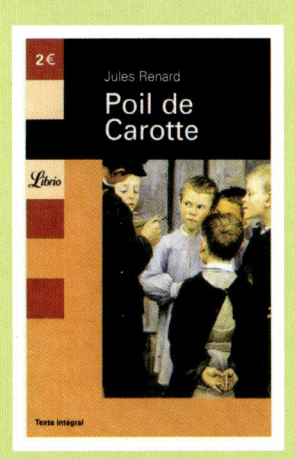

Poil de Carotte ? C'est le sobriquet qu'une méchante mère donne à son fils à cause de ses cheveux roux et de ses taches de rousseur. Poil de Carotte, c'est aussi l'auteur qui raconte son enfance auprès d'une mère qui n'avait de cesse de lui faire subir humiliations et brimades devant les yeux moqueurs et méprisants de son frère et de sa sœur.

Sans famille
de Hector Malot, Le Livre de Poche Jeunesse, Hachette Livre.

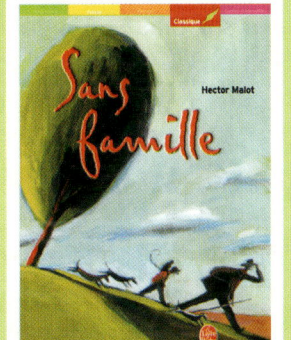

Orphelin de huit ans, Rémi a été mis en nourrice dans une famille d'agriculteurs. La vie est dure à la ferme, mais la mère Barberin est gentille. Suite à un revers de fortune, le père Barberin, jugeant qu'il ne peut plus nourrir l'enfant, le vend pour cinquante sous à un artiste ambulant. Une nouvelle vie commence alors pour Rémi. Guidé par le mystérieux Signor Vitalis, il sillonne les routes de France et devient saltimbanque.

et des « classiques » du XXᵉ siècle

La gloire de mon père
de Marcel Pagnol, De Fallois Fortunio.

Dans cette histoire vraie, belle comme un roman, Marcel Pagnol nous raconte son enfance lorsque, pendant les vacances, il occupait avec les siens une petite maison au cœur des collines de Provence. Au fil des pages, on suit le petit Marcel dans ses longues balades dans la garrigue odorante en compagnie de Lili, le jeune braconnier. On rit avec eux de leurs bêtises en tout genre et du regard malicieux qu'ils portent sur le monde des adultes.

Les contes rouges du chat perché
de Marcel Aymé, coll. « Folio junior », Gallimard.

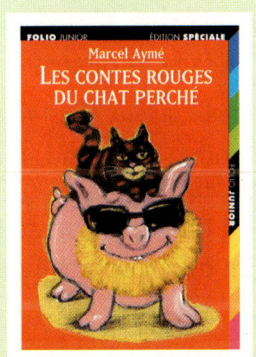

Delphine et Marinette jouent sagement dans la cuisine de la ferme. Mais une bêtise est si vite arrivée... Vont-elles se faire envoyer chez la méchante tante Mélina à la barbe qui pique ? Les fillettes ont heureusement de bons amis : le cochon qui enfile une fausse barbe pour jouer au détective, le chien fidèle et courageux, l'écureuil et le sanglier, qui se mettent à l'arithmétique... Quant au canard et au chat, ils n'ont pas leur pareil pour détourner les soupçons des parents !

Ah ! les adultes

Atelier de lecture

Comprendre un texte au-delà des mots

Un texte littéraire ne dit pas tout. Il laisse entre les mots ou entre les phrases des vides que le lecteur doit lui-même combler pour mieux comprendre.

1 Pour expliquer les phrases suivantes, réponds aux questions en t'appuyant sur des informations données ailleurs dans le texte.

Les nougats, p. 140 et 142.

« … je suis sorti aussi en plein soleil, celui qui fait fondre les nougats. La boutique de la station-service, c'était Auchan… » *(ligne 21)*

Qu'a dû nécessairement faire l'enfant entre ces deux phrases du texte ?

« Maman a dû me consoler et papa, pris de remords, m'a soulevé dans ses bras. » *(ligne 77)*

Ⓐ De quoi la mère doit-elle consoler l'enfant ?
Ⓑ Comment, plus loin dans le texte, vois-tu que le père veut se faire pardonner ?

Aussi bêtes qu'eux !, p. 144 et 145.

« Une bordée de sanglots et de râles et de cris et d'injures et de menaces s'évadait de chaque maison […] un vrai concert de damnés. » *(ligne 1)*

Ⓐ Qui sont les damnés ?
Ⓑ De quel concert s'agit-il ?

2 Pour expliquer maintenant les phrases suivantes en allant au-delà des mots, réponds aux questions en t'appuyant sur des connaissances extérieures au texte.

Les nougats, p. 140 et 142.

« Il a démarré. Il avait le signalement de l'auto rouge. » *(ligne 64)*
Que va faire le motard ? Comment le sais-tu ?

Aussi bêtes qu'eux !, p. 144 et 145.

« La Crique, très ému, plein de la mélancolie de la neige prochaine… » *(ligne 56)*

Ⓐ En quelle saison se passe l'épisode ?
Ⓑ En quoi l'approche de la neige est-elle mélancolique ?

3 Relis les questions des pages « Lire *Les nougats* », p. 143 et « Lire *Aussi bêtes qu'eux !* », p. 146. Pour y répondre, t'es-tu fondé sur des informations données dans les textes ou sur des connaissances extérieures aux textes ?

Écrire

Insérer une description et un dialogue dans un récit

Voici le début de la nouvelle *Les nougats* que tu as déjà lue :
J'ai commencé la plus longue sieste du monde, pleine de mer, de matelas pneumatiques et de masques de plongée. [1] J'ai rouvert les yeux juste avant Montélimar-Nord. J'ai entendu papa me grogner quelque chose. Peut-être :
— Dors, on n'est pas encore arrivés… [2]

- À la place des crochets [1], décris la plage idéale dont rêve le héros.
- À la place des crochets [2], écris un court dialogue entre le père et son fils.

DÉMARCHE

◆ Rechercher des idées

- Pour la description, utilise ce que tu as appris dans l'unité 6 :
  – l'impression dominante peut être la beauté et l'immensité du lieu ;
  – les détails évoqueront les couleurs, les bruits, ce qu'on voit sous l'eau…

- Pour le dialogue, le point de départ peut être une question de l'enfant : sur l'endroit où se dérouleront les vacances ; concernant ce qu'il aura le droit de faire et ce qui sera interdit…

◆ Organiser le récit

Recopie l'extrait ci-dessus en y insérant d'abord la description puis le dialogue.

◆ Rédiger

- Pour la description :
  – emploie des verbes au présent ;
  – utilise des adjectifs qualificatifs et des comparaisons.

- Pour le dialogue :
  – n'oublie pas les tirets et les retours à la ligne ;
  – pense à varier les verbes : *dire, répondre, ajouter*…

PROLONGEMENT

Relis cet autre extrait de la nouvelle *Les nougats* :
Et puis un motard de la police a dit que je ne m'inquiète pas. Ça arrivait tous les ans. […] Il a démarré. Il avait le signalement de l'auto rouge.

À la place des crochets, écris quelques répliques du dialogue possible entre l'enfant et le motard.

ÉCRIRE
Insérer une description dans un récit
P. 105

GRAMMAIRE
Écrire des textes au présent
P. 156

CONJUGAISON
Le présent de l'indicatif
P. 160

GRAMMAIRE
Rapporter directement les paroles dans un récit
P. 236

Ah ! les adultes

Dire
Donner son avis

Donnez votre avis sur des règles imposées par la vie en collectivité.

DÉMARCHE

◆ Réfléchir ensemble

- Le texte *Dire « non » sans désobéir, c'est possible !,* p. 148 et 149, montre qu'aucune voix ne peut s'imposer aux autres sans raisons valables.
  En groupes, étudiez l'une des questions suivantes et donnez votre avis :
  – Les joueurs de foot peuvent-ils occuper toute la cour de récréation ?
  – Est-il acceptable de faire du bruit dans les couloirs lorsqu'on va en récréation ?
- Laissez chacun exprimer son point de vue sur la question. Rassemblez tous les avis émis et les arguments avancés pour les justifier.

◆ Exprimer un point de vue

- Dans chaque groupe, choisissez un rapporteur pour présenter l'ensemble des avis retenus.
- Pour donner son avis, il faut :
  – rappeler à l'auditoire la règle qui a été examinée et dont on va parler ;
  – donner sa position à propos du problème traité ;
  – avancer des arguments pour justifier l'avis émis en fournissant des raisons sérieuses et acceptables ;
  – utiliser des expressions comme : *nous pensons que…, nous estimons que…, il nous semble que…* ;
  – relier les arguments et les prises de position en employant des mots de liaison : *car, parce que, puisque, mais…*

GRAMMAIRE
Marquer des liens logiques
P. 228

◆ Écouter

- Lorsqu'un rapporteur de groupe s'exprime, interrogez-vous : saisit-on bien l'enjeu du problème ? Comprend-on la position adoptée ? Les arguments sont-ils justifiés ? S'il rapporte l'avis du groupe auquel vous avez participé, évaluez si ses propos reflètent fidèlement ce que le groupe a dit.

PROLONGEMENT

En groupe, étudiez la question suivante et donnez votre avis :
On entend souvent dire que veiller tard risque de gâcher la journée du lendemain ; qu'en pensez-vous ?

Observation réfléchie de la langue

Grammaire • Conjugaison • Orthographe • Vocabulaire

Unité 1	p.156
Unité 2	p.166
Unité 3	p.176
Unité 4	p.186
Unité 5	p.196
Unité 6	p.206
Unité 7	p.216
Unité 8	p.226
Unité 9	p.236

Annexes

Tableaux de conjugaison	p.246
Les classes de mots	p.251
Les mots invariables	p.252
Les fonctions dans la phrase	p.252

Écrire des textes

Pour comprendre

LIRE
L'accès aux livres
P. 21

1 Lis le texte *La production éditoriale de nos jours*.
  a Dans quel but l'auteur a-t-il écrit ce texte ?
  b À quel temps les verbes sont-ils conjugués ?

LIRE
C'est bien…
P. 16

2 Lis le texte *C'est bien de lire un livre qui fait peur* de la ligne 8 à la ligne 18.
  a Dans quel but l'auteur a-t-il écrit ce texte ?
  b À quel temps les verbes sont-ils le plus souvent conjugués ?

3 Lis le texte ci-dessous.

> *Au moment où Claudette passe devant la villa d'en face, le Hollandais sort de chez lui. Il a le bras en écharpe ! Clo s'arrête pile. Elle jette un coup d'œil vers la fenêtre de Philippe et, mine de rien, elle se met à suivre le Hollandais.*
>
> Boileau-Narcejac, *La villa d'en face*, Bayard Jeunesse.

  a Dans quel but l'auteur a-t-il écrit ce texte ?
  L'auteur aurait pu écrire :

> *Au moment où Claudette passa devant la villa d'en face, le Hollandais sortait de chez lui. Il avait le bras en écharpe ! Clo s'arrêta pile. Elle jeta un coup d'œil vers la fenêtre de Philippe et, mine de rien, elle se mit à suivre le Hollandais.*

  b Dans lequel des deux extraits ci-dessus as-tu l'impression d'assister à la scène ? Lequel te paraît le plus vrai ?
  c Quel temps l'auteur utilise-t-il pour donner cet effet ?

4 Lis le texte suivant.

> *Au milieu du XVe siècle, dans son atelier de Mayence, l'Allemand Jean Gutenberg perfectionne la technique de l'imprimerie. L'utilisation de planches gravées, puis de caractères mobiles, permet de reproduire les textes en de nombreux exemplaires.*

  a Quand se passe ce qui est raconté ? S'agit-il d'un événement réel ?
  b Quel temps est utilisé ?

J'ai bien compris, je retiens

◆ On choisit d'écrire un texte **au présent** parce qu'on veut s'adresser directement au lecteur comme s'il était là.

◆ Un texte au **présent** peut servir à :
– donner des explications ;
– exposer son point de vue ;
– raconter une histoire imaginaire en la présentant comme vraie ;
– raconter des événements réels du passé en donnant l'impression au lecteur qu'il assiste à la scène.

au présent de l'indicatif

J'ai bien compris, je m'entraîne

1 Lis ces trois textes et réponds aux questions.

1. Enfin, il se décide, il s'assied par terre, et tâte l'eau d'un orteil que ses chaussures trop étroites ont écrasé. En même temps il se frotte l'estomac qui peut-être n'a pas fini de digérer. Puis il se laisse glisser le long des racines. Elles lui égratignent les mollets, les cuisses, les fesses.

Jules Renard, *Poil de Carotte*, Éditions Flammarion.

2. La lame d'os ou de corne est d'abord mise en forme et à l'épaisseur désirée grâce à une lime à grosses dents : l'écouanette. La pièce obtenue est ensuite fixée sur un support appelé gland. On commence alors à tailler les dents avec une scie à lames parallèles appelée estadou. [...] Un artisan habile peut faire jusqu'à deux douzaines de peignes par jour.

Denis Diderot, *Encyclopédie*.

3. *Familles du monde entier*, de Sophie Furlaud et Pierre Verboud, ill. de Uwe Ommer, Seuil jeunesse.
Cet album est un formidable voyage à la découverte des cultures du monde entier. C'est non seulement un superbe album de photos, mais aussi un reportage très enrichissant. Un très beau livre, qui nous emmène à la découverte de l'autre de façon intelligente.

www.ricochet-jeunes.org

a À quel temps les verbes sont-ils le plus souvent conjugués ?
b Retrouve le texte qui raconte une histoire, le texte qui explique quelque chose et le texte qui présente un point de vue.

2 Lis ce texte puis réécris-le au présent.

Maria-Prisca ne mangea pas. Elle monta dans sa chambre et j'allai la rejoindre car j'avais envie de discuter un peu. Je n'aimais pas la voir comme ça.

Yves-Marie Clément, *Sous le signe du dauphin*, Nathan.

a Compare le texte au présent avec le texte tel que l'auteur l'a écrit.
b Quel texte te donne l'impression d'assister à la scène ?

Pour aller plus loin

3 Voici une « morale » extraite d'une fable de Jean de La Fontaine, c'est une sorte de proverbe :

On a souvent besoin d'un plus petit que soi.

a Quel est le temps employé ici ?
b Cherche d'autres proverbes. Quel temps est utilisé ?

Unité 1 - Des livres et nous !

Reconnaître les phrases

Pour comprendre

LIRE
Le livre qui nous a bus
P. 12-13

1 **Lis le texte** *Le livre qui nous a bus* **de la ligne 28 à la ligne 33.**
   a Combien y a-t-il de phrases dans ce paragraphe ?
   b Qu'est-ce qui te permet de les reconnaître ?

2 **Lis le texte** *Le livre qui nous a bus* **de la ligne 7 à la ligne 12.**
   a Combien y a-t-il de phrases ?
   b Par quels signes de ponctuation se terminent-elles ?

3 **Lis.**

> Au mois les jours longs de juillet sont. Les vacances c'est. Soleil du on profite dans les parcs et les jardins. Les villes vident se de habitants leurs.

   a Ces groupes de mots commencent par des majuscules et se terminent par des points, mais peut-on dire que ce sont des phrases ? Pourquoi ?
   b Recopie en formant des phrases.

4 **Lis le paragraphe suivant.**

LIRE
C'est bien…
P. 16

> On est dans sa chambre, c'est l'hiver. Les volets sont bien fermés. On entend le vent qui souffle. Au-dehors, les parents sont allés se coucher, eux aussi.

Trouve le nombre de phrases puis compare-les avec le texte écrit par Philippe Delerm (lignes 1 à 3). Que constates-tu ? Qu'est-ce qui a changé dans le sens du texte ? Explique.

5 **Lis le passage suivant.**

> Le loup et moi, nous en avons assez de vivre. Toujours la même histoire !

LIRE
Le livre qui nous a bus
P. 12-14

Trouve le nombre de phrases puis compare-les avec le texte écrit par Éric Sanvoisin (lignes 69-70). Que constates-tu ? Qu'est-ce qui a changé dans le sens du texte ? Explique.

6 **Lis le texte** *Le livre qui nous a bus* **de la ligne 3 à la ligne 8.**
   a Combien y a-t-il de phrases ?
   b Recopie-les en deux colonnes : celles qui ont un verbe et celles qui n'en ont pas.

J'ai bien compris, je retiens

◆ Dans un texte, une **phrase** commence par une majuscule et se finit par un point, un point d'interrogation, un point d'exclamation ou des points de suspension.
◆ Dans une phrase, les mots sont organisés pour qu'elle ait un sens.
◆ La ponctuation des phrases peut changer le sens du texte.
◆ Les phrases qui ont un ou plusieurs verbes sont appelées des **phrases verbales**.
◆ Les phrases qui n'ont pas de verbe sont appelées des **phrases non verbales**.

dans le texte

J'ai bien compris, je m'entraîne

1 Recopie ce texte. Souligne les majuscules en début de phrase et les signes de ponctuation qui terminent la phrase. Combien y a-t-il de phrases dans cet extrait ?

Il est nuit. Je m'en aperçois tout d'un coup. Combien y a-t-il de temps que je suis dans ce livre ? Quelle heure est-il ? Je ne sais pas, mais voyons si je puis lire encore ! Je frotte mes yeux, je tends mon regard, les lettres s'effacent, les lignes se mêlent, je saisis encore le coin d'un mot, puis plus rien.

Jules Vallès, L'Enfant.

2 Recopie cet extrait de *Le livre qui nous a bus*, en mettant les majuscules en début de phrase et la ponctuation en fin de phrase. Compare ton texte à celui de l'auteur, p. 13.

tout de suite après le premier paragraphe, j'ai voulu boire l'image du loup qui se trouvait sur la page de gauche j'ai aspiré très fort, en même temps que Carmilla, mais il s'est passé quelque chose d'incroyable nous nous sommes brusquement mis à rétrécir comme dans *Alice au pays des merveilles* je me suis cramponné au bord du livre pour ne pas tomber.

3 Lis ces groupes de mots puis organise-les pour écrire des phrases. N'oublie pas de mettre la ponctuation qui s'impose.

1 pigeons les sautillent sur pelouse parc du la
2 à j'aime promener me bicyclette
3 grosses mon lunettes a oncle de
4 cinéma la queue font devant les gens le
5 ce aimé beaucoup j'ai livre
6 album de sont illustrations amusantes les cet

4 Écris des phrases avec chacun de ces groupes de mots en les complétant avec d'autres mots de ton choix.

1 les élèves – dans la cour
2 est-ce que – est malade
3 lit – dans
4 dans la bibliothèque – cherche
5 mes parents
6 télévision – football

5 Fais deux colonnes : dans l'une, classe les phrases verbales et, dans l'autre, les phrases non verbales.

1 Stationnement interdit les jours de marché de 6 h à 13 h.
2 Il faut ranger ses affaires.
3 Regarde avant de traverser.
4 Ces roses sont vraiment parfumées.
5 Et maintenant, la météo !
6 Entrée libre.
7 Tant va la cruche à l'eau qu'à la fin elle se casse.
8 Comme nous avions chaud, nous nous sommes baignés.

Unité 1 - Des livres et nous !

Conjuguer des verbes

Pour comprendre

1 Lis les phrases ci-dessous. Relève, avec leur sujet, les verbes conjugués au présent de l'indicatif. Trouve leur infinitif.

> *L'encre des livres est une vraie nourriture.* • *Je réfléchis.* • *Nous plantons notre paille dans le livre.* • *Ils détiennent peut-être la solution.* • *Nous en avons assez de vivre toujours la même histoire.* • *Vous ne pouvez pas faire une chose pareille !* • *Vous êtes des créatures imaginaires.* • *Vous prenez notre place.*

ANNEXES
Tableaux de conjugaison
P. 246-250

Tableau à photocopier dans le livre du maître.

2 Recopie, dans le tableau, chaque verbe conjugué au présent avec son sujet. Complète ensuite les colonnes à l'aide des tableaux de conjugaison.

		VERBES EN -ER	VERBES EN -IR COMME FINIR	DÉTENIR	POUVOIR	PRENDRE	ÊTRE	AVOIR
Singulier	je							
	tu							
	il – elle – on							
Pluriel	nous							
	vous							
	ils – elles							

3 Regarde la colonne des verbes en *-er* et souligne les lettres qui changent. Ce sont *les terminaisons*. La partie du verbe qui ne change pas est *le radical*.

Traditionnellement, on appelle les verbes en *-er*, les verbes du 1er groupe.

4 Regarde la colonne des verbes en *-ir* comme *finir*.
  a Au pluriel, les terminaisons sont les mêmes que celles des verbes en *-er*. Souligne-les. Quel est le radical ?
  b Au singulier, repère quel est le radical et souligne les terminaisons.
  Traditionnellement, on appelle les verbes en *-ir* comme *finir*, les verbes du 2e groupe.

5 Regarde les autres colonnes et souligne les terminaisons des verbes.
Aide-toi des tableaux de conjugaison. Observe les changements du radical.
Ces verbes sont dits du 3e groupe. *Être* et *avoir* sont appelés **auxiliaires**.

J'ai bien compris, je retiens

◆ On ajoute les terminaisons au radical du verbe.
◆ Au présent, les terminaisons sont :
– pour les **verbes en -*er*** : -e, -es, -e, -ons, -ez, -ent ;
– pour les **verbes en -*ir* comme *finir*** : -s, -s, -t, -ons, -ez, -ent ;
– pour les **autres verbes** : -s ou -x, -s ou -x, -t ou -d, -ons, -ez, -ent.
Pour savoir comment chacun de ces verbes se conjugue, reporte-toi aux tableaux de conjugaison du manuel ou d'un dictionnaire.
◆ **Attention** à la conjugaison particulière de *avoir*, *être*, et de *aller*, *faire*, *dire* !

au présent de l'indicatif

J'ai bien compris, je m'entraîne

1 Trouve l'infinitif du verbe souligné et écris-le dans la bonne colonne.

1 Vous <u>agissez</u> avec beaucoup trop de précipitation.
2 Son chien <u>devient</u> méchant.
3 Tu <u>arrives</u> souvent en retard.
4 Sur le quai, les voyageurs <u>attendent</u> le train.
5 Je <u>lis</u> mon livre dans ma chambre.
6 Nous <u>passons</u> tous les jours devant la mairie.

Verbes en -er	Verbes en -ir comme finir	Autres verbes

Tableau à photocopier dans le livre du maître.

2 Écris six verbes conjugués au présent en choisissant dans les colonnes ci-dessous un pronom, un radical et la terminaison qui convient.

Pronom	Radical	Terminaison
il – elle – on	march-	-ons
tu	donn-	-ent
je	cri-	-e
vous	travers-	-ez
nous	port-	-es
ils – elles	travaill-	

3 À partir de chacune des phrases ci-dessous, écris deux autres phrases en changeant le verbe. Essaie d'utiliser des verbes appartenant aux différents groupes.

Exemple :
Les enfants <u>ramassent</u> les cahiers. → Les enfants <u>rangent</u> les cahiers.
→ Les enfants <u>prennent</u> les cahiers.

1 Tu prends un verre d'eau.
2 Nous regardons un livre.
3 Vous avez un joli chien.
4 Il termine son repas.

4 Recopie chaque phrase du texte ci-dessous en la complétant avec les verbes écrits en marge que tu conjugueras au présent.

prendre – aller   Aujourd'hui, nous .... le bus car nous .... visiter une ferme.
vérifier – être   Le maître .... que tous les élèves .... présents et en route !
arriver – descendre Une demi-heure plus tard, nous .... « Vous .... mais
laisser – dire   vous .... vos sacs dans le car », ... le maître.

5 Lis le texte suivant écrit au passé puis réécris-le en le mettant au présent.

Mais au même moment j'entendis battre la porte d'entrée, et Frédéric courut jusqu'au portillon. Arrivé là, il sauta à pieds joints dans la neige qui recouvrait le trottoir. Puis il fit un grand pas prudent, se retourna, accroupi, et contempla son empreinte. Apparemment satisfait, il renversa la tête en arrière autant qu'il le put et ouvrit la bouche pour y laisser entrer la neige.

Hans Peter Richter, *Mon ami Frédéric*, Le Livre de Poche Jeunesse, Hachette Livre.

6 Réécris ce texte, toujours au présent, en parlant cette fois de deux garçons : Frédéric et son frère.

Unité 1 - Des livres et nous !

Connaître le rôle

Pour comprendre

1 Lis chaque phrase et recopie les mots soulignés.

- *Au-delà, l'obscurité de la chambre est plus mystérieuse.*
- *Dès le début du livre, il y a une ambiance extraordinaire.*

Entoure, dans chacun de ces mots, les lettres ou groupes de lettres qui correspondent à des sons.

2 Dans chaque couple de phrases, observe les mots soulignés et recopie-les.

- *Je songeais à Barbe-Bleue.*
- *Il songeait à Barbe-Bleue.*
- *Rien que des histoires avec des princes charmants !*
- *Rien qu'une histoire avec un prince charmant !*

- *Et si nous lisions un conte un peu plus mouvementé ?*
- *Et si nous lisions une histoire un peu plus mouvementée ?*

a Entoure les lettres qui ont changé d'un mot à l'autre.
b Ces lettres se prononcent-elles ?
c Quel est le rôle de ces lettres ?

3 Recopie les mots soulignés et entoure la lettre finale muette.

- *Au dernier moment, j'ai changé d'avis.*
- *Le drap est si chaud.*

a Pour chacun de ces mots, trouve un ou plusieurs mots de la même famille.
b Quel est ici le rôle de la lettre finale muette ?

J'ai bien compris, je retiens

◆ Dans un texte écrit, les lettres de notre alphabet ont différents rôles :

1. Elles correspondent à des **sons** :

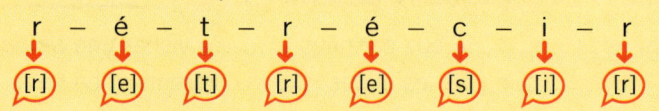

r – é – t – r – é – c – i – r
[r] [e] [t] [r] [e] [s] [i] [r]

2. Elles marquent des **accords** :
je sava**is** ➜ *il* sava**it**
un livre ➜ **des** livre**s**
un livre illustré ➜ **une** histoire illustré**e**

3. Elles rappellent qu'un mot appartient à une **famille de mots** :
cam**p** – camper – campement
lai**t** – laitage – laitier
gran**d** – grande – grandeur

des lettres

orthographe

J'ai bien compris, je m'entraîne

1 Lis le texte suivant et réponds aux questions.
Calculs
Dimanche matin. Aurélie fait ses comptes de la semaine.
Lundi, elle a donné une gomme à Christopher, deux copies blanches à Jérémy, un crayon (assez usé) à Benjamin. François lui a donné la moitié de son pain au chocolat et Grégory un baiser sur la joue (pendant le cours d'anglais).
Mardi, elle a prêté son stylo plume à Jérémy et son cahier d'orthographe à François (pour qu'il recopie l'exercice qu'il n'avait pas fait). Elle a donné un bonbon à Christopher (mais c'était un bonbon au poivre). Benjamin lui a donné une cartouche d'encre bleue et Grégory un chewing-gum à la fraise.
Mercredi, rien. Elle a passé la journée chez tante Nicole.
Jeudi, elle a donné trois timbres du Liban à François et un coup de pied à Benjamin (pendant le cours de musique). Elle a prêté sa carte de téléphone à Jérémy et son compas à Grégory (pour qu'il pique les fesses de Raphaëlle). Christopher lui a donné un billet de cinq dollars…
Vendredi, elle a rendu à Benjamin sa cartouche d'encre bleue. Elle a donné à Grégory une photo de chimpanzé (sur lequel elle a écrit : « Tiens, voilà ton frère ») et quatre carrés de chocolat (au lait) à François. Christopher lui a donné un serpent (en plastique, très bien imité) et Jérémy une bande dessinée (mais elle croit bien qu'il manque une page).
Samedi, rien. Il n'y avait pas école.
Bernard Friot, *Encore des histoires pressées*, Coll. « Poche Junior », © Éditions Milan, 2001.

    a Recopie les mots dans lesquels tu entends le son [ɛ̃] et entoure les différentes graphies de ce son. Combien y a-t-il de graphies différentes ?
    b Fais le même travail pour le son [k].
    c Fais le même travail pour le son [s].
    d Fais le même travail pour le son [ã].

2 Recopie les mots suivants, entoure les lettres finales muettes puis, pour chacun, cherche un mot de la même famille.
grand – lait – serpent – tapis – long – chat – profond – pied

3 Recopie les mots soulignés puis entoure les lettres qui marquent des accords.
1 un billet d'un dollar – deux <u>billets</u> de cinq <u>dollars</u>
2 le stylo bleu – l'encre <u>bleue</u>
3 Aurélie <u>fait</u> ses comptes. – Je <u>fais</u> mes comptes.
4 une copie blanche – deux <u>copies</u> <u>blanches</u>
5 Il <u>recopie</u> l'exercice. – Tu <u>recopies</u> l'exercice. – Ils <u>recopient</u> l'exercice.
6 un serpent bien imité – une couleuvre bien <u>imitée</u>

4 Explique le rôle des lettres ou groupes de lettres qui sont soulignés dans les mots suivants.
un <u>s</u>erpent – une <u>b</u>ande dessinée – <u>quatre</u> carré<u>s</u> de <u>ch</u>ocolat

Unité 1 - Des livres et nous !

Apprendre à utiliser

Pour comprendre

1 Dans quel ordre trouves-tu les mots suivants dans ton dictionnaire ?

chambre • hiver • volets • vent • livre • livrer

Recopie-les dans l'ordre où tu les trouves dans le dictionnaire.

2 Lis cet extrait de dictionnaire.

Le Robert Junior 8/12 ans, 1999.

① **livre** n.m. 1. Assemblage de feuilles imprimées réunies par une couverture. → fam. bouquin. *Alex lit un livre passionnant. Elle achète des livres anciens. J'ai perdu mon livre d'histoire.* 2. *La caissière inscrit les dépenses dans son livre de comptes*, dans un gros cahier. → registre.
▷ LIVRET.

② **livre** n. f. Unité de poids valant cinq cents grammes. *Une livre d'abricots.*

③ **livre** n. f. Monnaie de la Grande-Bretagne et d'autres pays (Égypte, Liban, Chypre, Turquie, etc.).

a Comment le mot « livre » est-il mis en évidence ?
b Pourquoi ce mot apparaît-il trois fois ?
c Que signifie « n. m. » et « n. f. » ?
d Recherche le sens du mot « bouquin ». Quel rapport trouves-tu entre les mots « livre » et « bouquin » ? Pourquoi les auteurs ont-ils indiqué « fam. » ?
e Trouves-tu un rapport entre les mots « livret » et « livre » ? Pourquoi le mot « livret » est-il signalé à la fin de la première des définitions ? Tu peux aller vérifier le sens de ce mot dans le dictionnaire.
f Lis les phrases en italique. À ton avis, à quoi servent-elles ?

3 Voici un autre extrait de dictionnaire. Compare-le avec l'extrait précédent.

Larousse Super Major 9/12 ans, 2004.

1 **livre** n.m. 1 Assemblage de feuilles imprimées, reliées, protégées par une couverture. *Elle a acheté un livre sur les chats* (**SYN.** ouvrage). *Les étagères étaient pleines de livres. Peux-tu me prêter ton livre de maths ?* 2 *Un livre électronique* est un micro-ordinateur de la taille d'un livre, qui permet la lecture sur écran de textes stockés en mémoire. 3 Cahier, registre. *Un livre de comptes. Un livre de bord.* ■ *Parler comme un livre* : parler de façon savante, avec des mots trop recherchés.
HISTOIRE DU MOT Vient du latin *liber* qui désigne la partie vivante de l'écorce d'un arbre sur laquelle on écrivait autrefois.

2 **livre** n.f. Demi-kilo. *Une livre de carottes* (= 500 g). *Une demi-livre de beurre* (= 250 g).

3 **livre** n.f. Monnaie d'un certain nombre de pays, comme l'Égypte, le Liban, la Turquie, la Syrie et Chypre. ■ *Livre sterling* ou *livre* : monnaie de la Grande-Bretagne et de l'Irlande du Nord. (Il existait autrefois une livre qui valait une livre d'argent.)
HISTOIRE DU MOT Vient du latin *libra* qui désignait une mesure de poids. Autrefois, la livre était une unité de poids qui variait, selon les provinces françaises, entre 380 et 550 g.

a Trouves-tu les mêmes renseignements ?
b Trouves-tu des différences ? Lesquelles ?
c Lequel des deux dictionnaires préférerais-tu consulter ? Pourquoi ?

J'ai bien compris, je retiens

♦ Dans un dictionnaire, les mots sont rangés par **ordre alphabétique**.

♦ Le dictionnaire permet de comprendre le **sens des mots**. Pour chaque mot, il donne :
– sa **définition**, ou ses définitions s'il a plusieurs sens ;
– des **exemples** d'utilisation et parfois des synonymes ;
– des **indications grammaticales** : classe du mot (nom, verbe, adjectif, etc.), genre (masculin ou féminin).

♦ Le dictionnaire permet de vérifier l'**orthographe** d'un mot.

e dictionnaire

J'ai bien compris, je m'entraîne

1 Corrige les suites de lettres suivantes pour rétablir l'ordre alphabétique.
- ACDBE   • FGIHJ   • LKNMO   • PQRSUT   • VWYXZ

2 Range par ordre alphabétique les mots de chaque série.
1 petit – buveur – encre – rouge
2 Cendrillon – Odilon – Carmilla – Alice – Hansel
3 loup – livre – liberté – long – lugubre

3 En haut des pages d'un dictionnaire, tu peux lire des mots que l'on appelle des mots-repères.
    a À ton avis, pourquoi les appelle-t-on ainsi ?
    b Dans ton dictionnaire, quels mots-repères trouves-tu pour le mot « tomate » ?

4 Voici une liste de verbes. Si tu veux vérifier le sens de chaque verbe dans un dictionnaire, quel mot chercheras-tu ?
on **a hésité** longtemps – il **va** être **vaincu** – si nous **lisions** un conte

5 Cherche les mots suivants dans ton dictionnaire.
grêle – détacher – être – mine – train – vol – décoller – souris
    a Choisis deux sens pour chacun d'entre eux et lis les exemples donnés.
    b Pour chaque mot, invente à ton tour deux phrases correspondant aux deux sens.

6 Le jeu du dictionnaire.
Ouvre ton dictionnaire au hasard. Dans la double page, choisis un mot.
Lis la définition du mot à tes camarades sans oublier les indications grammaticales.
Le premier qui trouve le mot marque un point.

7 Regarde dans ton dictionnaire les mots qui commencent par « ap ».
Sont-ils plus nombreux à s'écrire avec un « p » ou avec deux « p » ?

8 Regarde maintenant les verbes qui commencent par « ap ».
Combien en trouves-tu qui ne prennent qu'un « p » ? Essaie de les retenir.

9 Regarde dans ton dictionnaire les mots qui commencent par « ad ».
Combien de ces mots prennent deux « d » ?

10 Regarde maintenant les verbes commençant par « at ».
Que remarques-tu ?

vocabulaire

Unité 1 - Des livres et nous !

Savoir qui parle, à qui

Pour comprendre

LIRE
Étranges impressions
P. 28-30

1 **Lis le texte *Étranges impressions*.**
  a Relis le passage de la ligne 21 à la ligne 25. Qui parle ? À qui ? Qui est désigné par « je », par « nous », par « t' » ?
  b Relis le passage de la ligne 66 à la ligne 75. Qui parle ? À qui ? Qui est désigné par « moi », par « tu », par « vous » ?
  c Relis la ligne 80. Qui parle ? À qui ? Qui est désigné par « me », par « tu » ? Qu'aurait dit Harry s'il s'était adressé à un inconnu ? Pourquoi ?
  d Relis la ligne 78. Qui parle ? À qui ? Qui est « toi » ? Qu'aurait dit Harry s'il s'était adressé à ses trois enfants ? Pourquoi ?

LIRE
Premiers pas sur Néogaïa
P. 32-33

2 **Lis l'extrait de la BD.**
  a Dans la vignette 6, page 32, qui parle ? À qui ? De quoi ?
  Quel mot désigne de quoi il parle ?
  b Dans la vignette 10, page 32, de quoi parle le professeur ?
  Que désigne « Elles » ?
  c Dans ces deux vignettes, « Ils » et « Elles » désignent la même chose.
  Pourquoi n'a-t-on pas le même pronom ?
  d Dans la vignette 4, page 33, qui parle ? À qui ? De qui ? Que désigne « Il » ?
  e Dans la vignette 6, page 33, qui parle ? De qui ?
  Quel pronom personnel désigne la personne dont on parle ?

3 **Dans la vignette 2, page 33, qui est désigné par « on » ?**
Quel pronom personnel pourrais-tu utiliser à la place de « on » sans changer le sens de la réplique ?

LIRE
Grand standigne
P. 35

4 **Lis le poème *Grand standigne*. Qui est désigné par « on » ?**
Sait-on vraiment de qui il s'agit ?

J'ai bien compris, je retiens

◆ Dans un texte, les **pronoms personnels** permettent de savoir qui raconte ou qui parle, à qui, de qui et de quoi.

	CELUI QUI PARLE (1ʳᵉ PERSONNE)	À QUI IL PARLE (2ᵉ PERSONNE)	DE QUI OU DE QUOI IL PARLE (3ᵉ PERSONNE)
Singulier	est seul je – me – m' – moi	à une seule personne tu – t' – te – toi	d'une seule chose ou personne il – elle
Pluriel	est avec d'autres nous	à plusieurs personnes vous	de plusieurs choses ou personnes ils – elles

◆ Le mot « on » remplace souvent « nous ». Il peut aussi s'employer quand on ne désigne pas précisément de qui on parle. « On » est un pronom personnel de 3ᵉ personne.

◆ Attention, « vous » peut désigner une seule personne !
Bonjour monsieur, vous êtes attendu.

de qui, de quoi

J'ai bien compris, je m'entraîne

1 Lis le texte ci-dessous. Pour chaque pronom souligné, écris qui il désigne puis indique s'il s'agit d'un pronom de 1re, 2e ou 3e personne et s'il est singulier ou pluriel.

Fifi Brindacier est une petite fille de neuf ans qui vit seule à la villa Drôlederepos. Elle rencontre pour la première fois ses voisins, deux charmants enfants, Tommy et Annika.
— C'est vilain de mentir, dit Annika qui avait enfin retrouvé sa langue.
— Oui, c'est très vilain, ajouta Fifi, encore plus désolée. Mais, <u>tu</u> comprends, il <u>m'</u>arrive parfois de l'oublier. […] <u>Nous</u> pourrions bien être amis, pas vrai ?
— Bien sûr, répondit Tommy en se disant soudain que la journée ne s'annonçait pas tout à fait comme les autres.
— Au fait, pourquoi ne viendriez-<u>vous</u> pas prendre votre petit-déjeuner chez <u>moi</u> ? demanda Fifi.
— Euh… Pourquoi pas ? répondit Tommy.
— Allez ! On y va tout de suite, renchérit Annika. » […]
<u>Ils</u> poussèrent la grille branlante du jardin de la villa Drôlederepos, montèrent l'allée de gravier bordée d'arbres moussus (des arbres faits pour que l'on y grimpe) et arrivèrent devant la véranda. Le cheval dévorait son picotin versé dans une soupière.

Astrid Lindgren, *Fifi Brindacier*, Le Livre de Poche Jeunesse, Hachette Livre.

2 Relis les deux phrases qui contiennent le pronom « on ».
   a Par quel autre pronom pourrais-tu remplacer le « on » dans : « On y va tout de suite » ?
   b Peux-tu faire de même dans : « pour que l'on y grimpe » ?

3 Lis le texte ci-dessous puis réécris-le comme si la femme s'adressait à Sélim et à son frère Nasim.

Une femme s'adresse à Sélim, un petit Turc qui passe dans la rue.
— Tiens, Sélim ! fit une femme. Te voilà parti vendre un peu de bonheur ?
— Oui, dit Sélim. Je profite des vacances.
— Tu tiens toujours ta loterie au même endroit ?
— Toujours, oui. Près de la mosquée Bayazit.
— J'irai te voir un de ces jours. Un peu de bonheur ne me ferait pas de mal !

Jacqueline Servon, *Sélim le petit marchand de bonheur*, DR.

Commence ainsi : « — Tiens, Sélim et Nasim ! … »

4 Réécris les phrases en remplaçant les pronoms personnels au pluriel soulignés par des pronoms personnels au singulier sans changer la personne. Attention aux autres mots qui doivent changer !
  1 <u>Nous</u> aimons jouer aux cartes avec <u>vous</u> car <u>vous</u> êtes de bons joueurs.
  2 Pourquoi ne venez-<u>vous</u> pas en vacances avec <u>nous</u> ?
  3 <u>Vous</u> <u>nous</u> avez prêté votre voiture et <u>nous</u> <u>vous</u> en remercions.

Unité 2 - Demain, un autre monde…

Produire des phrases

Pour comprendre

LIRE
Moissons martiennes
P. 36

1 Lis le 1ᵉʳ paragraphe de l'article scientifique *Moissons martiennes*.
  a Combien y a-t-il de phrases ?
  b Par quel signe de ponctuation se terminent-elles ?
  Ce type de phrase est appelé **phrase déclarative**.
  c Dans quel but l'auteur emploie-t-il ces phrases déclaratives ?

LIRE
Étranges impressions
P. 29

2 Lis le texte *Étranges impressions* de la ligne 33 à la ligne 46.
  a Dans le 1ᵉʳ paragraphe, l'auteur utilise aussi des phrases déclaratives. Dans quel but ?
  b Dans le 2ᵉ paragraphe, Harry s'adresse à sa famille. Il pose des questions. Relève ces **phrases interrogatives**.
  c À plusieurs reprises, Harry exprime avec force sa pensée. Pour cela, l'auteur utilise des phrases de type **exclamatif**. Elles se terminent par un point d'exclamation. Relève-les.

LIRE
Premiers pas sur Néogaïa
P. 32-33

3 Lis la BD *Premiers pas sur Néogaïa*.
  a Retrouve ces deux répliques : « Lâchez votre bestiole !! » et « Fermez la porte !! ». Dans quel but sont dites ces phrases de type **impératif** ?
  b Ces phrases sont aussi exclamatives. L'auteur a mis deux points d'exclamation. Pourquoi ?

4 Recopie les phrases ci-dessous, écrites à la forme négative, et souligne les mots qui marquent la négation.

> • Type **déclaratif** : *Leur père ne les quittait pas.*
> • Type **interrogatif** : *Tu n'aurais pas été rôdé dans les ruines ?*
> • Type **impératif** : *Ne le prenez pas mal, docteur !*

D'autres mots servent aussi à marquer la négation :
« ne ... jamais » ; « ne ... plus » ; « ne ... rien » ; « ne ... personne ».

J'ai bien compris, je retiens

◆ Dans un texte, on utilise :
– des **phrases déclaratives** pour raconter, expliquer, donner une information ou un avis ;
– des **phrases interrogatives** pour poser des questions ;
– des **phrases impératives** pour donner un conseil ou un ordre ;
– des **phrases exclamatives** pour exprimer l'étonnement, la colère ou l'émotion.
◆ Toutes ces phrases peuvent être employées à la **forme négative**.

pour quoi faire ?

J'ai bien compris, je m'entraîne

1 Lis chaque phrase et trouve de quel type de phrase il s'agit.
1 Quel disque écoutes-tu ?
2 Écoute bien cette explication.
3 Les visiteurs écoutent le guide avec attention.
4 Comme tu as grandi !
5 Tous les jours, j'écoute la météo.
6 Ne croyez pas tout ce que l'on vous dit.

a Recopie dans ton tableau le numéro de la phrase dans la colonne qui convient.

Phrase déclarative	Phrase interrogative	Phrase exclamative	Phrase impérative

Tableau à photocopier dans le livre du maître.

b Parmi ces phrases, laquelle est à la forme négative ?

2 Lis ce texte écrit par des élèves de CM1 et invente les phrases qui manquent. Aide-toi des signes de ponctuation.

Chemin faisant, Gauvain et son père arrivent devant la maison d'Ambroise. La chienne aboie et Jeanne sort, heureuse d'avoir de la visite. Deux mois auparavant, ils avaient déjà séjourné chez ces amis de la famille et Jeanne avait présenté à Gauvain une portée de chiots. Gauvain est impatient de revoir les chiots.
— .... ! dit Jeanne.
Dès qu'il est entré, Gauvain se précipite vers la cheminée où Jeanne a installé les chiots.
— .... ! Ils sont encore là.
— Choisis-en un si ton papa le permet.
— .... ? dit Gauvain.
— .... !
Heureux de cette réponse, Gauvain saute au cou de son père.
— .... ? demande le père.
— Rustaud. C'est un joli nom ! .... ?
— C'est vrai, c'est un joli nom. Et maintenant, au lit !
— .... ?
— Oui, si Jeanne accepte que le chiot monte sur le lit.
Dix minutes plus tard, Rustaud et Gauvain dorment l'un contre l'autre.

3 Recopie chaque phrase. Mets la ponctuation et écris de quel type de phrase il s'agit.
1 La météo annonce des orages, je prends mon parapluie
2 Il va pleuvoir
3 Tu prends ton parapluie
4 N'oublie pas ton parapluie
5 As-tu pensé à ton parapluie

4 Écris ces phrases à la forme négative.
1 Prenez votre livre de lecture.
2 Qui a mangé son goûter ?
3 Lire le texte.
4 Le matin je bois du lait.
5 Vous avez quelque chose dans les cheveux.
6 Je vois quelqu'un dans le couloir.

Unité 2 - Demain, un autre monde...

Conjuguer des verbes

Pour comprendre

LIRE
Grand standigne
P. 35

1 Lis le poème *Grand standigne*. Il est écrit au futur.
   a Relève les verbes dont le sujet est « on ». Trouve leur infinitif puis classe chaque verbe avec son sujet en deux colonnes : verbes en *-er* / verbes en *-ir* comme *finir*.
   b Pour les verbes en *-ir* comme *finir*, par quelle lettre se termine le radical ?
   c Pour les verbes en *-er*, par quelle lettre se termine le radical, qui est le même qu'au présent ?
   d Entoure les terminaisons communes pour les deux groupes.
   e Pour les verbes en *-er*, quelle lettre ajoute-t-on toujours devant la terminaison ?

ANNEXES
Tableaux de conjugaison
P. 246-250

2 Lis le poème en remplaçant « on » par « ils ».
   a Écris les verbes avec leur sujet « ils » dans les colonnes précédentes en t'aidant des tableaux de conjugaison de ton livre ou du dictionnaire.
   b Retrouve le radical et les terminaisons. Compare les terminaisons des verbes des deux groupes. Que constates-tu ?
   c Observe, dans les tableaux de conjugaison, les terminaisons de ces verbes aux autres personnes. Là encore, que constates-tu ? Quelle lettre retrouve-t-on à toutes les personnes ?

3 Lis les phrases suivantes.

> Il mettra le pied sur Mars. • La capsule aura des capacités limitées.
> • La fusée reviendra sur Terre. • Une partie du vaisseau sera inutile.

   a Trouve l'infinitif des verbes puis classe chaque verbe avec son sujet en deux colonnes : verbes du 3e groupe / *être* - *avoir*.
   b Entoure les terminaisons. À l'aide des tableaux de conjugaison, compare-les avec celles des verbes des autres groupes à la 3e personne du singulier. Que constates-tu ? Vérifie ton constat pour les autres personnes.
   c Par quelle lettre se termine le radical des verbes du 3e groupe, de *être* et de *avoir* ? Est-ce la même pour tous les verbes ?

J'ai bien compris, je retiens

♦ Au futur, **pour tous les verbes**, on ajoute au radical les terminaisons : **-rai, -ras, -ra, -rons, -rez, -ront** ; le **r** marque le futur.

♦ Mais pour les verbes en *-er*, on ajoute **e** devant **r** : *je chant**e**rai, je jou**e**rai*.

♦ Pour les verbes en *-ir* comme *finir*, on ajoute la terminaison au radical en « i » : *je fin**i**rai*.

♦ Pour les autres verbes, il n'y a pas de régularités dans le radical : *je mett**rai** – je viend**rai** – je cour**rai** – j'au**rai** – je se**rai**.
Pour le connaître, reporte-toi aux tableaux de conjugaison du manuel ou d'un dictionnaire.

au futur de l'indicatif

J'ai bien compris, je m'entraîne

1 Dans ce texte, recopie les phrases qui sont au futur, souligne les verbes et donne leur infinitif.

En sortant de l'école, le narrateur fait chaque jour la course avec ses camarades.
— Avancez en rang dans le couloir.
Je suis à la queue, mais mon sac est léger. Pourtant, ce sera difficile d'arriver le premier ce soir. La classe est alignée dans le couloir, Vinteuil et ses copains en tête. À la sortie, ils feront barrage pendant qu'un autre se sauvera.
— Messieurs, aujourd'hui, nous descendrons par l'escalier du fond, dit le maître.
Daniel Picouli, *Le champ de personne*, Éditions Flammarion.

2 Recopie les phrases du texte ci-dessous en les complétant avec les verbes proposés que tu conjugueras au futur.

être – aller	Quand je .... en vacances, j'......... sûrement me baigner.
confier – plonger	Je ...... mes lunettes à maman et je .... la tête la première.
venir – éclabousser	Mon chien .... avec moi et m'..........
rester	Mes parents .... sur la plage pour me surveiller.
être – avoir	En rentrant je .... fatiguée et j'......... sûrement très faim.

3 Lis le texte suivant qui est écrit au présent puis réécris-le en le mettant au futur.

En déjeunant face à son bol de chocolat, Timothée imagine qu'il est le héros d'un western. Lorsque Bad Bill voit Timothée accoudé au bar, un tic nerveux agite son visage. Il se ressaisit aussitôt et sourit de toutes ses dents éclatantes. « Nous y voilà, étranger », dit simplement Timothée. […] Sans le quitter des yeux, Bill recule et redescend dans la grand-rue. Les commerçants affolés se barricadent dans leurs boutiques, le shérif s'enferme dans sa propre prison, le croque-mort se cache dans un cercueil. Les vautours viennent se poser lourdement sur le toit de la banque. Le coyote hurle. Les deux hommes sont face à face, jambes écartées. Ils s'observent.
Paul Fournel, *Les aventures très douces de Timothée le rêveur*, Le Livre de Poche Jeunesse, Hachette Livre.

Commence ainsi : « Lorsque Bad Bill verra Timothée … »

4 Lis le texte suivant puis réécris-le à la 2ᵉ personne.

J'ai des amis à dîner demain soir. Je rentrerai tard, alors je préparerai une salade composée. J'égoutterai le maïs. J'éplucherai des carottes, je les râperai. Je couperai le gruyère en dés. Je préparerai la vinaigrette. Je verserai le tout dans un saladier et je mélangerai.

Commence ainsi : « Nous avons des amis à dîner demain soir. Je rentrerai tard, alors tu prépareras une salade composée… »

5 Réécris le poème *Grand standigne* en employant « vous » au lieu de « on ».

Unité 2 - Demain, un autre monde…

Accorder le verbe

Pour comprendre

1 Lis le texte 1, écrit à partir de la BD *Premiers pas sur Néogaïa*.

> **Texte 1** *Cécilia ouvre la porte de la navette et saute sur le sol de la planète. Elle fait fuir de drôles de créatures. À l'aide d'un filet, elle réussit à en capturer une. Elle court vers le vaisseau spatial. De quoi a-t-elle peur ?*

Imagine que ce sont les enfants qui sont sortis du vaisseau à la place de Cécilia et relis le texte à haute voix en commençant par « Les enfants ».
Tu entends que des mots changent. Lesquels ?

2 Lis maintenant le texte 2.

> **Texte 2** *Les enfants ouvrent la porte de la navette et sautent sur le sol de la planète. Ils font fuir de drôles de créatures. À l'aide d'un filet, ils réussissent à en capturer une. Ils courent vers le vaisseau spatial. De quoi ont-ils peur ?*

Certains mots se prononcent de la même façon que dans le texte 1 mais ne s'écrivent plus pareil. Lesquels ?

3 Recopie les verbes et leurs sujets présents dans les textes 1 et 2 dans un tableau comme ci-dessous. Compare les deux colonnes.

Texte 1	Texte 2
Cécilia ouvr**e** … et saut**e**	Les enfants ouvr**ent** … et saut**ent**

a Par quel pronom personnel a-t-on remplacé « elle » dans le texte 2 ? Pourquoi ?
b Observe la terminaison de tous les verbes. Que peux-tu dire sur la relation qui existe entre le verbe et son sujet ?

4 Observe la place du sujet dans les phrases des textes 1 et 2.
a Où se trouve le sujet dans la première phrase des textes ?
b Où se trouve le sujet dans la question finale des textes ?
c Que constates-tu ?

J'ai bien compris, je retiens

- Le verbe s'accorde avec son sujet.
- Quand le sujet est un pronom personnel, tu accordes les verbes en respectant les règles de conjugaison : *je parle – tu parles – … – ils parlent*, etc.
- Quand le sujet est un groupe nominal, l'accord se fait à la troisième personne du singulier ou du pluriel :
  Cécilia réfléchi**t** → **Elle** réfléchi**t** - singulier
  Les enfants parten**t** → **Ils** parten**t** - pluriel
- **Attention !** Le sujet est parfois placé après le verbe. *De quoi a-t-elle peur ?*
- Plusieurs verbes peuvent s'accorder avec un même sujet.
  Cécilia ouvr**e** la porte et saut**e**.

avec son sujet

J'ai bien compris, je m'entraîne

1 Lis ce texte puis réécris-le en remplaçant « Pierre » par « Les enfants ».

Au marché

Pierre, un sac à la main, s'ouvre un passage parmi la foule. Il s'arrête devant l'étalage d'un marchand de fruits et légumes et regarde l'aspect des tomates. Il en prend un kilo et poursuit sa route.

2 Recopie les phrases ci-dessous en les complétant avec les verbes proposés conjugués au présent et accordés comme il convient.

Le passage du Tour

commencer	La foule .... à s'agiter.
se précipiter – sortir	Un spectateur .... et .... son appareil photo.
arriver	« Ils .... ! » dit-il.
écarter – passer	Les motards .... les imprudents et les voitures .... en pétaradant.
pédaler	Le coureur de tête .... sans s'occuper des applaudissements.
s'efforcer	Quelques mètres derrière, le maillot jaune .... de garder le contact.

3 Écris des phrases à l'aide des groupes de mots proposés en respectant l'accord du sujet avec le verbe.

1 Mon frère
2 Tu
3 Les élèves
4 Ils
5 Pierre et Jean
6 Elle
7 Nathalie

a attend le car.
b entrent dans la classe.
c ouvres la porte.
d distribue les cahiers.
e aime le chocolat.
f écoutent un CD.

4 Pour chaque phrase, invente un sujet en respectant bien l'accord du sujet avec le verbe.

1 .... arrose le jardin.
2 Regardes- ...... la télévision tous les soirs ?
3 .... chantent.
4 .... appelle le chien et lui prépare sa pâtée.
5 .... appellent le chien et lui préparent sa pâtée.
6 .... attendons nos parents.

5 Dans chaque phrase, remplace le pronom personnel sujet par un groupe nominal en respectant l'accord du sujet avec le verbe.

1 Il répare son vélo.
2 Elles partent en même temps.
3 Elle éternue bruyamment.
4 Il sait jouer du piano.
5 Ils apportent du courrier.
6 Ils dessinent un plan sur le tableau.
7 Elle termine son repas.
8 Elles savent jouer aux échecs.
9 Ils vont chercher leur imperméable.
10 Il débarrasse la table.

Unité 2 - Demain, un autre monde...

Comprendre les mots

Pour comprendre

LIRE
Étranges impressions
P. 28-30

1 Dans le texte *Étranges impressions*, retrouve les mots suivants.

> *laminage* • *âtre* • *bande* • *fresques*

a Donne le sens de ces mots en observant bien la phrase dans laquelle ils se trouvent.
b Pour chaque mot, indique ce qui t'a aidé à en comprendre le sens.
c Recherche ensuite la définition de ces mots dans le dictionnaire.

2 Lis le passage suivant extrait du même texte (lignes 27 à 29).

> — *Un de ces quatre matins, avec la bombe atomique, notre bonne vieille Terre aura son compte. Ici, nous serons sauvés.*
> — *Sauvés, mais* timbrés *!*

a Explique le mot souligné. Relève dans l'ensemble du texte *Étranges impressions* les mots ou les phrases qui t'ont amené à trouver la réponse.
b Invente une phrase en utilisant ce même mot, mais avec un sens différent.

3 Voici une nouvelle phrase, extraite du même texte.

> *J'écoute le bruit du vent, le bruit du sable qui frappe contre les carreaux.*

a Quel sens donnes-tu ici au mot « carreaux » ? Pourquoi ?
b Quel sens aurait ce mot dans les contextes suivants :
   « Quelle idée de jouer du carreau alors que je demande du cœur ! »
   « Passez deux carreaux avant de commencer à écrire. »

LIRE
Moissons martiennes
P. 36

4 Lis le 3ᵉ paragraphe du texte *Moissons martiennes*, puis les définitions du mot « stérile » indiquées ci-dessous. Relève celle qui convient le mieux au texte. Justifie ta réponse.

- Stérile
  - Qui ne peut pas se reproduire.
  - Qui ne donne aucun résultat.
  - Où rien ne pousse.
  - Qui ne contient pas de microbes.

J'ai bien compris, je retiens

◆ Certains mots ont **un seul sens**, mais la plupart des mots courants peuvent avoir **plusieurs sens**.
◆ Dans un texte, pour bien comprendre les mots qui sont employés, on doit s'appuyer sur le **contexte**, c'est-à-dire sur l'ensemble du texte.
◆ Le sens d'un mot dépend donc du contexte dans lequel il est employé.

grâce à leur contexte

vocabulaire

J'ai bien compris, je m'entraîne

1 Lis le texte suivant et indique le sens des mots soulignés. Pour chacun, donne les indices qui t'ont aidé. Recopie ensuite la définition du dictionnaire.

Elle dirigea sa <u>torche</u> vers la voûte et aperçut un gigantesque lézard, un <u>varan</u>, accroché à la roche au-dessus d'elle.
Elle courut à perdre haleine sur une bonne centaine de mètres, <u>trébuchant</u> sur le sol inégal et glissant à certains endroits boueux. Elle crut qu'elle allait mourir d'<u>épuisement</u> lorsqu'elle aperçut enfin un <u>halo</u> de lumière. C'était la lumière du jour. Elle avait atteint le bout du tunnel.
Épuisée, elle <u>émergea</u> à l'extérieur. Cette première vision de la fosse des tempêtes fut paradisiaque.

Danielle Martinigol et Alain Grousset, *L'Enfant-Mémoire*, Le Livre de Poche Jeunesse, Hachette Livre.

2 Complète le texte suivant avec les mots qui conviennent.
présence – lobes – dédale – Terriens – planète – étalages – flot

Kerri et Mégane se trouvèrent portés par le … d'une foule composée d'hommes et d'animaux se pressant dans un … de ruelles bordées de hautes maisons à colombage. Les habitants de cette … ne se différenciaient guère des humains terriens à part peut-être les … d'oreilles plus pointus. Cela arrangeait Kerri et Mégane dont la … ainsi se ferait plus discrète. Ils débouchèrent sur une grande place où se trouvait une sorte de marché. Les deux … se faufilèrent à travers les … abondamment fournis en fruits et légumes frais.

Kim Aldany, Philippe Munch, *Kerri et Mégane, le donjon de la mort*, Nathan.

3 Précise le sens des mots soulignés dans le texte suivant puis écris des phrases en utilisant ces mots avec un sens différent.

Nadia pénètre dans la <u>pièce</u>. Le plancher grince. Elle tient une bougie dans sa main mais soudain la <u>mèche</u> s'éteint. Elle se sauve en courant. Dans la cuisine, elle <u>déniche</u> une nouvelle bougie. Elle l'allume et <u>retourne</u> dans la chambre.

4 Lis le texte suivant. Cherche ce qui devrait être écrit à la place des mots soulignés dans un contexte normal.

— Je te demande si tu veux servir l'<u>alpaga</u> à nos invités avec quelques <u>ampoules</u> farcies et des tranches de <u>mobylette</u>, qu'y a-t-il d'étonnant à ça ?
— Et pourquoi pas du <u>cerf-volant</u> avec une bonne couche de <u>serpentin</u> ?
— Parce que cela me fait mal au foie.
— Mal au foie, toi ! Tu es capable d'avaler un <u>paillasson</u> entier.
— Je vous en prie, <u>alpaga</u>, <u>paillasson</u>, aucune importance. Mon mari et moi sommes au régime. Un doigt de <u>sparadrap</u> et deux ou trois <u>épuisettes</u> nous font un repas.

Pascal Garnier, *Dico Dingo*, Nathan.

Unité 2 - Demain, un autre monde…

Écrire des textes au passé (1)

Pour comprendre

1 Lis le texte écrit par Pauline, une élève de CM1, en juin 2004.

> *Mardi 22 mai, j'ai participé au voyage scolaire. À huit heures, nous avons pris le car et à dix heures nous sommes arrivés à Vaux-le-Vicomte pour visiter le château. Une fois les grilles franchies, nous avons traversé une grande cour avant d'arriver au perron. Derrière le château, nous nous sommes promenés dans les jardins à la française. Les garçons se sont amusés à lancer du pain aux carpes, dans les douves.*

a Pauline a-t-elle vécu ce qu'elle rapporte ? Qu'est-ce qui te le montre ? Quand s'est déroulé le voyage ?
b Repère les verbes du texte. À quel temps sont-ils conjugués ?

LIRE
Vidocq
P. 52

2 Lis le 1er paragraphe du texte *Vidocq* à partir de « Né le... ».
a Vidocq a-t-il réellement existé ? Quand ? Quel temps l'auteur utilise-t-il pour raconter la vie de cet homme ?
b Lis le 2e paragraphe du texte à partir de « Très vite... ». Dans ce passage, les verbes sont souvent conjugués au présent. Relève quelques exemples. Pourquoi l'auteur utilise-t-il le présent ?
c Mais dans ce même extrait, quel autre temps que le présent l'auteur utilise-t-il aussi afin de rendre les événements plus proches de nous ?

LIRE
Enquête chez l'empailleur
P. 44

3 Lis le texte *Enquête chez l'empailleur* de la ligne 11 « Il a recousu... » à la ligne 18 « ... plus silencieux qu'un fantôme ».
a Qui raconte cette histoire ? Est-elle vraie ? À quel temps les verbes sont-ils conjugués ?
b Compare cet extrait avec le texte ci-dessous.

> *Il recousit la peau, il plaça les ailes, il mit les faux yeux et il enveloppa l'animal dans des bandelettes de gaze. Enfin il déposa l'oiseau dans une boîte en carton sur laquelle il écrivit un nom et une adresse, et la boîte alla rejoindre sur le rayon le plus haut celles que je devais aller livrer dans la semaine. Puis il ouvrit le placard à l'autre bout de l'atelier et but une grande rasade de sherry et il repartit, plus silencieux qu'un fantôme.*

Dans lequel de ces deux textes as-tu davantage l'impression d'être témoin de la scène ?

J'ai bien compris, je retiens

◆ Pour **raconter des événements**, on peut choisir d'employer le **passé composé** :
– quand on rapporte des événements réels passés auxquels on a assisté ;
– quand on veut rendre plus proches du lecteur des événements réels, éloignés dans le temps et que l'on n'a donc pas vécus ;
– quand on veut présenter comme vrais des événements imaginaires que l'on situe dans le passé.

Le passé composé

J'ai bien compris, je m'entraîne

1 Lequel des deux textes ci-dessous est écrit au passé composé ?

1. J'ai été pris de panique et j'ai couru jusqu'à la maison. Mozart a détalé lui aussi. Il est arrivé avant moi dans le salon. [...] Je suis monté directement dans ma chambre.

Florence Dutruc-Rosset, *L'assassin habite à côté*, Syros.

2. Dans son lit, Mathilde ne peut pas s'empêcher de revoir les images de la télévision. Elle essaie de deviner qui était l'homme. Un cambrioleur ? Non, elle ne veut pas le savoir.

Mirjam Pressler, *Mathilde n'a pas peur de l'orage*, Actes Sud Junior.

2 Lis ces trois textes écrits au passé composé et dis s'il s'agit d'une histoire imaginaire, d'un événement vécu par l'auteur ou d'un événement réel que l'auteur n'a pas vécu.

1. La casse sur la Route du rhum
Des navigateurs très expérimentés ont dû abandonner les uns après les autres. Certains bateaux se sont retournés, d'autres ont perdu leur mât, d'autres ont subi des déchirures au niveau de la coque.

Les clés de l'actualité junior, n° 360, du 21 au 27 novembre 2002.

2. Lors de notre sortie à vélo, nous sommes allés au cimetière de La Cheppe. Ensuite, nous avons pédalé jusqu'au château d'eau où l'on a observé le paysage. Puis nous avons rejoint le camp d'Attila.

La classe de CM1-CM2 de Cuperly, dans la Marne.

3. Mais quand je suis arrivé chez nous, au numéro 13, il n'y avait plus rien, plus de maison, rien qu'un trou, très profond, et comme des bulles énormes s'en échappaient. Quand j'ai ouvert la porte, j'ai poussé un cri, horrifié. Dans le couloir, des centaines de serpents sifflaient, tête dressée, gueule ouverte.

B. Friot, *Encore des histoires pressées*, Coll. « Poche Junior », Éditions Milan, 2001.

3 Dans lequel de ces deux textes écrits au passé as-tu l'impression d'assister à la scène ? À quel temps est-il ?

1. Il récita une formule. Aussitôt, le lapin pourchassé se retourna et donna un coup sur le nez du chien. Le chien s'enfuit et le lapin le poursuivit à travers champs. Puis tous deux disparurent.

R. Graves, *Le grand livre vert*, © Éditions Gallimard.

2. J'ai glissé la lettre dans une enveloppe et j'ai attendu la nuit noire quand j'étais sûr que Papa dormait. Sur la pointe des pieds, j'ai posé ma lettre dans la cuisine, sur le gros bol où Papa boit vite son café avant de partir le matin. J'ai tellement attendu la réponse que j'ai passé toute la nuit à jouer avec Toufdepoil.

C. Gutman, *Toufdepoil*, Éditions Pocket Jeunesse, département d'Univers Poche, 1995.

Unité 3 - Attention, polars !

Reconnaître les groupes

Pour comprendre

1 Recopie chaque phrase, souligne le verbe et encadre le groupe sujet.

- *Grâce aux jumelles, Petitpotage a surveillé Clodo.*
- *L'homme de la BM aérait son pékinois non loin de nous.*

a Redis ces phrases en déplaçant des groupes de mots, mais sans en changer le sens.
b Encadre les groupes de mots que tu as pu déplacer.
c Les phrases conservent-elles l'essentiel de leur sens si tu supprimes ces groupes ? Ces groupes sont des **compléments circonstanciels**.

2 De la même façon, sans modifier le sens de la 1re phrase, essaie de déplacer ou de supprimer « Clodo ». Est-ce possible ?

« Clodo » est directement lié au verbe, il appartient au **groupe verbal**.
C'est un **complément essentiel**.

a Encadre le groupe verbal de la 1re phrase.
b Dans la 2e phrase, retrouve le groupe verbal et le complément essentiel.

3 Recopie les phrases ci-dessous. Dans chacune d'elles, encadre le groupe sujet, le groupe verbal et les compléments circonstanciels s'il y en a.

- *Vidocq s'est évadé au bout de six semaines.*
- *Au réveil, Wiggins était tout ankylosé.*
- *Vidocq retourne à Arras.*
- *Ferguson s'est occupé du perroquet.*

a Dans chaque groupe verbal, souligne le verbe.
b Dans quelle phrase le verbe n'est-il pas accompagné d'un complément essentiel ?

J'ai bien compris, je retiens

◆ Une phrase comporte des groupes obligatoires : le **groupe sujet (GS)** et le **groupe verbal (GV)**, et des groupes que l'on peut déplacer ou supprimer : les **compléments circonstanciels (CC)**.

En un an,	Vidocq	a arrêté des centaines de malfaiteurs.
CC	GS	GV

◆ Le groupe verbal se compose :

– soit d'un verbe seul : *Il* est parti.

– soit d'un verbe avec des compléments qui ne peuvent être ni supprimés ni déplacés : les **compléments essentiels** :

Vidocq devient soldat. – *Il* va à Paris. – *Il* reprend une vie plus calme.

dans la phrase

J'ai bien compris, je m'entraîne

1 Recopie ces phrases en déplaçant des groupes de mots. Attention, tu ne dois pas changer le sens des phrases ! Encadre les groupes que tu as pu déplacer.
1 Véronique ira à la piscine la semaine prochaine.
2 Le chat a fait ses griffes sur le tapis du salon.
3 Tous les jours, il arrive à huit heures.
4 Avec beaucoup de prudence, il a ouvert la porte.
5 Depuis la fin du mois, les jours raccourcissent.
6 Jérôme, malgré la pluie, est parti en promenade.

2 Recopie ces phrases en supprimant les compléments circonstanciels. Encadre le groupe sujet et le groupe verbal des phrases que tu as écrites.
1 Dimanche dernier, je suis allé au cinéma.
2 Pierre, grâce à Sophie, a évité une chute.
3 Depuis des siècles, Paris est une très grande ville.
4 Faute de fourchette, on a mangé des frites avec les doigts.

3 Recopie ces phrases en ajoutant à chaque fois un complément circonstanciel.
1 Les oiseaux trouvent leur nourriture.
2 Les élèves arrivent.
3 La voiture s'arrête.
4 Nous mangeons du pain.
5 Vous écrivez.
6 Tu trouves des champignons.

4 Recopie ces phrases, et encadre le groupe sujet, le groupe verbal et les compléments circonstanciels s'il y en a.
1 J'ai entendu dans le jardin un bruit bizarre.
2 Cet homme glisse la lettre dans l'enveloppe.
3 Tous les soirs, elle arrose ses géraniums.
4 Ce chien n'est pas méchant.
5 À plat ventre sur le sol, Kevin cherche ses jouets.
6 Nous allons à Reims.

5 Écris des phrases en ajoutant à chaque sujet un groupe verbal dans lequel le verbe est tout seul. Encadre-le.
1 L'automobiliste …
2 Le chien …
3 Le train …
4 Les spectateurs …
5 Les enfants …
6 Le jeune garçon …

6 Écris des phrases en ajoutant à chaque sujet un groupe verbal dans lequel le verbe est accompagné d'un complément essentiel. Encadre le groupe verbal et souligne le verbe.
1 Pierre et sa sœur …
2 Le directeur …
3 Tu …
4 Ce film …
5 Vous …
6 Le coiffeur …

Unité 3 - Attention, polars !

Conjuguer des verbes au passé

Pour comprendre

LIRE
L'heure du crime
P. 51

1 **Lis le poème *L'heure du crime* de la ligne 3 à la ligne 7.**
Relis ce passage du poème en mettant les verbes au passé.
Commence ainsi : « Un homme a surgi… ». Quels changements entends-tu ?

2 **Observe les deux textes du tableau ci-dessous.**

Infinitif	Texte 1 au présent	Texte 2 au passé composé
surgir ôter s'approcher saisir	Un homme **surgit** dans le noir. Il **ôte** ses souliers, **s'approche** de l'armoire sur la pointe des pieds et **saisit** un couteau.	Un homme **a surgi** dans le noir. Il **a ôté** ses souliers, **s'est approché** de l'armoire sur la pointe des pieds et **a saisi** un couteau.

a Compare chaque verbe au présent et au passé composé. Comment est formé le passé composé ?
b Relève les verbes au passé composé et leur sujet. Encadre l'auxiliaire et souligne le participe passé. Exemple : *Un homme* a *surgi*.

3 **Lis ces phrases puis recopie les verbes et leur sujet dans un tableau comme ci-dessous.**

Il a saisi le couteau. • *Il s'est occupé du perroquet.* • *Je suis arrivé à l'étage.*
• *J'ai allumé la chandelle.* • *Il est allé dans la boutique.* • *Ils ont lancé du pain.*

	Auxiliaire avoir	Auxiliaire être
Verbes en -er Verbes en -ir comme finir		

a À quel temps est employé l'auxiliaire des verbes au passé composé ?
b Comment se termine le participe passé des verbes en *-er* ?
c Comment se termine le participe passé des verbes en *-ir* comme *finir* ?

ORTHOGRAPHE
Accorder le participe passé employé avec être
P. 182

4 **Lis ces phrases et relève les verbes.**

• *Elles sont allées à la piscine.* • *Ils se sont levés tôt.*

Quel est l'auxiliaire employé ? Que remarques-tu à la fin des participes passés ?

J'ai bien compris, je retiens

◆ Le **passé composé** des verbes est formé de deux mots : l'auxiliaire ***avoir*** **ou** l'auxiliaire ***être*** conjugué au présent **et** le **participe passé** du verbe conjugué.

◆ Le participe passé des verbes en *-er* (y compris *aller*) se termine par « **é** ».

◆ Le participe passé des verbes en *-ir* comme *finir* se termine par « **i** ».

◆ **Attention**, avec l'auxiliaire ***être***, le participe passé s'accorde avec le sujet !

composé de l'indicatif (1)

J'ai bien compris, je m'entraîne

1 Recopie le sujet et le verbe des phrases au passé composé et souligne le verbe.
1. Jules César a envahi la Gaule.
2. Je retiendrai deux places pour le spectacle.
3. Tu as vu ce film ?
4. Elle est restée avec ses parents.
5. Vous avez une belle voiture.
6. Vous avez acheté une nouvelle voiture.
7. Ils ont fini leur exercice.
8. Nous continuons notre lecture.

2 Dans ce texte, relève les verbes au passé composé et écris leur infinitif.

Je suis arrivé à l'hôpital les jambes flageolantes. Les couloirs étaient silencieux. Je me suis précipité dans la chambre. Jocelyne et le chirurgien se tenaient au pied du lit. Quand Lola m'a aperçu, un faible sourire a éclairé son visage. […] J'ai serré sa main paralysée. Ses lèvres ont bougé. Dans un souffle elle a murmuré :
— Cherche-moi, Jules… dans les étoiles.

Thierry Lenain, *Un marronnier sous les étoiles*, Syros.

3 Relève les verbes de ces phrases et indique s'ils se conjuguent avec l'auxiliaire *être* ou l'auxiliaire *avoir*.
1. J'ai réussi mes exercices.
2. Nos amis sont partis de la maison, à minuit.
3. En tombant, il a déchiré son pantalon.
4. Vous avez assisté au concert.
5. Hier, je suis arrivée trop tard à l'arrêt du bus.
6. Maman a sorti la voiture pour me conduire à l'école.
7. À l'arrivée du car, la maîtresse a été surprise de ne pas me voir.
8. Mais j'ai pu arriver à l'heure.

4 Lis cette lettre puis réécris-la comme si Éric parlait de sa sœur Nathalie, et non de lui.

Hier, mon père m'a forcé à faire une promenade en montagne. D'abord, j'ai boudé ; mais après, je n'ai pas regretté la balade. Au début, j'ai marché péniblement et j'ai traîné les pieds. Et puis, au détour du sentier, j'ai deviné une famille de marmottes, parmi les herbes. J'ai saisi les jumelles et j'ai observé leurs jeux. Plus loin j'ai ramassé quelques framboises. À midi, j'ai pique-niqué à l'ombre d'un gros rocher.

Éric

Commence ainsi : « Hier, mon père a forcé Nathalie à faire une promenade en montagne… »

5 Recopie chaque phrase en la complétant avec le verbe donné que tu conjugueras au passé composé.

lancer	Nous … le ballon sur la pelouse.
refermer	Les élèves … leur manuel.
réussir	Tu … l'examen du permis de conduire.
planter	Mon voisin … des rosiers dans son jardin.
fouiller	Vous … ce terrain sous la conduite d'un historien
choisir	J' … un album pour l'offrir à ma petite sœur.
déguster	On … des cerises sous l'arbre. C'est meilleur !

Unité 3 - Attention, polars !

Accorder le participe

Pour comprendre

1 Lis les deux textes suivants.

> **Texte 1** M. Ferguson s'est mis à bourrer consciencieusement un perroquet. Il est allé dans la boutique. Il a entamé une espèce de danse, puis il s'est à nouveau occupé du perroquet. Enfin il a déposé l'oiseau dans une boîte en carton et il est reparti.

> **Texte 2** Mme Ferguson s'est mise à bourrer consciencieusement un perroquet. Elle est allée dans la boutique. Elle a entamé une espèce de danse, puis elle s'est à nouveau occupée du perroquet. Enfin elle a déposé l'oiseau dans une boîte en carton et elle est repartie.

CONJUGAISON
Le passé composé de l'indicatif (1)
P. 180

a Relève les verbes avec leur sujet en les classant en deux colonnes :
il s'agit de M. Ferguson / il s'agit de Mme Ferguson.
Pour chaque verbe, indique l'auxiliaire employé et souligne le participe passé.

b Dans la colonne de Mme Ferguson, quand le verbe est conjugué avec l'auxiliaire *être*, quelle lettre muette vois-tu à la fin du participe passé ? Que marque-t-elle ? Pourquoi ?

2 Lis les deux phrases suivantes.

> • Le train fantôme a accéléré, une sorcière est sortie du mur et une araignée est tombée du plafond.
> • Le train fantôme a accéléré, deux sorcières sont sorties du mur et des araignées sont tombées du plafond.

Retrouve les verbes et leur sujet. Que marquent les lettres muettes à la fin du participe passé quand le verbe est conjugué avec l'auxiliaire *être* ? Pourquoi ?

3 Explique ce que marquent les lettres muettes à la fin des participes passés dans les phrases suivantes.

> « Hier, Luc et moi sommes rentrés tôt et je me suis couchée tout de suite, dit Olga à Élodie.
> — Tu n'es même pas allée voir tes parents ? » demanda Élodie.

J'ai bien compris, je retiens

◆ Avec **être**, le participe passé s'accorde en genre et en nombre avec le sujet.
Les deux sœurs sont montées dans le train fantôme.

◆ Quand le sujet est un pronom de 1re ou 2e personne, pour faire l'accord, il faut chercher qui il désigne.
Nathalie dit : « Je suis arrivée à la fin du repas. »

passé employé avec être

J'ai bien compris, je m'entraîne

1 Associe chaque pronom souligné à la personne ou aux personnes qu'il peut désigner.
1 <u>Tu</u> es tombée de l'échelle ?
2 <u>Nous</u> sommes passées chez vous.
3 Où êtes-<u>vous</u> allés ?
4 <u>Je</u> me suis arrêté à la pharmacie.

a Claudette et sa tante
b Mes parents
c Alexandre
d Martine

2 Réécris la phrase suivante en remplaçant « il » par « elle », « ils » puis « elles ».
Il est arrivé par le train.

3 Imagine que Petipotage soit une fille et Clodo une femme. Réécris le texte suivant en faisant les transformations nécessaires.
Petipotage est allé porter le sac dans la poubelle. Il s'est caché et il a remarqué deux types louches. Ils ont promené un chien puis ils sont remontés dans leur voiture. Petipotage est ensuite rentré chez lui et a observé Clodo. Clodo a fouillé dans le sac, il s'est relevé et il est resté immobile face aux deux types.

4 Réécris le texte suivant en parlant de Philippe et de son frère.
Philippe est monté dans sa chambre, il s'est couché mais il s'est relevé aussitôt. Il a bondi vers la fenêtre et a observé la villa d'en face avec ses jumelles. M. Lebrun et sa femme regardaient la télévision. Philippe est resté un long moment à les observer. Puis il a quitté son poste d'observation et s'est recouché.

5 Réécris les phrases en accordant le participe passé s'il y a lieu.
1 Hier, tous les élèves de la classe sont resté… à la cantine.
2 Les alpinistes ont savouré… leur exploit.
3 Mon père et moi, nous sommes allé… voir un match de rugby.
4 La cuisinière a utilisé… des produits surgelés.
5 « Annick et Monique, vous n'êtes pas arrivé… à l'heure ! »
6 Les travaux ont ralent… la circulation dans cette rue.
7 Nos amis sont bien arrivé… en Afrique.
8 Les gagnantes sont monté… sur scène pour recevoir leur lot.
9 La mer a creusé… la falaise.

6 Recopie le texte en le complétant avec les verbes proposés que tu conjugueras au passé composé.

rester – s'occuper	Hier, Anne ….. avec ses deux petits frères. Elle ….. d'eux toute la journée.
aller	Ils ne ….. pas ….. à l'école car ils étaient fiévreux.
penser	Elle ….. à leur donner du sirop.
rentrer	Quand sa maman ….. , Anne lui a dit :
finir	« Les jumeaux ….. par s'endormir, alors
préparer – monter	j' ….. de la soupe et je ….. à l'étage me reposer un peu. »

Unité 3 - Attention, polars !

Trouver l'origine

Pour comprendre

1 Associe chaque mot français de la liste au mot latin qui lui a donné naissance. Repère les lettres du mot latin que tu retrouves dans le mot français.

- **Mots français :** **1** cœur **2** pied **3** chien **4** heure **5** sœur **6** doigt **7** nom
- **Mots latins :** **a** *pedem* **b** *digitus* **c** *cor* **d** *nomen* **e** *hora* **f** *canis* **g** *soror*

2 Voici des mots latins et le sens qu'ils avaient en latin.

- *video* → je vois • *agenda* → choses à faire • *lavabo* → je laverai • *duplex* → double
- *minimum* → le plus petit • *prospectus* → aspect, vue d'ensemble

   a Ces mots existent-ils en français ?
   b Si oui, quel sens ont-ils en français ? S'écrivent-ils exactement de la même façon en français ?

3 Dans le mot français « eau », on ne trouve plus trace du mot latin *aqua* qui en est l'origine.
   Trouve des mots français qui indiquent un rapport avec l'eau et dans lesquels on retrouve le mot latin *aqua*.

4 Les mots « kidnapper » et « revolver », présents dans le texte *La poubelle mystère*, sont d'origine étrangère. Quelle est leur origine ? Aide-toi du dictionnaire.

5 Lis maintenant le texte suivant et recherche dans un dictionnaire à quelle langue ont été empruntés les mots soulignés.

Le commissaire désigna l'homme en pyjama qui se tenait debout près du divan. Il dit au policier qui était à ses côtés : « Arrêtez-le. Il a participé au carnaval. J'ai trouvé des confetti dans sa chambre. C'est là qu'il a retrouvé ses complices. Il n'a pas d'alibi. »

J'ai bien compris, je retiens

- La plupart des mots français viennent du **latin**.
- Les mots latins ont été lentement transformés en passant en français : *vita* est devenu « vie » – *mare* a donné « mer ».
- Certains mots latins ont été tellement transformés que les mots français ne leur ressemblent plus : *aqua* = « eau » – *mater* = « mère ».
- Certains mots ont été repris directement du latin : *omnibus* – *maximum*, etc.
- Beaucoup de mots ont été empruntés à d'**autres langues** : *mammouth* (russe) – *chiffre* (arabe). L'anglais fournit de nombreux mots modernes : *sandwich* – *parking*, etc.
- Retrouver l'**origine d'un mot**, c'est retrouver son **étymologie**.

des mots

vocabulaire

J'ai bien compris, je m'entraîne

1 Voici cinq mots français d'origine latine : pouce – index – majeur – annulaire – auriculaire.
   a Donne la définition de chacun de ces mots.
   b Pour chacun de ces mots, voici le mot latin correspondant accompagné de sa définition.
   pollex : pouce – *index* : indicateur – *major* : plus grand – *anulus* : bague – *auricula* : oreille.
   Comment le sens du mot latin se retrouve-t-il dans le mot français ?

2 Complète le tableau en indiquant le mot français correspondant au mot latin et sa définition. Invente ensuite une phrase avec chacun de ces mots.

Mot latin	Sens du mot latin	Mot français exact	Sens du mot français
duplicata	qui ont été doublés		
memento	souviens-toi		
palmares	dignes de recevoir une palme		
auditorium	lieu pour écouter		

Tableau à photocopier dans le livre du maître.

3 Sans consulter le dictionnaire, donne la définition des mots suivants formés à partir de deux mots latins associés. Vérifie ensuite dans le dictionnaire.
omnivore – herbivore – carnivore – granivore – piscivore

4 Complète les phrases de ce texte avec ces mots empruntés au latin : via – bis – agenda – à priori – minimum.
L'inspecteur écouta l'homme attentivement. …….., il n'avait rien à lui reprocher. Mais celui-ci s'était rendu à Lyon …….. Dijon pour rencontrer sa victime. Elle habitait au 33 …….. de la rue des Innocents. Or son adresse figurait dans l' …….. de monsieur Thomas actuellemnt interrogé. S'il ne parvenait pas à prouver son innocence, il pouvait craindre 10 ans de prison …….. .

5 Les mots suivants utilisés en français ont été empruntés à l'anglais : goal – sprint – footing – coach.
   a Sans consulter le dictionnaire, écris leur définition. Vérifie ensuite dans le dictionnaire.
   b Existe-t-il en français d'autres mots pour indiquer la même chose ?

6 Recherche des sports connus dont le nom est emprunté :
1 à l'anglais   **2** à l'allemand   **3** au japonais

7 À ton avis, à quelle langue ces mots ont-ils été empruntés ? Associe chaque mot à la langue concernée.

Mots d'origine étrangère
1 yaourt **2** couscous
3 anorak **4** spaghetti **5** short
6 steppe **7** iceberg

Langues étrangères
a arabe **b** anglais
c bulgare **d** inuit **e** italien
f norvégien **g** russe

Unité 3 - Attention, polars !

Écrire des textes au passé (2) :

LIRE
La réponse d'Anna
P. 60-62

Pour comprendre

1 Relis le texte *La réponse d'Anna*.
Quels sont les personnages de cette histoire ?

2 L'auteur aurait pu choisir d'écrire son roman comme ceci :

> Le dernier jour avant les vacances, Anna a posé une feuille sur ma table. Elle l'a fait tout à fait ouvertement. Les autres se sont mis à ricaner. J'ai mis ma main dessus et je l'ai enlevée lentement. […] M. Seibmann est entré dans la salle de classe. J'ai fourré en vitesse le mot dans ma poche…

a Qui est le narrateur ? À quelle personne s'exprime-t-il ?
b À quel temps sont conjugués les verbes ? Dans quel but emploie-t-on ce temps dans un récit de fiction au passé ?

ATELIER DE LECTURE
Identifier auteur et narrateur
P. 72

3 Relis maintenant le texte tel que l'auteur l'a écrit.

> Le dernier jour avant les vacances, Anna posa une feuille sur la table de Ben. Elle le fit tout à fait ouvertement. Les autres se mirent à ricaner. Ben mit sa main dessus et l'enleva lentement. […] M. Seibmann entra dans la salle de classe. Ben fourra en vitesse le mot dans sa poche…

a Qui est le narrateur ? À quelle personne s'exprime-t-il ?
Est-il un personnage de l'histoire comme dans le texte précédent ?
b Retrouve les verbes conjugués. Le temps utilisé est le **passé simple**.

4 Relis ce passage de *La réponse d'Anna*.

> Soudain, elle le prit dans ses bras et se pressa contre lui. Tout le monde put les voir dans la cour de l'école. Puis elle s'éloigna en faisant de petits bonds. Ben était complètement abasourdi.

a Recopie l'extrait ci-dessus. Souligne les verbes conjugués au passé simple.
b As-tu souligné tous les verbes ? Pourquoi ?

J'ai bien compris, je retiens

◆ Un auteur peut choisir d'écrire une histoire imaginaire au passé.
◆ Dans ce cas, il peut utiliser :
– soit le **passé composé**. Le narrateur est alors un des personnages de l'histoire (voir unité 3) ;
– soit le **passé simple**. C'est le plus souvent, dans ce cas, un narrateur extérieur à l'histoire qui raconte à la 3ᵉ personne.
◆ Dans ces textes écrits au passé, avec le passé composé ou le passé simple, on trouve aussi l'**imparfait**.

le passé simple

J'ai bien compris, je m'entraîne

1 Lis les deux textes ci-dessous et relève les verbes conjugués.

1. Hier soir, j'ai été témoin d'une chose abominable. […] J'étais en train d'agiter les feuilles par terre pour attirer Mozart quand, tout à coup, j'ai aperçu le voisin qui rentrait chez lui. Je me suis caché derrière un arbre. Mince alors, il n'était pas seul ! Une dame l'accompagnait. […] Ils sont entrés dans la maison, j'ai entendu la porte claquer et puis plus rien. […]
Et puis soudain, j'ai entendu un hurlement terrible. Un cri d'horreur.

Florence Dutruc-Rosset, *L'assassin habite à côté*, Syros.

2. Elsa baissa les yeux. Elle se vit marchant dans l'allée, s'arrêtant au puits, soulevant la lourde plaque de métal. Elle pensa à Polo, l'imagina baignant dans l'eau noire et glacée. Elle sanglota.
Une ombre glissa dans la rue. Une silhouette grise, aux contours imprécis. Elle reconnut Tom. Le garçon s'arrêta juste en face de chez elle. Il retira son masque et leva la tête vers les étoiles. Elle crut le voir sourire.

Christian Lamblin, *Le survivant*, éditions SED.

a À quel temps sont écrits ces textes ?
b Dans lequel de ces textes le narrateur reste-t-il extérieur à l'histoire ?

2 Classe en deux colonnes les verbes en gras du texte ci-dessous. Mets les verbes conjugués au passé simple dans la première colonne et les verbes conjugués à l'imparfait dans la deuxième.

Tikta'litkak **pensa** à sa famille prisonnière entre des murs de neige, privée de nourriture et d'huile de phoque pour ses lampes… Il **se promit** de les sauver. Avec précaution, il **descendit** du plateau. Il ne **savait** où poser les pieds, craignant sans cesse de tomber à l'eau. La couche de glace, épaisse de plusieurs mètres, **devenait** un peu plus loin une mince pellicule. Une neige légère la **recouvrait** et en **cachait** les dangers.

James Houston et Maryse Cote, *Tikta'litkak*, © Éditions Flammarion, Castor poche.

3 Lis les deux textes ci-dessous et relève les verbes conjugués.

1. Tout d'abord, elle ne le vit pas. Elle se pencha vers le buffet et se releva, une pile d'assiettes dans les bras. Elle se retourna et se dirigea vers la table […] se retourna de nouveau, ses petits yeux s'écarquillèrent, son nez se fronça, son front se plissa, sa bouche s'ouvrit toute grande : elle venait de voir Le Chien.

Daniel Pennac, *Cabot-Caboche*, Pocket Junior.

2. Pour inaugurer notre laboratoire, nous avons décidé de réaliser notre première expérience. […] J'ai déposé trois pincées de farine sur un morceau d'aluminium. Bertille a versé dessus un échantillon complet de parfum et elle a mélangé avec ses doigts.

Laurence Gillot, *Le labo au fond du jardin*, Superscope, Nathan.

a À quel temps sont employés les verbes ?
b Pour chaque texte, explique pourquoi l'auteur a choisi ce temps.

Unité 4 - Amour et séduction

Analyser le groupe nominal

Pour comprendre

1 Lis les groupes nominaux suivants.

> *les autres femelles • une glace à la vanille • les flamants roses • la chambre • le paon • une interminable danse • Fabien • l'Australie • un carnet à spirale*

ANNEXES
Les classes de mots
P. 251

a Combien y a-t-il de mots dans chaque groupe ?
b Dans chaque groupe, souligne le mot principal. À quelle classe de mots appartient-il ?
c Certains de ces mots prennent une majuscule. Pourquoi ?
d À quelle classe appartiennent les mots qui, le plus souvent, accompagnent les noms ? Que précisent-ils sur le nom qu'ils accompagnent ?

2 Lis la phrase suivante et observe les groupes nominaux écrits en gras.

> Anne a écrit **une lettre** à Ben. **La lettre** est sur la table.

a Compare l'emploi de « une » et de « la ». Quelle indication apporte « la » dans la seconde phrase ?
b Comment appelle-t-on ces déterminants ?

3 Lis les phrases suivantes et observe les groupes nominaux écrits en gras.

> Cher Ben,
> J'ai reçu **ta lettre**.
> …
> Anna

> Cher Ben,
> J'ai reçu **cette lettre**.
> …
> Anna

> Cher Ben,
> J'ai reçu **quelques lettres**.
> …
> Anna

a Quelle indication apporte le déterminant « ta » ? Comment appelle-t-on ce déterminant ?
b Quelle indication apporte le déterminant « cette » ? Comment appelle-t-on ce déterminant ?
c Quelle indication apporte le déterminant « quelques » ? Comment appelle-t-on ce déterminant ?

J'ai bien compris, je retiens

◆ Un groupe nominal se compose d'un ou plusieurs mots ; le **nom** en est le mot principal.
◆ Il existe des **noms propres** (avec une majuscule au début) et des **noms communs**.
◆ Le nom est accompagné le plus souvent d'un **déterminant** qui permet de préciser si le nom est masculin ou féminin (le **genre**), singulier ou pluriel (le **nombre**).
◆ Il existe plusieurs catégories de déterminants :
– les **articles définis** : *le – la – les…* ;
– les **articles indéfinis** : *un – une – des…* ;
– les **déterminants possessifs** : *mon, ma, mes – ton, ta, tes – son, sa, ses…* ;
– les **déterminants démonstratifs** : *ce – cet – cette – ces…* ;
Il existe aussi des **déterminants indéfinis** : *quelques, plusieurs, certains…*

nom et déterminant

J'ai bien compris, je m'entraîne

1 Lis le texte. Observe les groupes nominaux soulignés et recopie pour chaque groupe nominal le nom principal et le déterminant qui l'accompagne quand il existe.

Claudine rêve. Elle est assise sous un arbre, dans la cour de l'école. Un soleil blanc l'éblouit et lance des éclats sur les murs. Elle est très pâle. Elle porte une robe en mousseline et un immense chapeau. [...] Carlo se tient debout à côté d'elle, la tête enfoncée dans un chapeau trop grand. Une veste à carreaux lui descend sur les genoux et un pantalon trop large tombe en accordéon sur ses pieds...

M.-C. Helgerson, *Claudine de Lyon*, © Éditions Flammarion, Castor Poche.

2 Lis les groupes nominaux soulignés. Recopie les noms en distinguant les noms propres et les noms communs.

Le docteur Grandville enlève ses lunettes et regarde Claudine. Alors, Claudine lui dit combien elle est heureuse à Toulaud avec son oncle et sa tante et Carlo. Elle lui confie son grand désir d'apprendre à lire. [...] Claudine veut voir un atlas pour qu'on lui montre où se trouve la Sicile, le pays de Carlo. Elle veut voir où sont situés le Japon et la Chine. C'est de là que viennent beaucoup de soies tissées en usine.

M.-C. Helgerson, *Claudine de Lyon*, © Éditions Flammarion, Castor Poche.

3 Lis ce texte et complète le tableau : classe les groupes nominaux soulignés dans la case qui convient.

La robe est trop large. Claudine se regarde dans le miroir. [...] Elle ne se voit que par petits bouts et se fait des grimaces. Elle a changé. Son corps s'est arrondi. Elle modifie son visage par différentes expressions pour savoir si elle est restée la même. [...] Est-ce qu'elle est mignonne comme un papillon ou ridicule comme une chenille ?

M.-C. Helgerson, *Claudine de Lyon*,
© Éditions Flammarion, Castor Poche.

	Singulier	Pluriel
Masculin		
Féminin		

Tableau à photocopier dans le livre du maître.

4 Complète le tableau : classe ces groupes nominaux dans la colonne qui convient.

mon frère – cette ville – plusieurs voitures – ce grand garçon – la table – des pierres – nos doigts – ta cousine – les branches – un livre – une maison – leur école – ces enfants

Article défini + nom	Article indéfini + nom	Déterminant possessif + nom	Déterminant démonstratif + nom	Déterminant indéfini + nom

Tableau à photocopier dans le livre du maître.

Unité 4 - Amour et séduction

Conjuguer des verbes

Pour comprendre

1 Lis les phrases ci-dessous. Relève, avec leur sujet, les verbes conjugués à l'imparfait de l'indicatif. Trouve leur infinitif et le groupe auxquels ils appartiennent.

> La lettre n'était pas longue. • Ben avait honte. • Bernhard chuchotait. • Je pouvais aller déjeuner chez Anna. • Elle le faisait attendre. • Pourquoi agissait-elle ainsi ? • Voilà pourquoi tu disais « mais »... • Les autres ne comprenaient pas.

2 Dans le tableau, recopie au bon endroit chaque verbe conjugué à l'imparfait avec son sujet.

		Verbes en -er	Verbes en -ir comme finir	Autres verbes (3ᵉ groupe)	Être	Avoir
Singulier	je					
	tu					
	il – elle – on					
Pluriel	nous					
	vous					
	ils – elles					

Tableau à photocopier dans le livre du maître.

ANNEXES
Tableaux de conjugaison
P. 246-250

  a Complète le tableau à l'aide des tableaux de conjugaison.
  b À chaque personne, quelles sont les terminaisons des verbes ? Entoure-les. Que constates-tu ?
  c Souligne les radicaux. Comment se termine le radical des verbes en *-ir* comme *finir* ?

3 Dans les tableaux de conjugaison de ton livre, observe les verbes « manger » et « commencer » à l'imparfait.
  a Que remarques-tu aux trois personnes du singulier et à la 3ᵉ personne du pluriel ?
  b Pourquoi y a-t-il ces modifications ?

4 Dans les tableaux de conjugaison de ton livre, observe les verbes « crier », « broyer » et « voir » à l'imparfait.
  a Aux deux premières personnes du pluriel, par quelle lettre se termine le radical ?
  b Le « i » de la terminaison s'entend-il à l'oral ? Attention à ne pas l'oublier à l'écrit !

J'ai bien compris, je retiens

◆ À l'imparfait, pour tous les verbes, les terminaisons sont : **-ais, -ais, -ait, -ions, -iez, -aient**.

◆ Pour les verbes en *-ir* comme *finir*, on ajoute la terminaison au radical qui se termine par « **iss** » : *je fin**iss**ais, j'ag**iss**ais*.

◆ Pour les verbes du 3ᵉ groupe, il n'y a pas de régularité dans le radical, alors n'oublie pas de te reporter aux tableaux de conjugaison : *je fais**ais**, je comprenais, je dis**ais**, je pouv**ais***.

◆ Attention aux verbes en *-cer* et en *-ger* : placer → *je plaçais* ; ranger → *je rangeais*.

◆ Attention aux verbes qui ont un radical qui se termine par « i » ou par « y » : plier → *nous pl**i**ions* ; croire → *nous croyions*.

190

à l'imparfait de l'indicatif

J'ai bien compris, je m'entraîne

1 **Dans ce texte, recopie les phrases dont les verbes sont à l'imparfait, souligne les verbes et donne leur infinitif.**

Victor portait la valise de son neveu et l'enfant faisait rouler la bicyclette, maladroitement, en tenant le guidon par les poignées de caoutchouc rayé, la maudite pédale cognant de temps en temps contre sa jambe.
— Tu sais aller à bicyclette ?
— Non, mais je sais nager, affirma Olivier…
— Je t'apprendrai…
Olivier regardait le vélo avec concupiscence, le déplaçait sans raison, parfois posait le pied gauche sur la pédale de droite, bien à plat, sans utiliser le cale-pied, et roulait comme avec une trottinette, s'arrêtant pour essuyer les taches de cambouis sur sa jambe.

Robert Sabatier, *Les noisettes sauvages*, © Éditions Albin Michel, 1974.

2 **Recopie les phrases du texte ci-dessous en les complétant avec les verbes proposés que tu conjugueras à l'imparfait.**

aller – couper	Autrefois j'…… avec mon frère dans les champs. Les faucheurs …… le blé,
lier – appuyer	nous …… les gerbes puis nous les …… les unes contre les autres pour former
être – charger	des tas. Quand le blé …… sec, notre père …… les bottes dans une charrette
empiler	tirée par des chevaux. Arrivés à la ferme, on …… les bottes dans une grange.
venir – battre	À l'automne, une batteuse à vapeur …… et …… le blé.

3 **Lis le texte suivant qui a été réécrit au présent. Recopie-le tel que l'auteur l'avait écrit, c'est-à-dire à l'imparfait.**

Ses jambes ne sont pas tout à fait assez longues et il ne parvient pas à pédaler en danseuse. Au bout de quelques tours, le vélo se couche sur le côté et il doit se donner du mal pour ne pas tomber ou recevoir le choc du cadre. S'il aperçoit un passant, il descend bien vite et pousse le vélo devant lui.

D'après Robert Sabatier, *Les noisettes sauvages*, © Éditions Albin Michel.

4 **Lis le texte suivant puis réécris-le comme si c'était Olivier le narrateur.**

Maintenant Olivier avait dompté la bicyclette. Comme elle était sans garde-boue à l'avant, il aidait les freins au moyen de la semelle contre le pneu. Il mettait la dynamo en plein jour pour le plaisir d'entendre son ronronnement de chat. […] À tout propos, il tâtait les pneus, les dégonflait pour avoir le plaisir de les regonfler ; il retournait le vélo, faisait aller la pédale ; il tendait et détendait la chaîne, il vissait et dévissait les papillons.

D'après Robert Sabatier, *Les noisettes sauvages*, © Éditions Albin Michel.

Commence ainsi : « Maintenant j'avais dompté la bicyclette… »

Unité 4 - Amour et séduction

Choisir : ses, comme son et sa, ou

Pour comprendre

LIRE
La prochaine fois…
P. 68

1 Lis ce passage, extrait de *La prochaine fois je vous le chanterai*, et observe les groupes nominaux en gras.

> Durant **sa danse**, le [paon] mâle exhibe **ses vives couleurs** aux autres mâles, pour les inciter à s'éloigner, alors qu'il présente son croupion avec insistance à la femelle, qu'il séduit en agitant **sa croupe**.
> Le plus doué pour cette danse est sans doute l'oiseau-lyre d'Australie. […]
> Il trépigne en déployant **ses plumes** qui le cachent complètement.

GRAMMAIRE
Analyser le groupe nominal…
P. 188

a Recopie les déterminants possessifs sur deux colonnes en distinguant ceux au singulier et ceux au pluriel. Souligne la première lettre de ces déterminants. Que constates-tu ?

b Lis cette phrase de M. Seibmann et écris ce qu'il aurait dit si Anna avait envoyé plusieurs lettres à Ben.

LIRE
La réponse d'Anna
P. 61

> Tu diras à Anna dans deux heures ce que tu penses de sa lettre.

c Comment as-tu écrit le déterminant qui va avec « lettre » ? Pourquoi ?

2 Observe ce document et lis sa légende.

L'écriture phénicienne
Cette écriture est très ancienne. *Ce document* date de 1 100 av. J.-C. *Ces signes* représentent des sons. *Cet alphabet* a été inventé par les Phéniciens.

a Recopie les déterminants démonstratifs sur deux colonnes en distinguant ceux au singulier et ceux au pluriel. Souligne la première lettre de ces déterminants. Que constates-tu ?

b Recopie la phrase ci-dessous en remplaçant « du flamant rose » par « des flamants roses ». Attention aux accords !

> La parade nuptiale du flamant rose est difficile à repérer car cet oiseau danse parmi des milliers de voisins.

c Comment as-tu écrit le déterminant qui va avec « oiseaux » ? Pourquoi ?

J'ai bien compris, je retiens

◆ **Ses** (pluriel) est un déterminant **possessif** comme **son**, **sa**… (singulier).
Ben lit **sa** lettre. Ben lit **ses** lettres.

◆ **Ces** (pluriel) est un déterminant **démonstratif** comme **ce**, **cet**, **cette**… (singulier).
Il a vu **cet** oiseau. Il a vu **ces** oiseaux.

ces, comme ce, cet et cette ?

J'ai bien compris, je m'entraîne

1 Réécris ces phrases en mettant au pluriel les groupes nominaux soulignés et entoure les déterminants possessifs. Attention aux accords !

1 Il met sa chaussure.
2 Bruno ouvre son cahier.
3 La vieille dame caresse son chat.
4 Elle a invité son amie.
5 Elle range son livre.
6 Le dompteur et sa panthère sont enfermés dans la cage.

2 Réécris ces phrases en mettant au pluriel les groupes nominaux soulignés et entoure les déterminants démonstratifs. Attention aux accords !

1 Regarde bien cet homme.
2 Méfie-toi de ce chien.
3 Où vas-tu avec ce jouet ?
4 Connais-tu cette ville ?
5 Il a voyagé dans ce pays de nombreuses fois.
6 Cet enfant est toujours dans mes jambes !

3 Réécris ces phrases en mettant au singulier les groupes nominaux soulignés et entoure les déterminants possessifs. Attention aux accords !

1 Elle est avec ses amis.
2 Marc apprécie ses professeurs.
3 Juliette taille ses crayons.
4 Il a perdu ses clés.
5 Le chien a mal à ses oreilles.
6 Il n'a pas encore vendu ses vélos.

4 Réécris ces phrases en mettant au singulier les groupes nominaux soulignés et entoure les déterminants démonstratifs. Attention aux accords !

1 As-tu remarqué ces couleurs criardes ?
2 Je regarde ces sportifs de haut niveau.
3 Nous écoutons attentivement ces musiciens.
4 J'adore ces chocolats que tu vois dans la vitrine.
5 Ces personnes mangent trop.
6 Il a trouvé ces animaux la semaine dernière sur le bord de la route.

5 Réécris ces phrases en mettant au pluriel les groupes nominaux soulignés. Attention aux accords !

1 Donne-moi ce papier !
2 Aimes-tu son gâteau ?
3 Elle a oublié son livre à la maison.
4 Sa chaussure est mouillée.
5 Aimes-tu ce gâteau ?
6 Cet élève travaille bien.

6 Recopie les phrases suivantes en ajoutant les déterminants qui manquent : *ces* ou *ses*.

1 Le conducteur présente ..... papiers au gendarme. « ..... papiers sont-ils ceux de la voiture ? » demande le policier.
2 Pierre doit changer ..... lunettes. L'opticien lui présente plusieurs modèles et lui dit : « Choisis, parmi ..... montures, celle que tu préfères. »
3 Le plombier a sorti ..... outils. « Donne-moi ..... pinces » dit-il au jeune garçon qui l'accompagne.

Unité 4 – Amour et séduction

Explorer la construction

Pour comprendre

LIRE
La réponse d'Anna
P. 60

1 Relis le texte *La réponse d'Anna.*

a Dans ce texte, on rencontre les mots :

lentement • vitesse • mécontent

Trouve les mots à partir desquels ils ont été formés.

b Dans la première partie du texte (lignes 1 à 26), recherche cinq mots qui ne peuvent pas être décomposés. On les appelle des mots simples.

LIRE
L'amoureuse
P. 67

2 Relis le poème *L'Amoureuse.*

a Sur quel mot simple est construit le verbe « s'évaporer » ? Ce mot simple se retrouve-t-il exactement dans le verbe ?

b En plaçant un élément avant et/ou après chaque mot simple proposé ci-dessous, construis d'autres mots de la même famille.

forme • couleur • lumière

Attention, il faut parfois un peu transformer le mot simple ! Tu peux t'aider du dictionnaire.

LIRE
Amour, toujours
P. 64-65

3 Relis le texte *Amour, toujours.*

a Trouve à partir de quel mot simple chacun des mots suivants a été construit :

mentholé • dentifrice • congélateur • cafetière • programmable • réglable

b Dans ce texte, Fabien et Nadia s'adressent des mots tendres. Par exemple, Fabien appelle Nadia « ma table à repasser » et Nadia dit en s'adressant à Fabien « mon grille-pain ». Explique comment chacun de ces mots a été formé.

c Recherche dans le texte d'autres mots construits de la même façon.

LIRE
La prochaine fois...
P. 68-69

4 Relis le texte *La prochaine fois je vous le chanterai.*

a Relève des noms d'oiseaux qui sont des mots simples.

b Relève des noms d'oiseaux qui sont construits avec deux mots simples ou plus.

c Le mot « cervidé » est un mot construit. À partir de quel mot simple ? Connais-tu d'autres noms désignant une classe d'animaux et construits de la même façon ?

J'ai bien compris, je retiens

♦ La plupart des mots ne sont pas décomposables : jour, table...
Ce sont des **mots simples**.

♦ Mais beaucoup de mots sont des **mots construits** :

– ils peuvent être construits à partir d'un **mot simple** qui est leur **radical** ; tous les mots qui ont le **même radical** appartiennent à la **même famille**.
Exemples : *roue, rouler, roulade, déroulement, enrouler...*

– ils peuvent être construits à partir de **deux autres mots reliés par un trait d'union ou par une préposition** : *compte-gouttes, pomme de terre, arc-en-ciel...*
On les appelle des **mots composés**.

des mots

J'ai bien compris, je m'entraîne

1 Classe les mots suivants en deux séries : mots simples et mots construits.

temps – chansonnette – ville – dérangement – soutenir – reboucher – plein – aigu – rêverie – voix – parapluie – irréel – roue – malheureux – sursauter – gratte-ciel

2 Classe les mots suivants en trois familles.

vie – imagination – vivable – terrassier – vital – déterrer – image – vitalité – terre – inimaginable – vivifiant – imagerie – vivarium – territoire – survivant – terreux – imaginaire – atterrir – imagier

3 Cherche deux autres mots de la même famille pour compléter chaque paire.

montagne – montée ; sablier – sablonneux ; vin – vignoble ; main – manier

4 Lis le texte suivant. Pour chacun des mots soulignés, recherche un mot de la même famille puis emploie-le dans une phrase.

Nicolas avait beaucoup d'amitié pour Vincent, son voisin. Les deux enfants avaient découvert un passage secret dans le mur qui séparait leur jardin. Ils se donnaient rendez-vous, la nuit, sous un vieux poirier. Si leurs parents l'avaient su, ils les auraient punis.

5 Dans chaque série, barre le mot intrus et justifie ton choix.

1 ver – vert – verdure – verdoyant
2 couleur – coloriage – col – tricolore
3 mer – marin – mariage – maritime

6 Complète les phrases à l'aide d'un mot de la famille de « saut », mais sans utiliser le verbe « sauter ».

1 La petite fille part en …. sur la pointe des pieds.
2 Des hommes se lancent à l'…. du château fort.
3 Il a eu peur et il a ….
4 Les enfants jouent à …. dans la cour.

7 Réponds aux définitions suivantes et écris les mots composés correspondants.

1 Instrument qui sert à casser les noix.
2 Père de la mère ou du père.
3 Appareil servant à monter des marchandises.
4 Lettre annonçant une naissance, un mariage ou un décès.

8 Essaye d'assembler ces mots pour former des mots composés qui n'existent pas. Emploie ensuite chaque mot composé inventé dans une phrase.

chambre – brosse – essuie – tours – de – rouge – chou – dents – pare – glace – ciel – robe – gorge – arc – chocs – en – fleur – compte – à

Unité 4 - Amour et séduction

vocabulaire

Se repérer dans un texte

Pour comprendre

1 Lis ces textes extraits du *Journal d'Anne Frank*.
Chaque jour, Anne se confie à son journal qu'elle appelle « Kitty ».

> **Texte 1** *Chère Kitty,*
> *Tout va bien ici. Père vient de dire que l'on peut sûrement s'attendre avant le 20 mai à des opérations sur une grande échelle ; l'idée de sortir d'ici et de retrouver la liberté, je l'imagine de moins en moins.*

> **Texte 2** *Chère Kitty,*
> *Veux-tu savoir ce que j'ai à faire ? Eh bien, j'ai jusqu'à demain pour finir la vie de Galilée. Je ne l'ai commencé qu'hier, mais j'arriverai bien à le finir. Pour la semaine prochaine, j'ai à lire* Palestina op de Tweesprong.

a Dans le texte 1, recopie les mots qui désignent des lieux.
b Sais-tu toujours de quels lieux il s'agit ? Pourquoi ?
c Dans le texte 2, recopie les mots qui évoquent des moments.
Peux-tu dater avec précision quand se passe ce que dit Anne ? Pourquoi ?
d Que manque-t-il au journal d'Anne pour que l'on sache exactement quand se passent les événements dont elle parle ?

LIRE
Estula
P. 76

2 Dans le texte *Estula*, on trouve les deux phrases suivantes.

> *Oui, je suis là !* • *Mon couteau est bien aiguisé, je l'ai fait repasser hier à la forge.*

Sais-tu exactement quel endroit désigne le mot « là » et quel jour désigne le mot « hier » ? Explique ta réponse.

3 Lis le texte ci-dessous.

> *Le 21 septembre 1792, l'Assemblée nationale prononce l'abolition de la monarchie. La veille, sur la colline de Valmy, l'armée française avait résisté aux assauts autrichiens. Le lendemain, la République est proclamée.*

a Quel jour a eu lieu la bataille de Valmy ? Quel jour est proclamée la République ?
b Le moment où le texte a été écrit a-t-il de l'importance pour répondre aux questions ?

J'ai bien compris, je retiens

♦ Dans certains textes, les indications de temps et de lieux données ne peuvent être **comprises** précisément que si l'on sait où se trouve celui qui parle et à quel moment il parle : **demain**, **hier**, **ici**…

*J'ai commencé ce livre **hier**.*   *Je le finis **aujourd'hui**.*   *Tout va bien **ici**.*

♦ Dans d'autres textes, les mots qui marquent le temps et le lieu (*ce jour-là, la veille, le lendemain, là-bas*) sont compris grâce à des repères de lieu et de temps précisément donnés dans l'histoire, par exemple une date.

*Il finissait **ce jour-là** le livre qu'il avait commencé **la veille**.*

Quand et où ?

J'ai bien compris, je m'entraîne

1 Lis cet extrait de la pièce de théâtre *L'Avare*, écrite par Molière, et explique ce que doit faire l'acteur pour que les mots « **là** » et « **ici** » prennent du sens.

Harpagon s'aperçoit qu'on lui a volé son argent. Il crie et entre en scène.

Harpagon : Au voleur ! au voleur ! À l'assassin ! Au meurtrier ! Justice, juste Ciel ! Je suis perdu, je suis assassiné, on m'a coupé la gorge, on m'a dérobé mon argent. Qui peut-ce être ? Qu'est-il devenu ? Où est-il ? Où se cache-t-il ? Que ferai-je pour le trouver ? Où courir ? Où ne pas courir ?

N'est-il point **là** ? N'est-il point **ici** ?

(Il se prend lui-même par le bras.)

Qui est-ce ? Arrête. Rends-moi mon argent, coquin… Ah ! C'est moi. Mon esprit est troublé, et j'ignore où je suis, qui je suis, et ce que je fais. Hélas ! mon pauvre argent, mon pauvre argent, mon cher ami ! on m'a privé de toi.

2 Lis des extraits du *Journal d'Adèle* écrit par Paule du Bouchet et réponds aux questions.

Vendredi 23 avril 1915
Il pleut depuis hier. J'ai été aux escargots avec Arlette et Louise. Demain, j'irai aux mousserons, ceux de la Saint-Georges sont les meilleurs.

Lundi 15 septembre 1915
Aujourd'hui, réquisition de blé. Alors, depuis une semaine le village manque de pain parce que moins de farine.

  a Retrouve les mots qui désignent des moments.
  b Depuis quel jour pleut-il ? Quel jour Adèle ira-t-elle chercher des mousserons ?
  c Quel jour s'est faite la réquisition de blé ? Depuis quelle date le village manque-t-il de pain ?

3 Complète ces phrases en utilisant « hier » ou « la veille ». Explique ton choix.
1 Pour être certain d'assister au passage des coureurs, on n'hésite pas à venir s'installer …… et à passer la nuit, sous une tente ou dans un camping-car.
2 Leurs invités sont arrivés le dimanche alors qu'ils devaient venir ……
3 Ce matin, je n'ai pas pu aller à l'école car …… j'ai eu mal au ventre.
4 Ce matin-là, je n'ai pas pu aller à l'école car …… j'avais eu mal au ventre.

4 Complète ces phrases en utilisant « demain » ou « le lendemain ». Explique ton choix.
1 Je n'ai pas pu aller en courses aujourd'hui, j'irai ……
2 Il n'a pas pu faire ses courses le jour-même, il y est allé ……
3 Aujourd'hui nous révisons car …… nous ferons un contrôle d'histoire.
4 Ils ont révisé leur leçon et …… ils ont fait un contrôle.

5 Invente et écris une phrase où il faut employer « hier » et une autre où il faut employer « la veille ».

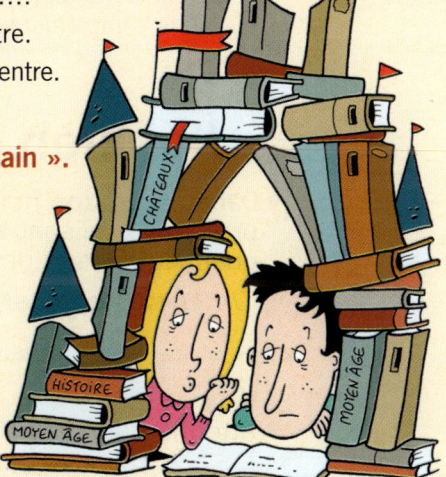

Unité 5 - Du côté du Moyen Âge

Enrichir un groupe nominal

Pour comprendre

1 Lis les groupes nominaux suivants.

leur seule amie • un magnifique cheval brun • un couteau à viande • un vaillant guerrier • les pieds nus • des diables effrayants • un temps d'hiver • cette chose étonnante • des choses étonnantes • son sac de choux • un sac en toile

GRAMMAIRE
Analyser le groupe nominal...
P. 188

a Dans chaque groupe nominal, retrouve le nom principal et son déterminant.
b Les autres mots sont des **expansions du nom**. À quoi servent-ils ?

2 Écris les groupes nominaux (GN) précédents en les classant en deux colonnes comme ci-dessous.

1 GN AVEC UN OU DES ADJECTIFS QUALIFICATIFS	2 GN AVEC UNE AUTRE EXPANSION

ANNEXES
Les classes de mots
P. 251

a Dans la colonne 1, souligne les **adjectifs**.
Où peuvent-ils être placés par rapport au nom ?
b Observe les adjectifs dans les groupes nominaux suivants.

leur seule amie • leurs seuls amis • leurs seules amies • leur seule amie

ORTHOGRAPHE
Marquer l'accord dans le groupe nominal
P. 202

Pourquoi varient-ils ?
c Dans la colonne 2, souligne les expansions du nom.
On les appelle des **compléments du nom**.
Entoure les mots qui les introduisent. Comment s'appellent ces mots ?

3 Lis ces groupes nominaux et recopie les expansions du nom.

un poète du Moyen Âge • un poète médiéval

a L'adjectif et le complément de nom ont-ils le même sens ?
b Cherche dans la colonne 2 (tableau de l'activité 2) un groupe nominal où le complément du nom peut se transformer en adjectif.

J'ai bien compris, je retiens

♦ Dans un groupe nominal, des mots apportent des précisions sur le nom principal : ce sont les **expansions du nom** qui sont soit des **adjectifs qualificatifs**, soit des **compléments du nom**.

Un cheval **jeune** et **nerveux**   la tête **de son fils**
            ↓   ↓   ↓
         adjectifs   complément du nom :
                                      préposition + groupe nominal

♦ Attention, les adjectifs s'accordent avec le nom qu'ils précisent !

Adjectif et complément du nom

J'ai bien compris, je m'entraîne

1 Dans ces groupes nominaux, repère les expansions du nom et classe-les en distinguant les adjectifs qualificatifs et les compléments du nom.
1 une tarte à la banane
2 une jolie maison
3 une promenade fatigante
4 un couloir sombre
5 un tas de feuilles
6 une longue liste
7 des vélos neufs
8 un moulin à vent
9 des maisons en pierre

Entoure les prépositions qui introduisent les compléments du nom.

2 Relève dans les phrases suivantes les groupes nominaux (GN) et classe dans une colonne les GN avec un adjectif qualificatif et dans une autre colonne les GN avec un complément du nom.
1 Pour son anniversaire, mon petit frère a reçu un jeu de Lego.
2 Cet homme trapu portait une casquette à visière.
3 Les fleurs du cerisier apparaissent au début du printemps.

3 Recopie et complète les groupes nominaux (GN) avec un adjectif qualificatif. Attention aux accords avec le nom !
un pays – une table – mes chaussures – un homme – des aliments – une pierre

4 Recopie et complète les groupes nominaux (GN) avec un complément du nom.
un gant – la porte – le stade – le roi – la pelouse – des chaussures

5 Recopie et complète les groupes nominaux (GN) avec un adjectif qualificatif et un complément du nom.
une trace – un gâteau – la boîte – une cage – un ballon – un sac

6 Recopie les phrases et complète-les en tenant compte de ce qui est indiqué dans la marge.

complément du nom – adjectif qualificatif	Le lapin ... a des oreilles ...
adjectif qualificatif – complément du nom	Des salissures ... recouvrent la statue ...
complément du nom – complément du nom	Le livre ... est rangé sur l'étagère ...
adjectif qualificatif – adjectif qualificatif	Cet enfant ... lui a offert un bouquet ...

7 Recopie les groupes nominaux (GN) en remplaçant les adjectifs par des compléments du nom et les compléments du nom par des adjectifs sans changer le sens des groupes nominaux.
1 la chaleur du soleil
2 la population de Marseille
3 un port de mer
4 une rencontre nocturne
5 une invention géniale
6 une barre métallique

Unité 5 - Du côté du Moyen Âge

Conjuguer des verbes a...

Pour comprendre

1 Lis le texte ci-dessous. Relève, avec leur sujet, les verbes conjugués au passé simple de l'indicatif.

> *Tristan fut bien éduqué. Il eut un bon maître : l'écuyer Kurneval. Avec lui, il put découvrir les règles de la courtoisie. Il chanta, apprit à jouer de la harpe. Il vit d'autres enfants et partagea leurs jeux. Il lança le javelot avec force, lutta avec habileté, fit des courses. Il subit un entraînement à la guerre et réussit à chevaucher en portant l'écu. Après cet enseignement, il devint chevalier.*

   a À quelle personne ces verbes sont-ils conjugués ?
   b S'agit-il du singulier ou du pluriel ?
   c Trouve l'infinitif de ces verbes et le groupe auquel ils appartiennent.

2 Recopie, au bon endroit, chaque verbe avec son sujet, entoure les terminaisons et souligne le radical.

Verbes en -er	Verbes en -ir comme finir	Autres verbes (3ᵉ groupe)	Être	Avoir

   a Quelle est la terminaison des verbes en *-er* ? Comment expliques-tu la présence du « e » dans « partagea » et du « ç » dans « lança » ?
   b Quelle est la terminaison des verbes en *-ir* comme *finir* ? Par quelle lettre se termine toujours le radical ?
   c Quelle est la terminaison des autres verbes ? Comment se termine le radical ?

3 Lis oralement le texte précédent en parlant de deux enfants, Tristan et Yvain.
   a Écris les verbes et leur sujet en complétant les colonnes du tableau ci-dessus. Tu peux t'aider des tableaux de conjugaison. À quelle personne sont conjugués les verbes ?
   b Quelles sont les terminaisons des verbes pour chaque groupe ? Entoure-les. Que remarques-tu ?
   c Regarde les radicaux des verbes du 3ᵉ groupe et des auxiliaires *être* et *avoir*. Ont-ils changé par rapport au texte de départ ?

ANNEXES
Tableaux de conjugaison
P. 246-250

J'ai bien compris, je retiens

◆ Au passé simple de l'indicatif, à la 3ᵉ personne du singulier et du pluriel :
– les terminaisons des verbes en *-er* sont : **-a**, **-èrent** ➜ *il trouva, ils trouvèrent* ;
– les terminaisons des verbes en *-ir* comme *finir* sont : **-t**, **-rent** ➜ *il finit, ils finirent* ; le radical se termine toujours par « i » ;
– les terminaisons des autres verbes sont aussi : **-t**, **-rent**, mais le radical change, alors n'oublie pas de te reporter aux tableaux de conjugaison : *il apprit, il vit, il fit, il put, il eut, il fut, il devint*…

passé simple de l'indicatif

J'ai bien compris, je m'entraîne

1 Dans ce texte, des verbes et leur sujet ont été soulignés. Recopie-les quand le verbe est au passé simple. Donne l'infinitif de ces verbes, leur groupe et dis à quelle personne ils sont conjugués (précise s'il s'agit du singulier ou du pluriel).

Caché derrière la haie, le loup surveillait patiemment les abords de la maison. Il eut la satisfaction de voir les parents sortir de la cuisine. Comme ils étaient sur le seuil de la porte, ils firent une dernière recommandation.
— Souvenez-vous, disaient-ils, de n'ouvrir la porte à personne, qu'on vous prie ou qu'on vous menace. Nous serons rentrés à la nuit. Lorsqu'il vit les parents bien loin au dernier tournant du sentier, le loup fit le tour de la maison […] s'arrêta devant la cuisine, posa ses pattes sur le rebord de la fenêtre et regarda l'intérieur du logis.

Marcel Aymé, *Le loup, Les contes du chat perché*, © Éditions Gallimard Jeunesse.

2 Recopie chaque phrase en la complétant avec les verbes proposés que tu conjugueras au passé simple.

frapper – avoir – aller	Le loup …… au carreau. Les petites …… peur. Elles …… à la fenêtre.
voir – chuchoter	Delphine …… le loup. Elle …… à sa sœur : « C'est le loup ! ».
se prendre	Delphine et Marinette …… par le cou pour avoir moins peur.
être	En les voyant, le loup …… attendri.
comprendre	Il …… qu'il ne pourrait plus manger d'enfants.

3 Recopie chaque phrase en la complétant avec les verbes proposés que tu conjugueras au passé simple.

voir	Par l'ouverture de la tour où il est enfermé, Martin … une armée approcher.
hésiter – sauter	Personne au château ne bougeait. Il …… une seconde puis …….
s'élancer – s'accrocher	et …… vers la chapelle. Il …… à la cloche
tirer – entendre	et …… de toutes ses forces. Les paysans …… le tocsin,
rester – jeter – quitter	…… un moment immobiles puis …… leur faucille et …… le champ.

4 Lis le texte suivant, puis réécris-le en parlant de Marc et Vincent.

À la fin de la promenade, Marc eut chaud. Il se dirigea vers une source. Il y arriva en écartant les branches. Il but au filet d'eau et se baigna les pieds en couchant les herbes. Il se rafraîchit les mains et le visage et il se sentit mieux. Il attendit un peu puis il put repartir tranquillement.

5 Lis le texte suivant puis réécris-le en parlant d'une jeune femme.

Les deux jeunes femmes coururent vers l'auberge. Elles pénétrèrent dans la salle. Elles demandèrent un café. Elles prirent le temps de le déguster puis sortirent.

Unité 5 - Du côté du Moyen Âge

Marquer l'accord dans

Pour comprendre

1 Lis ces groupes nominaux et complète le tableau.

un grand immeuble • de grands immeubles • une grande maison • plusieurs grandes maisons • cet oiseau noir • ces oiseaux noirs • cette plume noire • ces plumes noires

	SINGULIER	PLURIEL
Masculin		
Féminin		

Tableau à photocopier dans le livre du maître.

GRAMMAIRE
Analyser le groupe nominal…
P. 188

GRAMMAIRE
Enrichir un groupe nominal…
P. 198

a Quels mots t'ont permis de trouver le genre et le nombre des noms ? Comment as-tu fait pour trouver le genre des noms au pluriel ?
b Souligne les noms et entoure les adjectifs qualificatifs.
c Observe les lettres finales des adjectifs. À quoi servent-elles ?
d Que peux-tu dire sur la relation qui existe entre l'adjectif qualificatif et le nom qu'il qualifie ?

2 Observe les groupes nominaux suivants.

un pull et un pantalon rayé • un pull et un pantalon rayés • ma chemise et ma veste bleue • ma chemise et ma veste bleues • mon pull et ma veste bleus

a Que nous indique la présence du « s » à la fin de l'adjectif « rayé » ?
b Explique les accords de l'adjectif qualificatif « bleu ».

3 Observe les groupes nominaux suivants, puis explique et commente les accords des adjectifs qualificatifs dans les groupes nominaux.

*un bouquet de lys blancs • un bouquet de pivoines blanches
son sac de billes rouge • son sac de billes rouges
une pochette de feutres usagée • une pochette de feutres usagés*

J'ai bien compris, je retiens

◆ Dans un groupe nominal, les adjectifs s'accordent en genre et en nombre avec le nom qu'ils précisent : *des histoires vraies*.

◆ **Attention !** Quand le groupe nominal comprend deux noms séparés par « et » ou un complément du nom, il faut savoir quel est le (ou quels sont les) nom(s) précisé(s) par l'adjectif qualificatif pour écrire correctement l'accord :

une boîte de crayons bleus   *une boîte de crayons bleue*

ma veste et ma jupe noire   *ma veste et ma jupe noires.*

Le groupe nominal

J'ai bien compris, je m'entraîne

1 Réécris les phrases en mettant au masculin les groupes nominaux soulignés.
Tu peux t'aider de ton dictionnaire.
1 Au concert, ma meilleure amie a pu applaudir une excellente chanteuse.
2 L'héroïne du film est mon actrice préférée.
3 La maîtresse interroge une élève inattentive.
4 On a offert une chatte grise à ma voisine.

2 Écris les neuf groupes nominaux que l'on peut former en respectant les accords.
Attention à la place de l'adjectif !
des voitures
un véhicule
une moto   • neufs – vieux – superbes – bleue – grosse – étranger – accidentées
des camions

3 Réécris les groupes nominaux en les complétant avec un déterminant et un nom.
L'accord de l'adjectif doit être respecté.
1 ...... vraie   4 ...... crue   7 ...... têtue
2 ...... timides   5 ...... bavardes   8 ...... courageux
3 ...... fausse   6 ...... salé   9 ...... épais

4 Recopie le texte avec les adjectifs qualificatifs proposés accordés comme il convient.
massif   Il suffisait de regarder son cou de taureau, ses épaules .....,
musculeux – noueux   ses bras ....., ses poignets ....., ses jambes
puissant   ..... pour l'imaginer capable de tordre des barres de fer
téléphonique   ou de déchirer en deux un annuaire ..... .
agressif – cruel   Elle avait un menton ......, une bouche .....
arrogant   et de petits yeux ..... .

5 Recopie les groupes nominaux en les complétant avec les adjectifs qualificatifs
indiqués. Respecte les accords en tenant compte des illustrations.

bleu   un bol et une tasse .....   **cassé**   une carafe et une bouteille .....

bleu   un bol et une tasse .....   **vert**   une boîte de craies .....

cassé une carafe et une bouteille .....   **vert**   une boîte de craies .....

Unité 5 - Du côté du Moyen Âge

Construire

LIRE
Chevalier
P. 80

ANNEXES
Les classes de mots
P. 251

Pour comprendre

1 Lis le texte *Chevalier* : à partir de quels éléments le nom « chevalier » est-il construit ? S'agit-il de la même construction pour les mots ci-dessous ?

épicier • *sanglier* • *écolier*

2 Comment est construit le mot « fierté » présent dans ce même texte (ligne 3) ?
   a Quelle est la classe (nom, adjectif ou verbe) du mot simple d'origine ?
   b Quelle est la classe du mot « fierté » ?

3 Lis cette phrase.

Le cheval de Thibault est nerveux.

   a À partir de quel nom est formé l'adjectif « nerveux » ? À partir de ce nom, quel verbe peux-tu former ? À partir de l'adjectif, quel adverbe peux-tu former ?
   b Pour chaque mot trouvé, précise les préfixes ou les suffixes employés quand il y en a.

4 Lis ce passage extrait du texte *Chevalier* (ligne 41).

Sa couleur est celle de la jeunesse et de l'audace. Que ton caractère hardi porte loin ton courage…

   a À quelle classe appartient le mot « jeunesse ». Sur quel adjectif est-il formé ?
   b Trouve dans le passage un autre adjectif auquel on peut ajouter le même suffixe pour obtenir un autre mot.
   c À quelle classe appartient le mot « audace ». Quel adjectif peux-tu former en lui ajoutant un suffixe ?

5 Lis le texte suivant. Indique comment sont formés les mots soulignés.

Ils avaient vécu une aventure <u>extraordinaire</u>. Ils n'avaient jamais éprouvé le moindre <u>découragement</u>. Ils auraient pu avoir la <u>malchance</u> de périr en chemin. Cela peut paraître impossible et <u>inimaginable</u>, mais ces hommes <u>valeureux</u> étaient rentrés chez eux sains et saufs.

   a Indique comment est construit chacun des mots soulignés en précisant, selon les cas, le mot simple, le préfixe et le suffixe.
   b Essaie de donner une définition de ces mots à partir de leur construction.

J'ai bien compris, je retiens

◆ À partir d'un **radical**, on peut former d'autres mots en ajoutant un **préfixe** ou un **suffixe**, et parfois les deux. On obtient des **mots dérivés**.
◆ Le **préfixe** est un élément placé **devant le radical**. Exemple : *impoli*.
◆ Le **suffixe** est un élément placé **après le radical**. Exemple : *chevalier*.

des mots dérivés

J'ai bien compris, je m'entraîne

1 Dans chaque mot, entoure le préfixe quand il y en a un.

inachevé – balle – emporter – clarté – dégel – nation – antivol – surchauffé – solitude – entrouvert – répondre – encadrer – hypermarché – international – peuple – préfabriqué

2 Avec les préfixes « com- », « inter- », « per- », « sur- », « télé- », « trans- » et les mots suivants, construis des mots dérivés. Emploie chacun de ces mots dans une phrase.

…vêtement – …mission – …portable – …phone – …préhension – …vision

3 Entoure le préfixe commun à ces cinq mots. Quel est le sens indiqué par ce préfixe ?

parasol – paravent – parapluie – parachute – paratonnerre

4 Complète le tableau. Pour construire les mots, tu dois utiliser des suffixes. Dans chaque mot formé, entoure le suffixe.

Mot d'origine	Classe du mot d'origine	Classe du mot à construire	Mot formé
honte		adjectif	
crainte		adjectif	
habiter		nom	
soin		adjectif	
fier		nom	
grand		verbe	

Tableau à photocopier dans le livre du maître.

5 Transforme les groupes nominaux avec adjectif qualificatif en groupes nominaux avec complément du nom comme sur le modèle suivant : *un nouveau projet* ➜ *la nouveauté d'un projet*. Vérifie, dans le dictionnaire, l'orthographe des noms que tu as formés.

1 Un plat léger ➜ ……………
2 Un riche marchand ➜ …………
3 Un chien fidèle ➜ ……………
4 Un enfant triste ➜ ……………
5 Une pièce obscure ➜ …………
6 Un problème complexe ➜ …………

6 Complète les mots du texte à l'aide de suffixes.

L'an prochain, nous envisageons d'aller en Finlande car nous avons un ami finland… qui peut nous recevoir. Là, nous n'aurons pas les mêmes problèmes de stationne… qu'à Paris. Nous n'aurons pas non plus à nous préoccuper de la réserv… d'un hôtel puisque notre ami nous a gentiment proposé de nous héberger. Nous apprécions son ami… .
Selon son témoign…, ce pays est superbe. Comme c'est un excellent organis…, nous lui faisons confiance, il se chargera de la prépara… de notre venue.

Unité 5 - Du côté du Moyen Âge

Poser

LIRE
Le pingouin et
la petite sirène
P. 92-94

Pour comprendre

1 Relis le texte *Le pingouin et la petite sirène* et retrouve les phrases interrogatives. Comment les reconnais-tu ?

2 Lis ces trois questions extraites du même texte.

« *Tu ne me connais pas ?* » • « *C'est pour ça que tu te promènes en pleine nuit toute seule ?* » • « *Tu es malheureuse ?* »

- **a** Quelles sont les réponses possibles à ces trois questions ?
- **b** Cherche dans le texte d'autres questions qui appellent ce genre de réponses.
- **c** Quelles sont, à l'oral et à l'écrit, les marques de l'interrogation ?
- **d** Formule la dernière question de deux autres façons. Quelles sont, dans ces cas, les marques de l'interrogation ?

3 Lis ces deux autres questions extraites du même texte.

« *Qui es-tu ?* » • « *Pourquoi dois-tu attendre ?* »

- **a** Quelle information veut obtenir celui qui pose la question ?
- **b** Relève le mot interrogatif qui sert à poser chacune de ces questions.
- **c** Remarque la place du verbe et du sujet. Que faut-il mettre entre le verbe et son sujet ?

4 Lis cette phrase.

<u>Le lendemain matin</u>, <u>la petite sirène</u> déposa <u>délicatement</u> <u>le prince</u>, <u>près d'un rocher</u>.

- **a** Écris les cinq questions qui ont pour réponse chacun des mots ou groupes de mots soulignés. Attention à ne pas oublier le « t » parfois intercalé entre le sujet et le verbe !
- **b** À chaque fois, entoure le mot interrogatif qui te permet d'introduire la question.

J'ai bien compris, je retiens

◆ À certaines questions, on ne peut répondre que par *oui*, *non* ou *peut-être* (ou par des expressions équivalentes) :
Tu pars demain ? – Pars-tu demain ? – Est-ce que tu pars demain ? → *Oui, Non, Peut-être, Tout à fait, Absolument*, etc.

◆ D'autres questions permettent d'obtenir un renseignement sur un point précis. On utilise alors des **mots interrogatifs** : *pourquoi, quand, comment, où, que, qui...* Le sujet est en général placé après le verbe : *Où habites-tu ? Où habite la sirène ?*

◆ Quand le sujet est un groupe nominal, il peut être repris par un pronom. Il ne faut pas oublier le trait d'union entre le verbe et le pronom sujet :
Où la sirène habite-t-elle ?

des questions

J'ai bien compris, je m'entraîne

1 Classe les questions suivantes dans la colonne qui convient.
1 Cet animal est-il méchant ?
2 Avec qui jouais-tu ?
3 Quand ton frère est-il venu pour la dernière fois ?
4 Le mécanicien a-t-il réparé la voiture ?
5 Votre pain, vous l'achetez au village ?
6 Qui a rempli ce vase ?
7 Où va ce train ?
8 Comment avez-vous trouvé votre route ?
9 Quel est le nom de ce docteur ?

On peut répondre par « oui » ou par « non ».	On veut obtenir un renseignement sur un point précis.

Tableau à photocopier dans le livre du maître.

Relève les mots interrogatifs quand il y en a.

2 Recopie chaque question et écris deux autres façons de la poser.
1 Tu viens demain ?
2 Avez-vous besoin d'un ordinateur ?
3 Est-ce que la baleine est un poisson ?
4 Cette voiture roule-t-elle dans le bon sens ?

3 Écris la question qui aurait le groupe de mots souligné comme réponse.
1 En arrivant à Fontainebleau, on voit <u>le château</u>.
2 <u>Demain</u>, les coureurs iront à L'Alpe-d'Huez.
3 Les invités sont en retard <u>à cause des embouteillages</u>.
4 <u>Le fils du voisin</u> a eu un accident.
5 Les invités sont venus <u>à pied</u>.
6 Le match va avoir lieu <u>au Stade de France</u>.
7 Il faudra acheter <u>trois</u> baguettes de pain.
8 Le chat a eu peur. Il s'est sauvé <u>dans le jardin</u>.

4 Invente des questions que tu aimerais poser à une personne célèbre (chanteur, sportif, écrivain…) en utilisant ces mots interrogatifs.

Quand – Pourquoi – Comment – Où – Avec qui – Que – Combien – Qui

5 Associe chaque question à la bonne réponse.
1 Va-t-il pleuvoir demain ?
2 Où a-t-il acheté son ordinateur ?
3 Quel métier voudras-tu faire plus tard ?
4 Quand aura lieu la fête de l'école ?
5 Pourquoi Sarah ne vient-elle pas avec nous ?
6 Qui viendra chez toi demain ?

a dans une grande surface
b chauffagiste
c le plombier
d parce qu'elle n'a pas terminé son travail
e demain
f peut-être

Unité 6 - Sirènes et ondines

Identifier le complément

Pour comprendre

1 Recopie les phrases suivantes.

Sur le navire, les passagers fêtent l'anniversaire du prince. • La petite sirène aperçoit le prince au milieu des vagues. • Le pingouin parle à la petite sirène. • La sirène comprend le danger. • Le pingouin se prépare à un long voyage.

   a Dans chaque phrase, encadre le groupe sujet et le groupe verbal puis entoure, s'il y en a, les compléments circonstanciels.

   b Dans le groupe verbal, souligne le verbe d'une couleur et le complément essentiel d'une autre. Observe les compléments essentiels et classe-les en deux colonnes :

> **ANNEXES**
> Les classes de mots
> P. 251

Compléments essentiels sans préposition directement liés au verbe	Compléments essentiels avec préposition

Ces compléments essentiels directement liés au verbe sont appelés des **compléments d'objet direct** (COD).

2 Dans la phrase suivante, encadre le groupe sujet et le groupe verbal.

Sur le navire, l'anniversaire du prince est fêté par les passagers.

   a Cette phrase a-t-elle le même sens global que la 1ʳᵉ phrase de l'activité 1 ? Qu'est devenu le COD de la 1ʳᵉ phrase ?
   Cette transformation s'appelle la **transformation passive**.

   b Transforme de la même façon les 2ᵉ et 4ᵉ phrases de l'activité 1. Encadre les groupes sujets et les groupes verbaux.

3 Dans chacune des phrases suivantes, retrouve les groupes nominaux qui sont COD.

La sirène secoue ses longs cheveux. • La sirène appelle le pingouin. • On raconte mon histoire dans les livres. • Le pingouin quitte sa famille.

> **ANNEXES**
> Les fonctions dans la phrase
> P. 252

   a Recopie les phrases en remplaçant chaque groupe nominal par un pronom personnel. Quels pronoms as-tu utilisés ?

   b Quelle est leur fonction dans la phrase ? Classe-les en deux colonnes : les pronoms sujets dans la 1ʳᵉ et les pronoms COD dans la 2ᵉ.

J'ai bien compris, je retiens

◆ Le **complément d'objet direct** (COD) est un complément essentiel directement lié au verbe.

◆ Un groupe nominal COD peut être remplacé par les pronoms personnels : ***le, la, les, l'*** qui sont alors eux-mêmes COD.
   Le soleil pénètre <u>les ondes</u>. → *Le soleil <u>les</u> pénètre.*

◆ Un COD peut devenir sujet dans une phrase qui a le même sens : c'est la **transformation passive**. <u>*Les ondes*</u> *sont pénétrées par le soleil.*

208

d'objet direct (COD)

J'ai bien compris, je m'entraîne

1 Recopie chaque phrase, puis encadre le groupe sujet, le groupe verbal et les compléments circonstanciels s'il y en a. Ensuite, souligne les COD quand il y en a.
1 Nous possédons un jeu électronique intéressant.
2 Des petits personnages se déplacent sur l'écran.
3 Une sorte de monstre les attrape avec un filet.
4 Il enferme ses proies au sommet d'une montagne.
5 Dans un grand bruit arrive un cavalier sur un cheval ailé.
6 Il va jusqu'au château.

2 Réécris chaque phrase en remplaçant le pronom personnel COD par un groupe nominal. Encadre ensuite le groupe sujet et le groupe verbal.
1 Mes parents la regardent le soir.
2 Les manèges les attirent.
3 Nous le visitons.
4 Elle l'écoute.

3 Réécris chaque phrase en remplaçant le groupe nominal COD par le pronom personnel qui convient. Encadre ensuite le groupe sujet, le groupe verbal et le complément circonstanciel quand il y en a.
1 L'hôtesse annonce l'atterrissage aux passagers.
2 Le chef de piste prend l'avion en charge.
3 Des employés placent la passerelle contre la porte de l'avion.
4 Les passagers prennent leurs bagages dans les coffres.
5 Un car attend les passagers au pied de l'avion.

4 Dans chaque phrase, souligne le COD et réécris la phrase en le faisant devenir sujet (transformation passive).
1 Dans la rue, la voiture éclabousse le passant.
2 Martin termine l'exercice de français pendant la récréation.
3 Les visiteurs apprécient le parfum de cette plante.
4 Les skieurs attendent le retour de la neige avec impatience.

5 Réécris chaque phrase en la complétant avec un COD.
1 L'astronaute découvre .....
2 On m'a offert .....
3 À toute vitesse, nous descendons .....
4 Elle a terminé .....
5 Mes parents passent .....
6 Il monte .....
7 Les enfants chantent .....
8 Mon oncle habite .....

Unité 6 - Sirènes et ondines

Conjuguer des verbes a

Pour comprendre

1 Lis le texte suivant.

Attirée par le prince, la petite sirène a suivi le navire. De gros nuages ont envahi le ciel et la mer a commencé à s'agiter. Quand le mât du bateau a craqué, la petite sirène a compris le danger. L'orage est devenu de plus en plus violent et le navire s'est fendu. Elle a vu le jeune prince disparaître dans la mer. Alors, pour le sauver, elle a plongé et lui a tenu la tête hors de l'eau. Le lendemain, comme le prince était toujours inanimé, elle a fait des vœux pour son salut et elle l'a déposé sur un rocher couvert de sable fin.

a À quels temps sont conjugués les verbes ?
b Relève les verbes en *-er* et les verbes en *-ir* comme *finir*. Entoure l'auxiliaire et souligne le participe passé. Comment se termine-t-il ?
c Recopie les verbes du 3e groupe avec leur sujet et classe-les suivant l'auxiliaire employé. Entoure l'auxiliaire et souligne le participe passé. Comment se termine le participe passé de ces verbes ?
d Deux participes passés se terminent par une consonne muette. Lesquels ?
e Dans les tableaux de conjugaison, retrouve d'autres verbes du 3e groupe dont le participe passé se termine par une lettre muette.
Comment peut-on savoir si les participes passés ont une lettre muette finale ?

ANNEXES
Tableaux de conjugaison
P. 246-250

2 Lis ces phrases.

L'orage a été violent. • *J'ai eu peur.* • *Ils ont eu de la chance.*
• *Nous avons été inquiets.*

a Retrouve les verbes. Donne leur infinitif.
b À quel temps sont-ils conjugués ?
c Dans les tableaux de conjugaison, lis la conjugaison des auxiliaires *être* et *avoir* au passé composé. Quels sont les participes passés de ces auxiliaires ?

J'ai bien compris, je retiens

♦ Les **participes passés** des **verbes du 3e groupe** et des **auxiliaires** *être* et *avoir* ne se terminent pas toujours de la même façon : n'oublie pas de te reporter aux tableaux de conjugaison.

Verbes du 3e groupe   **Auxiliaires**

faire ➜ *j'ai fait* | prendre ➜ *j'ai pris* | partir ➜ *je suis parti* | venir ➜ *je suis venu* | avoir ➜ *j'ai eu*
dire ➜ *j'ai dit* | mettre ➜ *j'ai mis* | suivre ➜ *j'ai suivi* | pouvoir ➜ *j'ai pu* | être ➜ *j'ai été*

♦ Pour savoir si le participe passé a une lettre finale muette, il faut le mettre au féminin : *suivi* ➜ *suivie* – *compris* ➜ *comprise*

♦ Attention à l'accord du participe passé quand un verbe est conjugué au passé composé avec l'auxiliaire *être* !

210

passé composé de l'indicatif (2)

J'ai bien compris, je m'entraîne

1 Lis ce texte puis recopie, avec leur sujet, les verbes du 3ᵉ groupe ainsi que les auxiliaires *être* et *avoir* conjugués au passé composé. Souligne les verbes et donne leur infinitif.

Nous sommes arrivés en début d'après-midi et la circulation nous a surpris. Nous avons eu du mal à garer la voiture. Mais tout de suite, nous avons aimé l'ambiance de cette ville. Nous avons fait une longue promenade à pied à travers les petites rues puis nous avons visité le musée. Ensuite, nous sommes redescendus vers un pont et nous avons suivi un itinéraire qui remontait le cours d'une rivière. Au bout d'une demi-heure de marche, nous avons aperçu une petite chapelle. À l'intérieur, nous avons vu de belles sculptures en bois. Le soir, le retour à la voiture a été difficile car nous avons dû encore beaucoup marcher.

2 Réécris le texte ci-dessus comme si une seule personne (du genre masculin) racontait.
Commence ainsi : « Je suis arrivé … ».

3 Recopie le texte ci-dessous en le complétant avec les verbes proposés que tu conjugueras au passé composé.

installer – ouvrir	Le peintre …… son chevalet au bord de la rivière. Il …… sa boîte
sortir – commencer	de peinture. Il …… ses pinceaux et sa palette et …… son tableau.
prendre – vouloir	D'abord, il …… du bleu pour le ciel mais quand il …… le poser
s'assombrir – se mettre	sur la toile, le ciel …… et il …… à pleuvoir.

4 Écris ces phrases en les complétant avec les verbes proposés que tu conjugueras au passé composé.

avoir	À ce jeu, j' …… beaucoup de chance.
détruire	Un incendie …… cet immeuble.
interdire	Les médecins lui …… de fumer.
connaître	Nous …… cette famille l'année dernière.
pouvoir	Vous …… attraper le dernier train.
revenir	Martine, je trouve que hier soir, tu …… bien tard !
s'abattre	Une violente tempête …… sur la campagne.
faire	Caroline et Alain …… une randonnée en raquettes.

5 Réécris ce texte en le mettant au passé composé.

1889 est l'année du centenaire de la Révolution française. Pour fêter cet événement, on décide d'organiser à Paris une exposition internationale. Le ministre responsable retient l'idée de la construction d'une tour monumentale et lance un concours. Sept cents architectes répondent et envoient un projet de réalisation. Celui de Gustave Eiffel est retenu. Les travaux débutent en janvier 1887 et se terminent juste avant l'ouverture de l'Exposition. Eiffel a recours à des techniques modernes comme l'utilisation du fer riveté.

Unité 6 - Sirènes et ondines

Marquer le pluriel de certains

Pour comprendre

1 Lis les groupes nominaux suivants.

> une <u>eau</u> pure • des <u>tuyaux</u> de plastique • des <u>nouveaux</u> livres • des <u>oiseaux</u> migrateurs • un <u>oiseau</u> de nuit • un <u>tuyau</u> de plastique • un <u>nouveau</u> livre • des <u>eaux</u> usées

a Recopie les noms et les adjectifs qualificatifs soulignés dans deux colonnes, ceux au singulier dans la première et ceux au pluriel dans la deuxième. Quelle est la marque du pluriel ?

b Cherche dans ton dictionnaire le pluriel de « landau ». Que constates-tu ?

2 Lis les groupes nominaux suivants.

> un classement <u>général</u> • le <u>journal</u> télévisé • des <u>animaux</u> de compagnie • les <u>journaux</u> quotidiens • les fermiers <u>généraux</u> • un <u>animal</u> familier

a Classe les mots soulignés selon leur nombre. Quelle est la marque du pluriel ?

b Cherche à présent le pluriel de « festival », « carnaval » et « glacial ». Que constates-tu ?

3 Lis les groupes nominaux suivants.

> le <u>milieu</u> marin • les <u>Jeux</u> olympiques • les <u>feux</u> de la Saint-Jean • un <u>jeu</u> amusant • les <u>milieux</u> scientifiques • un <u>vœu</u> • un <u>feu</u> de cheminée • nos meilleurs <u>vœux</u>

a Classe les mots soulignés selon leur nombre. Quelle est la marque du pluriel ?

b Cherche le pluriel de « pneu » et « bleu ». Que constates-tu ?

4 Lis les groupes nominaux suivants.

> un <u>clou</u> rouillé • un amour <u>fou</u> • des chiens <u>fous</u> • un pneu à <u>clous</u> • un <u>matou</u> noir • un <u>trou</u> noir • des <u>matous</u> gourmands • des <u>trous</u> de serrure

a Classe les mots soulignés selon leur nombre. Quelle est la marque du pluriel ?

b Cherche le pluriel de « chou », « genou », « caillou » et « pou ». Que constates-tu ?

J'ai bien compris, je retiens

◆ Certains noms et adjectifs qualificatifs ont un « **x** » comme marque du pluriel.

◆ Ce sont ceux qui se terminent au singulier par :
– **-eau** et **-au** : *des peaux, des tuyaux* ; mais attention à *des landau**s*** ;
– **-eu** : *des cheveux* ; mais attention à *bleu**s***, *des pneu**s*** ;
– **-al** : *égaux, des chevaux* ; mais attention à *final**s***, *des festival**s***, *des carnaval**s***.

◆ Et quelques mots qui se terminent au singulier par **-ou** comme *des genoux, des choux, des hiboux, des poux, des cailloux, des bijoux*.

noms et adjectifs avec « x »

J'ai bien compris, je m'entraîne

1 Écris les groupes nominaux au pluriel.

un drapeau blanc – un sabot de bois – un beau livre – un jeune agneau – un grand préau – un gros mouton – le barreau de la cage – un nouveau livre – un landau rouge – un château de la Loire

2 Recopie et complète le tableau.

Singulier	Pluriel
un hôpital parisien	....
....	des bocaux de cornichons
un bal populaire	....
....	des dessins originaux
un plan cadastral	....
....	des chantiers navals
un traitement médical	....

3 Recopie et complète par « s » ou par « x ».

Des clou… de charpentier – Il a mal aux genou… – Les magnifiques bijou… – Des kangourou… d'Australie – Il tape sur des bambou… – La nuit j'entends des hibou… – Attention à tous ces trou… – Je n'aime pas les chou… – Il a perdu ses sou… – Mon frère a attrapé des pou… .

4 Écris les groupes nominaux au pluriel.

un lieu de vacances – un aveu – un adieu touchant – mon petit neveu – un nœud de ficelle – un feu de bois – un pneu crevé – le dieu du stade – un pieu pointu – une queue touffue

5 Écris au pluriel uniquement les noms qui ont un « x » comme marque du pluriel.

une pierre – un chou – un corbeau – un carnaval – un cheveu – un caporal – un pot – un kilo – un couteau – un noyau – un écrou – un cristal – un fléau – un landau – un réchaud – un genou

6 Recopie et complète le tableau.

Quand tu mets les groupes nominaux au singulier, vérifie l'orthographe des noms et adjectifs dans ton dictionnaire.

Singulier	Pluriel
un matou gris	....
....	des garçons heureux
un verrou solide	....
....	des gros pieux
une faux affûtée	....
....	des vieux journaux
....	des époux jaloux

Unité 6 - Sirènes et ondines

Repérer les préfixes et

Pour comprendre

LIRE
La petite sirène et le prince
P. 97

1 Lis la phrase suivante extraite du texte d'Andersen (ligne 25).

> *Le lendemain matin, le beau temps était <u>revenu</u>.*

    a Indique comment est formé le mot souligné.
    b Quel sens le préfixe donne-t-il à ce mot ?

2 Lis ces lignes qui précèdent l'extrait du manuel.

> *Les lanternes ne brillaient plus, et les coups de canon avaient cessé ; toutes les voiles furent successivement <u>déployées</u> et le vaisseau s'avança rapidement sur l'eau.*

    a Cherche le sens du verbe « déployer » dans le dictionnaire.
    b Écris le verbe qui pourrait le remplacer dans le texte.
    c Quel est le préfixe commun à ces deux mots ? Quel sens donne-t-il à ces mots ?

3 Lis la phrase suivante.

> *Andersen n'est pas <u>suédois</u>, il est <u>danois</u>.*

    a Quel est le suffixe utilisé dans les deux adjectifs soulignés ?
    b Quel suffixe utilise-t-on pour construire le mot qui désigne les habitants de l'Afrique ?

4 Maintenant, lis le texte suivant.

> *Sur la place, il y avait un <u>rassemblement</u> autour d'une <u>fillette</u> d'une grande <u>beauté</u> qui serrait sur son cœur un <u>chaton</u>. Sa <u>pâleur</u> et sa <u>gentillesse</u> donnaient envie de lui venir en aide. Soudain, le <u>boulanger</u> s'approcha.*

Relève les suffixes utilisés dans chacun des mots soulignés et classe-les en quatre colonnes selon le sens qu'ils donnent au mot.

ACTION DE...	DÉFAUT OU QUALITÉ	DIMINUTION DE TAILLE	MÉTIER

J'ai bien compris, je retiens

◆ Avec le radical, les **préfixes** et les **suffixes** donnent le sens du mot construit.
◆ Les préfixes et les suffixes sont très nombreux. On trouve par exemple :
– des **préfixes de temps** : *pré-*, *post-*, etc. ;
– des **préfixes de quantité** : *mono-*, *déca-*, etc. ;
– des **suffixes de diminution** : *-et*, *-ette*, *-eau*, etc. ;
– des **suffixes de qualité** (ou de défaut !) : *-té*, *-esse*, *-eur*, etc. ;
– des **suffixes de métier** : *-ateur*, *-er*, etc.

es suffixes

J'ai bien compris, je m'entraîne

1 Indique le nom qui répond à chaque définition suivante. Entoure le suffixe. Que constates-tu ?
1 Arbre des régions chaudes qui porte de grandes feuilles en forme de palmes.
2 Récipient contenant du sucre.
3 Personne qui s'occupe des jardins.

2 Trouve des noms de métier construits avec les suffixes « -ier », « -ateur », « -eur », « -ien ». Mets-les ensuite au féminin.

3 Dans chacun des mots suivants, précise ce qu'indique le suffixe ou le préfixe souligné.
tremble<u>ment</u> – <u>pré</u>sélection – délica<u>tesse</u> – générosi<u>té</u> – <u>ré</u>organiser – <u>sur</u>naturel – minc<u>eur</u> – <u>dé</u>gonfler – <u>re</u>monter – <u>sou</u>terrain

4 Donne une définition pour chacun des mots suivants.
dénoyauter – se démaquiller – décapsuler – dégivrer – débroussailler

5 Trouve les mots qui répondent aux définitions suivantes. Écris-les et entoure leur suffixe.
1 Qualité d'une personne fidèle.
2 Qualifie un vêtement que l'on peut laver.
3 Qualité d'une personne adroite.
4 Nom de l'arbre où poussent des bananes.
5 Nom qui exprime l'action de siffler.
6 Qualité d'une personne mince.

6 Complète les phrases à l'aide de mots construits avec le préfixe « pré- ».
1 Lorsqu'on pense arriver en retard, il vaut mieux .....
2 Il aurait dû ...... qu'il pleuvrait et prendre un parapluie.
3 L'assassin avait tout préparé à l'avance. Le crime était .....
4 Les ossements trouvés datent d'une période très ancienne, située avant l'histoire et appelée la .....
5 Un avertissement officiel donné à l'avance s'appelle un .....

7 Écris, pour chaque mot, le mot correspondant qui indique une diminution de taille.
cloche – lame – lion – coffre – mur – rat – oiseau – bête – girafe

8 Cherche les adjectifs qui désignent les habitants de chaque pays de l'Union européenne et classe-les selon les suffixes employés.

9 Combien d'épreuves sportives comptent le biathlon, le triathlon et le pentathlon ?
a Connais-tu d'autres sports à épreuves multiples ?
b Que signifient tous ces préfixes ?

Unité 6 - Sirènes et ondines

Remplacer des noms

Pour comprendre

LIRE
Une étonnante rencontre
P. 112-113

1 Lis les phrases suivantes extraites de *Une étonnante rencontre*.

> La voix clandestine m'attirait, me tirait vers le grand fauve étendu.
> Cette voix, je le savais en toute certitude, était ma seule chance de vie, la seule force – et si précaire, si hasardeuse – qui nous tenait, Patricia, le fauve et moi dans un équilibre enchanté.
> Mais est-ce que cela pouvait durer ? Je venais de faire un pas de plus.
> À présent, si je tendais le bras, je touchais le lion.
> — King ! cria Patricia.

a Recopie les noms ou groupes du nom qui désignent le lion.
b Pourquoi, dans le texte, l'auteur utilise-t-il des mots différents pour désigner le lion ?
Ces mots s'appellent des **substituts**.

LIRE
Tire, Billy, tire !
P. 108-109

ANNEXES
Les classes de mots
P. 251

2 Lis le texte *Tire, Billy, tire !* de la ligne 18 à la ligne 40.
a Recopie les pronoms qui remplacent Billy ou le renard en les classant en deux colonnes. Tu remarques que, dans un même texte, les mêmes pronoms remplacent des personnages différents. Que faut-il faire alors pour comprendre l'histoire ?
b Un des **substituts** que tu as relevés n'est pas un pronom personnel mais un pronom démonstratif. Lequel ?

3 Lis les phrases suivantes.

> Patricia posa sa main sur le front de King. Je posai alors la mienne sur le cou du fauve.

Le pronom « la mienne » est un pronom possessif. Quel nom remplace-t-il ?

J'ai bien compris, je retiens

◆ Pour reprendre certains éléments d'un texte sans répéter les mêmes mots, on utilise des mots de reprise : des **substituts**.

◆ Ces **substituts** sont :

– des **pronoms** : <u>Il</u> <u>lui</u> fait confiance. → pronoms personnels
   ↓   ↓
le renard Billy

<u>Celui-ci</u> voulut se détacher de lui. → pronom démonstratif
   ↓
Le renard

Je posai <u>la mienne</u> sur le cou du fauve. → pronom possessif
            ↓
         ma main

– des **noms** ou des **groupes nominaux** : *King = le grand fauve étendu = le lion*

dans un texte

J'ai bien compris, je m'entraîne

1 Recopie l'extrait suivant tiré du texte *Tire, Billy, tire !* et réponds aux questions.

L'homme était sûr que le renard finirait par revenir, et c'est ce qui arriva. L'animal réapparut sur le coup de midi, foulant l'herbe d'un pas souple et feutré. Il se dirigeait vers eux. Joe le vit le premier. Il avait son fusil à portée de la main. Il attendit que le renard soit suffisamment proche pour tirer deux coups en l'air. Billy bondit sur ses pieds et lui hurla d'arrêter, mais Joe rechargea son arme et tira encore deux balles, au-dessus de la tête du renard. Celui-ci se sauva en courant, puis s'arrêta au bout d'une vingtaine de mètres pour se retourner.

a Indique, sous chaque groupe nominal et sous chaque pronom soulignés, quel mot désignant un personnage de l'histoire il remplace.
b Précise comment s'appelle chaque pronom.

2 Recopie le texte, puis souligne les groupes nominaux et les pronoms qui désignent Crin Blanc.

L'histoire se passe en Camargue. Folco est devenu l'ami de Crin Blanc, un cheval sauvage. Crin Blanc laissa tomber la poignée de foin qu'il mâchonnait. Il dressa la tête, écouta, pointant les oreilles. Les naseaux dilatés, les lèvres frémissantes découvrant ses dents, l'étalon, de toute sa voix, répondit à l'appel de la manade. Folco comprit qu'il ne pourrait plus retenir son ami.
Crin Blanc aimait certainement, lui aussi, ce garçon, sa voix douce et ses caresses. Mais son instinct était le plus fort. Il ne pouvait plus résister au désir de rejoindre ses frères sauvages. Le cheval fit un écart pour éviter le tout petit qui était dans ses jambes. Folco n'eut que le temps de se jeter au-devant de lui. Il n'avait rien pour l'arrêter.

René Guillot, *Crin Blanc*, © Hachette.

3 Réécris le texte en remplaçant les groupes nominaux soulignés par des pronoms personnels. Tu obtiendras ainsi le texte tel que Joseph Kessel l'a écrit.

Alors, Patricia me raconta en détail, et avec une nostalgie singulière, comment elle avait soigné, fortifié, sauvé le bébé-lion. Elle avait commencé par nourrir le bébé-lion au biberon, puis elle avait donné beaucoup de sucre au bébé-lion, elle avait habitué le bébé-lion au porridge. Le bébé-lion dormait avec elle, contre elle. Elle avait veillé à ce que le bébé-lion ne prît jamais froid. Quand le bébé-lion était en sueur, elle essuyait le bébé-lion. Quand les soirées étaient fraîches, elle couvrait le bébé-lion de ses propres lainages. Quand le bébé-lion était devenu bien gras, bien lisse, Patricia avait donné une fête pour son baptême.

D'après Joseph Kessel, *Le lion*, © Éditions Gallimard.

Unité 7 - Sauvages !

Identifier

Pour comprendre

1 Recopie les phrases suivantes.

King est un grand lion. • Patricia est l'amie d'un lion. • Ce renard est un animal sauvage. • Le renard est jeune. • En regardant partir le renard, Billy et Joe sont tristes mais soulagés. • La morne plaine est blanche, au loin sous le ciel gris.

GRAMMAIRE
Reconnaître les groupes dans la phrase
P. 178

a Encadre le groupe sujet et le groupe verbal de chacune des phrases. Dans le groupe verbal, souligne le verbe et le complément essentiel de deux couleurs différentes. Donne l'infinitif des verbes.

b Parmi les compléments essentiels, distingue ceux qui sont des adjectifs qualificatifs de ceux qui sont des groupes nominaux.

c Quand le complément essentiel est un adjectif qualificatif, sur qui ou sur quoi donne-t-il des précisions ? Observe l'accord de l'adjectif qualificatif dans chaque phrase. Que constates-tu ?

d Dans la 1re phrase, qui est désigné par le groupe nominal complément essentiel ? Qui est désigné par le sujet du verbe ? S'agit-il du même personnage ?

e De la même façon, compare les groupes sujets et les groupes nominaux compléments essentiels des autres phrases. Que constates-tu ?

f Ces compléments essentiels que l'on retrouve souvent derrière le verbe *être* sont appelés **attributs du sujet**. À quoi servent-ils ?

2 Recopie les phrases suivantes.

Le grand fauve semble féroce. • Le lion demeure immobile. • King reste tranquille. • Le narrateur et le lion deviennent des amis.

ANNEXES
Les fonctions dans la phrase
P. 252

a Dans chacune de ces phrases, retrouve le groupe sujet, le verbe et l'attribut du sujet.

b Quels verbes, autres que le verbe *être*, introduisent ici un attribut du sujet ?

J'ai bien compris, je retiens

◆ L'**attribut du sujet** est un élément essentiel du groupe verbal. On le trouve surtout derrière le verbe *être*.

◆ L'attribut du sujet peut être un **adjectif qualificatif** qui s'accorde alors en genre et en nombre avec le sujet : Le lion est **immobile**.

◆ L'attribut du sujet peut aussi être un **groupe nominal** : King est **un lion**.

◆ Comme le verbe *être*, d'autres verbes peuvent aussi introduire un attribut du sujet : *rester, devenir, sembler, demeurer*... Le lion reste tranquille.

l'attribut du sujet

J'ai bien compris, je m'entraîne

1 Recopie ces phrases puis encadre les groupes sujets et les groupes verbaux. Souligne les attributs du sujet.

1 Pierre est un bon élève depuis son entrée à l'école.
2 Cette décision semble juste pour tout le monde.
3 Les chats sont des animaux carnivores.
4 Les mains de Nathalie sont propres.
5 Ce vélo est neuf.
6 Ton chien reste joueur.
7 Vous êtes frileux ?
8 Ce cheval devient un bel animal.
9 Il semble soucieux ce matin.
10 Tes cheveux sont blonds.

2 Retrouve les attributs du sujet, puis recopie-les dans deux colonnes en distinguant les adjectifs qualificatifs et les groupes nominaux.

1 Les tigres sont des fauves dangereux.
2 Mon père est matinal.
3 Une canne est un bâton recourbé.
4 Cette lecture est passionnante.
5 Les tigres sont dangereux.
6 La bêche est un outil de jardin.
7 Un jardin potager est une plantation de légumes.
8 Vous resterez silencieux.

3 Remplace le verbe *être* par un verbe qui lui aussi introduit un attribut du sujet.

1 Cet enfant est timide.
2 Cet animal est affectueux.
3 Ce cheval est calme.
4 Ils sont très accueillants
5 Il est fou.
6 Delphine est une majorette.
7 Cette histoire est invraisemblable.
8 Elle est présidente de l'association.
9 Olivier est le responsable du groupe.
10 Marine est heureuse.

4 Recopie ces phrases puis encadre les groupes sujets et les groupes verbaux. Souligne les attributs du sujet en bleu et les COD en vert.

1 Je ramasse des papiers.
2 Cet homme est infirmier.
3 Cet infirmier fait des piqûres.
4 On a visité une usine.
5 Ces arbres sont des tilleuls.
6 Les pompiers sont courageux.
7 Mon cousin a un ordinateur.
8 Ce chocolat est froid.
9 Tu as vu le feu d'artifice.
10 Sa femme est ingénieure en informatique.

5 Recopie ce texte et trace une flèche pour relier chaque attribut à son sujet.

Aujourd'hui, les loups sont rares. Ils vivent en société et chassent en groupes dans de vastes territoires. Le chef de meute est le mâle dominant. Lui seul choisit une louve. Les autres loups restent célibataires. Cinq ou six louveteaux naissent à chaque portée. La louve est alors sédentaire. Elle reçoit sa nourriture des autres membres de la meute. Les bergers sont ennemis du loup. Ils craignent pour leur troupeau.

Unité 7 - Sauvages !

Conjuguer des verbes

Pour comprendre

1 Lis les phrases suivantes.

> *Vous appelez le renard.* • *Billy appelle le renard.*
> *Nous jetons de la viande au lion.* • *Patricia jette de la viande au lion.*

a Trouve les verbes et leur infinitif. À quel temps sont-ils conjugués ?
b Quel changement entends-tu dans le radical ? Comment ce changement de prononciation se marque-t-il à l'écrit ?
c Dans les tableaux de conjugaison de ton manuel et de ton dictionnaire, cherche à quelles autres personnes du présent le radical change. À quel autre temps le radical change-t-il aussi ?
d Observe aussi la conjugaison des verbes *acheter* et *geler*. Que constates-tu ?

ANNEXES
Tableaux de conjugaison
P.247

2 Lis les phrases suivantes.

> *Vous vous levez tôt.* • *Il se lève tôt.*
> *Vous promenez le chien.* • *Il promène le chien.*
> *Vous semez le blé.* • *Il sème le blé.*
> *Vous vous pesez tous les matins.* • *Il se pèse tous les matins.*
> *Vous espérez son retour.* • *Il espère son retour.*
> *Vous complétez la phrase.* • *Il complète la phrase.*

a Trouve les verbes et donne leur infinitif. À quel temps sont-ils conjugués ?
b Quel changement entends-tu dans le radical ? Comment ce changement de prononciation se marque-t-il à l'écrit : pour les verbes des quatre premières lignes puis pour les verbes des deux dernières lignes ?
c Dans les tableaux de conjugaison de ton dictionnaire, cherche à quelles autres personnes du présent le radical change. À quel autre temps le radical change-t-il aussi ?

J'ai bien compris, je retiens

◆ Les verbes qui se terminent à l'infinitif comme *jeter* et *appeler* doublent le « t » ou le « l » :
– aux **trois personnes du singulier** et à la **3ᵉ personne du pluriel du présent de l'indicatif** : *je jette* ; *j'appelle* ;
– à **toutes les personnes du futur** : *nous jetterons* ; *nous appellerons*.

◆ Mais attention à *geler* et à *acheter* et **aux verbes de la même famille** : *il gèle, il gèlera* ; *il achète, il achètera*.

◆ Les verbes qui se terminent à l'infinitif par « **emer** », « **ever** », « **ener** », etc., prennent un accent grave :
– aux **trois personnes du singulier** et à la **3ᵉ personne du pluriel du présent de l'indicatif** : *je me lève* ; *il se promène* ;
– à **toutes les personnes du futur** : *nous mènerons* ; *elles pèseront*.

◆ Les verbes qui se terminent à l'infinitif comme *espérer* changent d'accent sur le « **e** » : *j'espère, il espère* ; *nous complèterons*.

en -er particuliers

J'ai bien compris, je m'entraîne

1 Lis le texte suivant puis réécris-le au passé composé.

À la ferme, Pierre, le vieux paysan, se réveille tôt. Il se lève et déjeune rapidement. Il jette du grain aux poules et attelle le cheval. Il part ensuite labourer son champ derrière l'église.

Commence ainsi : « À la ferme, ce matin, Pierre, le vieux paysan, s'est réveillé… »

2 Lis le texte suivant puis réécris-le à la 1re personne du singulier.

Nous aimons aller au marché. Le matin, vite, nous achevons notre travail et nous nous y rendons. Là, nous achetons toutes sortes de fruits ainsi que des gros melons. Nous les soupesons afin de les choisir bien mûrs. Nous nous promenons un peu parmi les étals avant de rentrer.

Commence ainsi : « J'aime aller… »

3 Réécris les phrases avec les verbes donnés que tu conjugueras au présent.

étinceler	Les étoiles ……… dans le ciel clair.
harceler	Les journalistes ……… la chanteuse de questions.
geler	L'hiver, l'eau de l'étang ……… .
appeler	Pourquoi ……… -tu ton chien de ce nom ridicule ?
renouveler	Nous ……… notre abonnement à ce magazine.
rappeler	Cet événement lui ……… de mauvais souvenirs.
s'amonceler	De gros nuages noirs ……… dans le ciel.

Réécris maintenant ces phrases au futur.

4 Réécris les phrases avec les verbes donnés que tu conjugueras au présent.

acheter	J' ……… de la viande.
jeter	Nous ……… un os au chien.
projeter	Vous ……… de faire un voyage à l'étranger.
racheter	Elle ……… de vieux livres sur les brocantes.
rejeter	Il ……… ma proposition.

Réécris maintenant ces phrases au futur.

5 Réécris les phrases avec les verbes donnés que tu conjugueras au présent.

sécher	Le linge ……… sur le balcon.
amener	Cet animal ne nous ……… que des ennuis.
parsemer	Les feuilles mortes ……… le gazon.
malmener	Le boxeur ……… son adversaire.
compléter	Nous ……… le texte.

Réécris maintenant ces phrases au futur.

Unité 7 - Sauvages !

Accorder l'adjectif

GRAMMAIRE
Identifier l'attribut du sujet
P. 218

Pour comprendre

1 Lis la phrase suivante.

> À l'arrivée du narrateur, le lion est menaçant.

a Trouve le groupe sujet et le groupe verbal. Quelle est la fonction de l'adjectif qualificatif « menaçant » ?
b Relis en remplaçant « le lion » par « la lionne ».
Quel changement entends-tu ? Explique cette transformation.

2 Recopie les phrases suivantes.

> La meute est organisée. • Les brebis sont craintives. • Le berger demeure seul face aux attaques des loups. • Les scientifiques sont formels.
> • Les ongulés sauvages restent abondants.

a Dans chacune de ces phrases, retrouve le groupe sujet et le groupe verbal. Repère l'adjectif qualificatif attribut du sujet.
b Observe les lettres finales des adjectifs qualificatifs attributs. Quel est leur rôle ?

3 Lis ces phrases.

> • — Je suis <u>sûr</u> que le renard va revenir, dit Billy.
> • — Je suis <u>sûre</u> que King ne vous fera pas de mal, dit Patricia.
> — Tu en es vraiment <u>sûre</u> ? lui répondis-je.

a Qui est désigné par le pronom personnel « je » dans chacune des phrases ?
b Compare les adjectifs qualificatifs attributs soulignés.
c Explique la présence de la lettre « e » dans la deuxième phrase, puis dans la troisième.
d Quand le sujet du verbe est un pronom personnel de 1re ou de 2e personne, que faut-il savoir pour accorder l'adjectif qualificatif attribut ?

J'ai bien compris, je retiens

◆ Quand l'adjectif qualificatif est **attribut du sujet**, il s'accorde en genre et en nombre avec le nom principal du groupe sujet ou le pronom sujet.

Les lions d'Afrique sont <u>féroces</u>. Ils restent <u>sauvages</u>.

◆ Quand le sujet du verbe est un pronom de 1re ou de 2e personne, pour faire l'accord, il faut savoir qui il désigne.

Je dis à <u>Pierre et à Gérard</u> : Vous êtes <u>terribles</u> !

attribut du sujet

J'ai bien compris, je m'entraîne

1 Réécris ces phrases en mettant le groupe sujet au pluriel. Souligne les attributs du sujet.
1. Cet exercice est facile.
2. Il sera capable de sauter ce mur.
3. Longtemps le chat demeure immobile.
4. Cette actrice est drôle.
5. L'arbre est grand.
6. Le plat reste chaud.
7. La feuille devient noire.
8. Hier, l'orage était terrible.

2 Réécris ces phrases en remplaçant le groupe sujet masculin par un groupe sujet féminin. Souligne les attributs du sujet.
1. Le chemin est étroit.
2. Ce livre est ancien.
3. Ce document est vrai.
4. C'est lundi, le pressing est fermé.
5. Aujourd'hui, le ciel est bien bleu.
6. Ton sac est léger.
7. Le bébé semble content.
8. Le printemps est resté frais.

3 Recopie chaque phrase puis indique celui ou celle qui l'a prononcée : Marie ou Julien ? Souligne les attributs du sujet.
1. Je suis grand pour mon âge.
2. Je suis bonne en calcul.
3. Je suis sûre du résultat.
4. Tu es encore mouillé ?
5. Je suis le premier devant la porte.
6. C'est la rentrée, je suis nerveuse.
7. Je suis sûr du résultat.
8. Tu restes mince.

4 Réécris ces phrases en remplaçant le pronom personnel sujet par *il* ou par *elle* sans modifier l'adjectif qualificatif attribut.
1. Tu es bien gentille.
2. Je suis contente de ce résultat.
3. Tu n'es pas très clair dans tes explications.
4. Je reste éveillée.
5. Tu es content de partir ?
6. J'ai 75 ans, je suis âgée.
7. Je suis encore endormie.
8. Tu es malade ?

5 Complète ces phrases en ajoutant un adjectif qualificatif attribut du sujet.
1. Cette pomme est ....
2. Vous êtes ....
3. Ils deviennent ....
4. Le chat du voisin est ....
5. Les garçons sont ....
6. Elle reste ....
7. Ce poisson est ....
8. Les hirondelles sont ....

6 Complète ces phrases avec l'adjectif attribut qui convient.

épuisé – épuisée – épuisés – épuisées	Caroline paraît .... par le bruit.
cruel – cruelle – cruels – cruelles	Pour leurs proies, les lionnes sont ....
frisé – frisée – frisés – frisées	Ses longs cheveux sont ....
mûr – mûre – mûrs – mûres	C'est l'automne, le raisin est ....
fatigué – fatiguée – fatigués – fatiguées	À l'arrivée, les coureurs semblent ....

Unité 7 - Sauvages !

Choisir entre

LIRE
Tire, Billy, tire !
P. 110

Pour comprendre

1 Relis le passage suivant extrait du texte *Tire, Billy, tire !*

> L'homme était <u>sûr</u> que le renard finirait par revenir, et c'est ce qui arriva. L'<u>animal</u> réapparut sur le coup de midi, foulant l'herbe d'un pas souple et <u>feutré</u>. Il se dirigeait vers eux. Joe le vit le premier. Il avait son fusil à portée de la main. Il attendit que le renard soit <u>suffisamment</u> proche pour tirer deux coups en l'air. Billy <u>bondit</u> sur ses pieds et lui <u>hurla</u> d'arrêter, mais Joe rechargea son <u>arme</u> et tira encore deux balles, au-dessus de la tête du renard.

ANNEXES
Les classes de mots
P. 251

a Remplace les mots soulignés dans le texte par un **synonyme**, c'est-à-dire un mot de sens voisin. Tu peux t'aider du dictionnaire.

b Indique la classe de chacun des mots soulignés et la classe du synonyme que tu as trouvé. Que constates-tu ?

2 Lis les phrases suivantes.

> • Nicolas <u>a récité</u> son poème devant la classe.
> • Djamel <u>a annoncé</u> qu'il n'irait pas chez Stéphane ce soir.
> • Le suspect <u>a affirmé</u> qu'il était avec un ami à l'heure du crime.

a Remplace les verbes soulignés par un verbe de sens voisin. Ce verbe doit être identique pour les trois phrases.

b Montre que le sens des phrases est modifié. Quelles nuances apportaient les verbes remplacés ? Justifie ta réponse en donnant le sens précis de chacun d'eux. Tu peux t'aider du dictionnaire.

3 Lis le texte suivant.

> Pierre était fatigué car il avait beaucoup travaillé ce jour-là. Il rentrait chez lui harassé. Exténué, il s'affala dans un fauteuil.

Dans ce texte, relève trois mots de sens voisin. Pourquoi l'auteur a-t-il utilisé trois mots différents ?

J'ai bien compris, je retiens

♦ Lorsqu'on écrit un texte, on peut souvent choisir entre deux mots de sens voisin. Ces **mots de sens voisin** sont des **synonymes**.

♦ Des synonymes sont toujours de **même classe grammaticale**.

♦ On utilise des synonymes pour **éviter les répétitions**.

♦ Les mots synonymes ne disent pas exactement la même chose ; entre synonymes, il existe des **nuances de sens souvent importantes**.

es synonymes d'un mot

J'ai bien compris, je m'entraîne

1 Associe trois par trois les mots synonymes.

groupe – lumière – vrai – débuter – se souvenir – méchant – malfaisant – juste – commencer – clarté – tribu – se remémorer – entreprendre – lueur – se rappeler – bande – nuisible – exact

2 Trouve l'intrus dans chaque liste de mots.
1 gentil – aimable – adorable – insupportable – agréable
2 joli – beau – abominable – ravissant – superbe
3 triste – malheureux – lugubre – morne – réjoui

3 Dans les phrases suivantes, remplace le verbe *voir* par un synonyme choisi dans la liste. Attention, tu dois utiliser tous les verbes proposés !

remarquer – découvrir – distinguer – repérer – contempler
1 Il était très étonné de voir ce carnet dans sa valise.
2 De la fenêtre de sa chambre, il peut voir la montagne.
3 Le brouillard était si épais qu'on ne pouvait plus voir les passants.
4 Sa mère a bien dû voir qu'elle avait un nouveau collier.
5 Dès qu'il a pu voir la mairie, il a su qu'il n'était plus très loin.

Quelles nuances de sens ces verbes apportent-ils ?

4 Réécris le texte en cherchant à renforcer encore l'impression de peur. Pour cela, remplace chaque mot souligné par un synonyme choisi parmi les propositions suivantes :

effrayant	*affreuse*	*chemin*	*maison*
macabre	horrible	sentier	habitation
terrifiant	épouvantable	allée	masure
cauchemardesque	terrible	route	cabane

couvert	*sinistre*	*trembler*	*cri*
semé	lugubre	frémir	hululement
jonché	affolant	frissonner	chant
plein	inquiétant	chanceler	hurlement

L'endroit était <u>effrayant</u>. C'est là que vivait l'<u>affreuse</u> sorcière. Le <u>chemin</u> qui menait à sa <u>maison</u> était <u>couvert</u> de squelettes. Sur le toit, un hibou <u>sinistre</u> semblait monter la garde. Ceux qui passaient à proximité ne pouvaient que <u>trembler</u> de peur en entendant son <u>cri</u>.

5 Raconte en quelques phrases un goûter entre amis ou amies. Utilise chacun des mots suivants, synonymes du verbe *manger*. Pour donner une idée de chacun de tes personnages, tiens compte des nuances de sens qui existent entre ces mots.

grignoter – avaler – déguster – dévorer – se gaver

Unité 7 - Sauvages !

Produire des phrases pou

Pour comprendre

LIRE
La volonté de Soundiata
P. 128-129

GRAMMAIRE
Produire des phrases : pour quoi faire ?
P. 168

1 Lis les phrases suivantes extraites de *La volonté de Soundiata*.

> *Soundiata ordonna à Balafasséké, son griot qui était à ses côtés ce jour-là :*
> « *Cours, cours chez le forgeron et rapporte-moi un arc de fer.* »

a À qui s'adresse Soundiata ? Dans quel but ?
b Recopie la phrase prononcée par Soundiata. De quel type de phrase s'agit-il ?
c Les verbes de cette phrase sont conjugués au **présent de l'impératif**. Souligne-les. Cherche leur sujet. Que constates-tu ?

2 Dans *La volonté de Soundiata*, le griot dit les phrases suivantes.

> « *Écartez-vous de son chemin ! Antilopes, cachez-vous !* »

a Dans quel but prononce-t-il ces phrases ?
b À quel temps les verbes sont-ils conjugués ?

Le griot aurait pu dire :

> « *Ne restez pas sur son chemin ! Antilopes, ne vous montrez pas !* »

a De quel type de phrases s'agit-il ? Quel est leur but ?
b À quel temps les verbes sont-ils conjugués ?

3 Lis les phrases suivantes.

> • « *Tu cours, tu cours chez le forgeron et tu me rapportes un arc de fer* », dit Soundiata.
> • « *À partir d'aujourd'hui, chacun viendra cueillir ses feuilles* », déclara Soundiata.
> • **Recette pour préparer une bonne sauce :** *cueillir des feuilles de baobab bien vertes, les couper en petits morceaux, ajouter de l'eau et faire bouillir.*

a Dans quel but ces phrases sont-elles produites ?
b À quel temps les verbes sont-ils conjugués ?

J'ai bien compris, je retiens

◆ Dans un texte, l'auteur peut choisir d'utiliser des **phrases impératives** pour donner un ordre, un conseil, une consigne, pour interdire une action. Les verbes sont conjugués à l'**impératif** et le sujet n'est pas exprimé.

◆ Il peut aussi utiliser des phrases avec des verbes conjugués à l'indicatif, présent ou futur, ou à l'infinitif.

Donner un ordre, un conseil…

grammaire

J'ai bien compris, je m'entraîne

1 Voici deux expériences. Pour chacune, recopie les phrases qui te disent ce qu'il faut faire puis souligne les verbes. À quel temps sont-ils conjugués ?

1. La ficelle est un bon tuyau
Matériel : 2 verres et une cordelette en coton assez grosse.
Place les verres l'un au-dessus de l'autre. Verse de l'eau dans celui du haut. Mouille la ficelle et place-la comme sur le schéma. Au bout de quelques minutes, le verre du bas se remplit d'eau peu à peu et celui du haut se vide comme s'ils étaient reliés par un tuyau.

Sciences et petites expériences, © Nathan.

2. La bouteille s'aplatit
Remplissez 1/4 de la bouteille avec de l'eau bien chaude. Vissez le bouchon et secouez bien la bouteille. Dévissez-la : vous entendez un peu d'air s'échapper. Revissez le bouchon. Au bout de quelques secondes, la bouteille se déforme et s'aplatit.

Sciences et petites expériences, © Nathan.

2 Lis ces consignes, trouve les verbes et les temps auxquels ils sont conjugués, puis écris-les dans la bonne colonne.

1 Lis le texte.
2 Tu souligneras les verbes.
3 Trace un carré de huit centimètres de côté.
4 Observer les dessins.
5 Écrire une phrase sous chaque dessin.
6 Recopiez les phrases dans le tableau.
7 Vous conjuguerez les verbes au présent.
8 Compte de deux en deux de 188 à 220.

Verbes à l'impératif présent	Verbes à l'indicatif futur	Verbes à l'infinitif

Tableau à photocopier dans le livre du maître.

3 Réécris ces conseils sans utiliser l'impératif présent.
1 Dans la forêt, ne dérangez pas les oiseaux.
2 Marchez en silence et ne piétinez pas les fleurs.
3 N'allumez pas de feu.
4 Pensez à remporter vos déchets.

4 Pour chaque phrase, indique s'il s'agit d'un ordre, d'un conseil ou d'une interdiction.
1 Sur ton vélo, sois prudent.
2 Ne fumez pas dans les lieux publics.
3 Rangez-vous à la porte de la classe.
4 Faites attention en traversant.
5 Ne marche pas dans mes semis.
6 Regarde-moi quand je te parle !

5 Imagine qui pourrait donner ces ordres et à qui.
1 Sortez de la classe, sans bruit.
2 Marchez moins vite.
3 Garez-vous ici !
4 Ne cours pas au bord de la piscine.
5 Éteignez vos téléphones portables.
6 Attachez vos ceintures.

Unité 8 - Vers l'Afrique

Marque

Pour comprendre

1 Lis les phrases suivantes.

- *Le tailleur n'avait pourtant pas grand-chose à perdre.*
- *Le tailleur n'avait pourtant pas grand-chose à perdre **car** c'était un pauvre homme.*

a Quelle information nouvelle apporte la partie de la phrase ajoutée ?
b Par quel autre mot de liaison pourrait-on remplacer « car » sans changer le sens ?

2 Lis les phrases suivantes.

- *Le babouin a oublié le tailleur, tout simplement.*
- *Le babouin a oublié le tailleur, tout simplement ; **c'est pourquoi** l'homme a toujours faim.*

a Quelle information nouvelle apporte la partie de la phrase ajoutée ?
b Par quel mot de liaison pourrait-on remplacer « c'est pourquoi » sans changer le sens ?

3 Lis les phrases suivantes.

- *Le babouin était fort ennuyé.*
- *Le babouin était fort ennuyé. **Et puis**, il avait tellement sommeil.*

a Quelle information nouvelle apporte la deuxième phrase ajoutée ?
b Par quel mot de liaison pourrait-on remplacer « Et puis » sans changer le sens ?

4 Lis les phrases suivantes.

- *C'est la souris qui a déchiré mes vêtements.*
- *C'est la souris qui a déchiré mes vêtements ; **mais** elle dit que ce n'est pas vrai, elle accuse le chat.*

a Quelle information nouvelle apporte la partie de la phrase ajoutée ?
b Par quel mot de liaison pourrait-on remplacer « mais » sans changer le sens ?

J'ai bien compris, je retiens

◆ Dans un texte, on utilise des **mots de liaison pour marquer des relations logiques entre des phrases ou des éléments de phrases**. On les appelle aussi des **connecteurs logiques**.

◆ Il existe des **connecteurs logiques** pour :
– expliquer, donner la cause : *car, parce que, en effet, puisque…*
– conclure, dire la conséquence : *alors, donc, ainsi, par conséquent…*
– ajouter une idée : *aussi, également, et puis, de plus, par ailleurs, en outre…*
– exprimer une réserve, une opposition : *mais, pourtant, cependant, toutefois…*

les liens logiques

J'ai bien compris, je m'entraîne

1 Retrouve les connecteurs logiques dans ce dialogue et recopie-les.

« C'est bientôt l'anniversaire de Sophie. Je pense lui apporter un disque car elle aime bien la musique.
— Elle aime aussi la lecture. Tu peux donc lui offrir un livre.
— C'est vrai ! Alors je vais prendre une bande dessinée.
— Mais demande conseil à sa mère, afin de ne pas en acheter une qu'elle a déjà.
— C'est plus prudent parce qu'elle en possède déjà une bonne collection.
— Pense également à lui faire un paquet cadeau ! »

2 Complète chaque phrase avec l'un des connecteurs logiques de la liste ci-dessous. Attention, tu dois tous les utiliser une fois !

alors – car – donc – en effet

1 Il va probablement pleuvoir ……… le ciel est noir.
2 Il a une ampoule au pied ………. il a du mal à marcher.
3 Il craint la pluie, ……. il se dépêche de rentrer.
4 Il est l'heure de se lever ….. le réveil sonne.

Recopie chaque connecteur logique dans la colonne qui convient.

MARQUE LA CAUSE	MARQUE LA CONSÉQUENCE

Tableau à photocopier dans le livre du maître.

3 Complète chaque phrase avec l'un des connecteurs logiques de la liste ci-dessous. Attention, tu dois tous les utiliser une fois !

de plus – mais – or – aussi – pourtant

1 Alain parle l'anglais ; ……. il sait parfaitement l'écrire.
2 Alain parle l'anglais …… il ne connaît pas l'allemand.
3 Les poules ont des ailes …. elles ne volent pas.
4 Les ornithorynques sont des mammifères …… ils ont un bec et ils pondent.
5 Doriane a un ordinateur ; elle a …….. un appareil photo numérique.

Recopie chaque connecteur logique dans la colonne qui convient.

AJOUTE UNE IDÉE	MARQUE UNE CONTRADICTION

Tableau à photocopier dans le livre du maître.

Unité 8 - Vers l'Afrique

Conjuguer les verbes

Pour comprendre

LIRE
La volonté de Soundiata
P. 128-129

1 Lis les phrases suivantes extraites de *La volonté de Soundiata*.

- « *Console-toi ma mère* », lui répétait Soundiata.
- « *Cours, cours chez le forgeron* », ordonna Soundiata à Balafasséké.
- « *Faites place ! Écartez-vous de son chemin !* » chantait le griot.

a Recopie les verbes conjugués au présent de l'impératif et donne leur infinitif.
b À qui s'adressent Soundiata et le griot ? À quelle personne sont conjugués les verbes ? Que remarques-tu entre le verbe et le pronom personnel « toi » ?
c Le griot aurait pu dire : « Faisons place ! Écartons-nous de son chemin ! » Dans ce cas, à qui se serait-il adressé ?
d Quelles sont donc les trois personnes de la conjugaison des verbes à l'impératif ?

LIRE
Le mauvais juge
P. 126

2 Lis le texte suivant extrait de *Le mauvais juge*.

Le babouin juge suprême ordonne : « *Punissez-vous, vous-mêmes !* »

a Recopie le verbe à l'impératif et donne son infinitif.
b À quelle personne est conjugué le verbe ? À qui s'adresse le babouin ?

ANNEXES
Tableaux de conjugaison
P. 246-250

Tableau à photocopier dans le livre du maître.

3 Complète le tableau suivant avec les verbes indiqués conjugués à l'impératif présent. Aide-toi des tableaux de conjugaison.

	VERBES EN -ER CONSOLER	VERBES EN -IR PUNIR	VERBES DU 3ᵉ GROUPE COURIR FAIRE ALLER	ÊTRE	AVOIR
2ᵉ pers. singulier					
1ʳᵉ pers. pluriel					
2ᵉ pers. pluriel					

a Entoure les terminaisons des verbes conjugués. Que remarques-tu pour les terminaisons des 1ʳᵉ et 2ᵉ personnes du pluriel ?
b À la 2ᵉ personne du singulier, ce n'est pas si simple. Quelles sont les terminaisons des verbes des différents groupes et des auxiliaires ?

J'ai bien compris, je retiens

◆ L'impératif se conjugue à **trois personnes : la 2ᵉ personne du singulier, la 1ʳᵉ et la 2ᵉ personne du pluriel.**

◆ Les terminaisons des verbes en *-er* sont : **-e, -ons, -ez.**

◆ Les terminaisons des verbes en *-ir* comme *finir* sont : **-s, -ons, -ez** : fini**s**, finiss**ons**, finiss**ez**.

◆ Les terminaisons des autres verbes sont aussi : **-s, -ons, -ez**, mais le **radical change**, alors n'oublie pas de te reporter aux tableaux de conjugaison : vien**s**, ven**ons**, ven**ez**.

◆ À l'impératif, on met un **tiret entre le verbe et le pronom** : *Bois-la. Préparez-vous.*

l'impératif présent

J'ai bien compris, je m'entraîne

1 Réécris le texte suivant en conjuguant les verbes à l'impératif présent comme si tu t'adressais à plusieurs personnes.

Pour faire une bonne tartiflette, choisir de bonnes pommes de terre. Les éplucher et les couper en morceaux. Faire revenir des oignons dans une poêle avec du beurre et ajouter les pommes de terre. Laisser cuire un peu. Mettre ensuite le mélange dans un plat et ajouter le fromage. Placer l'ensemble dans le four pour une trentaine de minutes. Servir bien chaud.

Commence ainsi : « Pour faire une bonne tartiflette, choisissez… »

2 Réécris le texte suivant à la 2ᵉ personne du singulier de l'impératif présent.

Construisez la balançoire
1. Collez les pots de yaourt, espacés de 4 cm, sur le carton.
2. Reproduisez et découpez la balançoire dans du bristol.
3. Faites des trous dans la balançoire pour y passer le coton-tige. Fixez-le sur les pots de yaourt avec la pâte à fixer.

Sciences et petites expériences n° 8, © Nathan.

Commence ainsi : « Construis la balançoire… »

3 Lis ces conseils que pourrait donner une mère.
1 Ne pas rentrer trop tard.
2 Penser à goûter.
3 Enlever ses chaussures avant d'entrer.
4 Prendre son temps pour faire les devoirs.
5 Être prudent en traversant la rue.
6 Ne pas avoir peur de l'orage.

a Écris-les à l'impératif présent comme si elle s'adressait seulement à son fils.
b Écris-les à l'impératif présent comme si elle s'adressait à ses deux enfants.

4 Recopie les phrases en conjuguant les verbes proposés à la 1ʳᵉ personne du pluriel de l'impératif présent.

faire   « Ne ………… pas de bruit, mon petit frère dort », dit Justine à ses amies.
aller   « ……… dehors pour prendre le thé, nous serons mieux », propose Alexine.
se dépêcher « …………, il va pleuvoir », dit papa.

Pour aller plus loin

5 Souligne les verbes et donne leur infinitif.
1 Donne un bonbon à ton frère puis donnes-en un à tout le monde.
2 Va acheter du pain, vas-y tout de suite.

a À quel temps et à quelle personne les verbes sont-ils conjugués ?
b Explique pourquoi il faut ajouter un « s » aux verbes en *-er* et au verbe *aller* devant « en » et « y ».

Unité 8 - Vers l'Afrique

Écrire « é » ou « er »

Pour comprendre

1 **Lis ces phrases.**

- *Pendant le procès du petit tailleur, les animaux <u>ont discuté</u> avec le juge.*
- *Dans les maisons des Masaïs, il y a une pièce pour <u>discuter</u>.*

- *Le chasseur <u>a préparé</u> une canne pour Soundiata.*
- *Sougoulou n'a plus de feuilles de baobab pour <u>préparer</u> une sauce.*

CONJUGAISON
Le passé composé de l'indicatif (1)
P. 180

a Quel son entend-on à la fin des verbes soulignés ?
b Dans quelles phrases les verbes soulignés sont-ils à l'infinitif ?
Par quelles lettres cela est-il marqué à l'écrit ?
c Dans quelles phrases les verbes soulignés sont-ils au passé composé ?
Par quelle lettre se termine le participe passé ?

2 **Maintenant, lis ces phrases.**

- *Pendant le procès du petit tailleur, les animaux <u>ont dormi</u> avec le juge.*
- *Dans les maisons des Masaïs, il y a des nattes pour <u>dormir</u>.*

- *Le chasseur <u>a fait</u> une canne pour Soundiata.*
- *Sougoulou n'a plus de feuilles de baobab pour <u>faire</u> une sauce.*

CONJUGAISON
Le passé composé de l'indicatif (2)
P. 210

a Ici, pourquoi est-il facile de ne pas confondre le participe passé avec l'infinitif ?
b Quand, à la fin d'un verbe, tu hésites entre « er » et « é », que peux-tu faire pour trouver la bonne orthographe ?

J'ai bien compris, je retiens

◆ Pour savoir s'il faut écrire « **é** » ou « **er** », dans des phrases du type,
J'ai emport... mon dessin.   *Je veux emport... mon dessin.*
je me demande si le verbe est au passé composé ou à l'infinitif :
– si le verbe est au **passé composé**, j'écris « **é** » (**participe passé**) ;
– si le verbe est à l'**infinitif**, j'écris « **er** ».

◆ Si j'hésite, je remplace le verbe par un autre, qui permettra de bien entendre la différence entre infinitif et participe passé comme *faire, prendre*, etc.

J'ai <u>emporté</u> mon dessin.	Je veux <u>emporter</u> mon dessin.
J'ai <u>fait</u> (ou j'ai <u>pris</u>) mon dessin.	Je veux <u>faire</u> (ou je veux <u>prendre</u>) mon dessin.
→ participe passé	→ infinitif

participe passé ou infinitif ?

J'ai bien compris, je m'entraîne

1 Écris toutes les phrases possibles à l'aide de ces groupes de mots.

Maxime a	courir	
	couru	jusqu'à la porte.
Il faudra	marcher	
	marché	

2 Recopie chaque phrase en choisissant l'infinitif ou le participe passé du verbe.

ouvrir – ouvert Un employé va .... la porte du musée.
fermer – fermé   Un employé va .... la porte du musée.

vouloir – voulu Tu as .... des chaussures de tennis.
acheter – acheté Tu as .... des chaussures de tennis.

dormir – dormi   Hier, nous avons .... chez des amis.
manger – mangé   Hier, nous avons .... chez des amis.

prendre – pris   Tous les jours, il doit .... le car de ramassage scolaire.
surveiller – surveillé Tous les jours, il doit .... le car de ramassage scolaire.

3 Recopie chaque phrase en remplaçant le verbe souligné par un verbe du 1er groupe.
1 La voiture a suivi le camion.
2 Nos amis doivent venir par le train de 11h15.
3 Nous avons répandu l'eau du vase.
4 Attention de ne pas perdre des affaires dans le parc.
5 On a écrit une grande partie de l'après-midi.

4 Recopie chaque phrase en choisissant l'infinitif ou le participe passé du verbe.

expliquer – expliqué Comme je n'avais pas compris la consigne, le maître m'a ...... l'exercice.
partager – partagé   On a pris un couteau pour .... le gâteau.
aimer – aimé   Mon frère n'a pas .... ce film.
refuser – refusé   Il faut .... de suivre les personnes inconnues.
relever – relevé   Je l'ai appelé ; alors il a .... la tête.
décider – décidé   Choisis ! Il est temps de te ....

5 Recopie ces phrases en complétant les verbes comme il convient.
1 Hier, Fatima a trouv... un livre dans la cour. Elle l'a mis dans mon sac pour le port... à la maîtresse.
2 Pour trac... un cercle, il faut utilis... un compas. J'ai piqu... la pointe sur la feuille, et j'ai tourn... .
3 Pendant la récréation, nous avons jou... aux billes. Il fallait touch... la bille des autres. C'est Kevin qui a gagn... .

Unité 8 - Vers l'Afrique

Trouver les contraires

Pour comprendre

LIRE
Le mauvais juge
P. 124

1 Lis le passage suivant extrait du texte *Le mauvais juge*.

> […] C'était un <u>pauvre</u> homme qui avait une <u>grande</u> femme <u>maigre</u> à la maison et beaucoup de <u>petits</u> enfants, des garçons et des filles et une <u>méchante</u> vieille qui se tenait toujours devant sa porte […]

Remplace chaque mot souligné par un mot de sens contraire.

2 Construis des adjectifs de sens contraire.

heureux • sensé • couvert • content

a Trouve les mots contraires de ces adjectifs, formés à l'aide d'un préfixe.
b Emploie chacun des mots que tu as trouvés dans une phrase.

3 Construis des verbes de sens contraire.

espérer • approuver • armer

a Cherche les contraires de ces verbes formés à l'aide d'un préfixe. Quel est ce préfixe ?
b Emploie chacun des mots que tu as trouvés dans une phrase.

4 Lis ces trois phrases.

Cette punition est <u>juste</u>. • Cette histoire est <u>réelle</u>. • Ce texte est <u>lisible</u>.

a En ajoutant un préfixe aux mots soulignés, écris des phrases de sens contraire. Vérifie dans le dictionnaire l'orthographe des mots obtenus.
b Cherche un mot simple pour dire le contraire de « réel ».

5 Lis cette liste de mots.

ouvert • chaleur • mou • bruit • tenir • obscur • finir

ANNEXES
Les classes de mots
P. 251

a Range les mots de la liste selon la classe à laquelle ils appartiennent : noms, adjectifs ou verbes.
b Pour chacun de ces mots, cherche un mot de sens opposé et indique sa classe. Que remarques-tu ?

J'ai bien compris, je retiens

◆ Les **mots de sens contraire** peuvent être des **mots simples** *(beau ≠ laid)* ou des **mots formés à l'aide de préfixes : dé-** *(faire ≠ défaire)*, **in-** *(visible ≠ invisible)*, **mal-** *(honnête ≠ malhonnête)*, etc.
◆ Le préfixe **dé-** est légèrement modifié en **dés-** devant une **voyelle** ou un **h muet** : *désarmer, déshabiller*, etc.
◆ Le préfixe **in-** devient **im-** devant **m** *(immobile)*, **ir-** devant **r** *(irrésistible)*, et **il-** devant **l** *(illogique)*. Attention au **doublement de la consonne et à la prononciation du [i]** !
◆ Le préfixe **in-** s'écrit **im-** devant **p** *(impossible)*, ou **b** *(imbuvable)*, et se prononce [ɛ̃].
◆ Les mots qui s'opposent par le sens sont toujours de la **même classe**.

d'un mot

J'ai bien compris, je m'entraîne

1 Associe deux par deux les verbes de sens contraire.

ennuyer – adorer – monter – économiser – donner – défendre – sortir – prendre – dépenser – attaquer – entrer – descendre – détester – amuser

2 Associe deux par deux les adjectifs de sens contraire.

court – rare – joli – chevelu – solide – sec – affreux – long – fréquent – rapide – humide – lent – fragile – chauve

3 Forme les contraires des mots suivants en utilisant des préfixes, puis emploie les mots que tu as trouvés dans des phrases.

connu – adroit – obéissant – honnête – plaisant – chanceux – favorable – poli

4 Réécris le texte en remplaçant chaque mot souligné par un mot de sens contraire.

Il fait jour. Le soleil s'est levé à l'horizon. Dans la maison, il faut éteindre les lampes. Nicolas et Fabien s'apprêtent à s'habiller. Leur mère déclare qu'il va faire chaud et qu'il faudra mettre un vêtement léger.

5 Ces phrases sont fausses. Réécris-les en remplaçant les mots soulignés par des mots de sens contraire pour qu'elles deviennent vraies.

1 Conduire seul avant dix-huit ans est légal.
2 Un bon juge doit se montrer partial.
3 Les gaz des voitures rendent l'air respirable.
4 Traverser sans regarder est prudent.

6 Complète le tableau. Tu peux t'aider du dictionnaire.

	Classe du mot	Mot contraire formé avec un préfixe	Autre mot exprimant le contraire	Classe des mots contraires
sensible				
cacheter				
propre				
unir				
patient				
limité				
servir				

Tableau à photocopier dans le livre du maître.

7 Trouve le contraire des mots soulignés dans les phrases suivantes. Attention, les mêmes mots n'ont pas le même sens dans chaque phrase !

1 Il a une santé délicate.
2 Ce problème est délicat à régler.
3 C'est un homme brave.
4 C'est un brave homme.
5 Cette eau est très claire.
6 Ses intentions ne sont pas claires.

Unité 8 - Vers l'Afrique

Rapporter directement

Pour comprendre

1 Lis ces deux extraits de ton manuel.

LIRE
La volonté de Soundiata
P. 128

> *Quand le vieux forgeron vit le griot arriver si vite, il sut qu'enfin le grand jour était arrivé ! Il appela ses six apprentis : « Que l'on apporte cet arc de fer à Soundiata. »*
> *« Lève-toi, Soundiata ! » cria Balafasséké.*
> *« Lève-toi ! » supplia le vieux forgeron.*

LIRE
La réponse d'Anna
P. 60

> *Ben mit sa main dessus et l'enleva lentement.*
> *— Il faut que tu lises tout de suite ! lui lança Anna.*
> *M. Seibmann entra dans la salle de classe. Ben fourra en vitesse le mot dans sa poche.*
> *— Mais ! dit Anna très fort d'un air mécontent.*

a Recherche, dans chaque extrait, quels sont les personnages qui parlent. Repère les paroles qu'ils prononcent.
b Comment vois-tu qu'il s'agit de paroles prononcées par les personnages ?
c À quel temps sont les verbes employés dans les paroles prononcées par les personnages ?

GRAMMAIRE
Écrire des textes au passé (2)
P. 186

2 Relis les autres phrases qui ne sont pas des paroles rapportées.
a Qui raconte l'histoire ? Quel temps est employé dans ces phrases ?
b Pourquoi le temps employé quand les personnages parlent est-il différent du temps utilisé pour raconter l'histoire ?

3 Lis à haute voix les paroles rapportées dans ces deux extraits.
a Lis-tu ces paroles de la même façon ? Pourquoi ?
b Relève tous les verbes que les auteurs utilisent pour introduire les paroles des personnages ? À quel temps sont-ils employés ?

J'ai bien compris, je retiens

♦ Dans un texte, on peut rapporter les paroles des personnages comme elles ont été prononcées. Les paroles sont alors précédées (ou suivies) par un verbe comme « dire » ; elles sont reconnaissables grâce aux **guillemets**, aux **tirets**, aux **sauts de ligne**.

♦ Plusieurs présentations sont possibles :

| Ben prit la lettre :
— Lis-la, ordonna Anna.
— Tout à l'heure ! répondit-il. | Le griot courut chez le forgeron :
« Donne-moi un arc de fer », demanda-t-il.
« Le voici, portez-le à Soundiata. » |

236

des paroles dans un récit

J'ai bien compris, je m'entraîne

1 Recopie le texte en choisissant un type de présentation pour les paroles des personnages.

Il y a de cela, plusieurs siècles, l'empereur Tcheng Long croyait que la lune était en argent. Son astronome Fou Li lui construisit une fusée pour s'y rendre.
Chaque soir, l'empereur venait aux nouvelles. Alors, Fou Li, ça avance ? Bientôt, Votre Majesté, bientôt… Et l'empereur levait le nez vers la lune. Ma jolie boule d'argent, ô ma boulette chérie… Puis le grand jour arriva. On installa la fusée dans la cour du palais. Et maintenant, demanda Fou Li avec un sourire amusé, lequel de vos ministres allez-vous envoyer ? Que m'importe ! s'écria l'empereur. Envoie donc celui que tu veux. Non, Majesté, c'est à vous de le choisir et de le bien choisir.

Michel Piquemal, *L'empereur et l'astronome*, © Nathan.

2 Réécris le texte en le complétant avec les verbes de la liste que tu conjugueras au présent.
Attention, tu dois utiliser tous les verbes proposés !

décréter – interrompre – déclarer – répliquer – se rebiffer

Un jour à la cantine, Jérôme refuse de manger car Thomas l'a traité de gras-du-bide.
Mme Denise, la dame de la cantine, jette un regard sévère au coupable.
— Ah bravo, Thomas ! Très malin !
— Ben quoi ? …… Thomas. C'est vrai qu'il est gras-du-bide, non ?
— Ce n'est pas gentil d'insulter ton camarade, …… -t-elle sèchement. Jérôme n'est pas trop gros.
— Ne vous fatiguez pas, m'dame, l' …… Jérôme. Thomas a raison, je sais que je dois maigrir.
— Si tu es vraiment décidé à perdre du poids, cesse de t'empiffrer de sucreries ! …… sévèrement Mme Denise. Par contre, le repas de midi est important pour la santé !
Mais Jérôme ne veut rien entendre.
— Je n'avalerai rien jusqu'à ce que je sois plus mince ! …… -t-il.

Gudule, *Le rebelle de la cantine*, © Nathan.

3 Réécris le texte suivant en le complétant avec des verbes qui introduiront les paroles des personnages. Essaie de ne pas employer deux fois le même verbe. Compare ton texte avec celui des autres élèves de la classe.

« Lucas ! …… maman, viens déjeuner !
— J'arrive, je relis ma poésie, …… Lucas.
— Tu vas être en retard à l'école ! …… -t-elle.
— Veux-tu que je l'emmène en voiture ? …… papa . »

Unité 9 - Ah ! les adultes

Repérer les phrases complexes

Pour comprendre

1 Lis les phrases suivantes.

- *Son regard s'arrête sur une boîte de Lego et ses yeux brillent de convoitise.*
- *J'aime les nougats, or mon père ne veut pas m'en acheter.*
- *J'ai acheté des nougats puis je suis reparti vers la voiture.*
- *Je n'ai pas trouvé l'auto rouge, alors j'ai pleuré.*

a Cherche les verbes et leur sujet. Combien y a-t-il de verbes dans chaque phrase ?
Ces phrases sont des phrases **complexes** qui contiennent plusieurs propositions.

b Dans chaque phrase, retrouve les propositions et recopie le mot qui les relie.
Ces propositions sont **coordonnées**.
Certains mots de liaison, comme « et », « or », sont des **conjonctions de coordination**.

2 Lis les phrases suivantes.

- *Je ne toucherai plus mon nez avec mon pouce ; je ne me ferai plus griffer par le minet.*
- *Ils se sont mis d'accord sur une règle : un cadeau ne dépasse pas une certaine somme d'argent.*
- *Après souper, les parents blaguent, cassent des noix, mangent de la « cancoillotte ».*

a Dans ces phrases complexes, retrouve les différentes propositions. Quels signes de ponctuation les séparent ? Quel est leur rôle ? Ces propositions sont **juxtaposées**.

b Dans la dernière phrase, quel est le sujet des verbes des propositions juxtaposées ?
Explique la terminaison des verbes de chaque proposition.

3 Lis les phrases suivantes.

- *L'enfant a couru, il a cherché la voiture mais il ne l'a pas trouvée.*
- *Le motard a démarré, il a le signalement de l'auto donc l'enfant est un peu rassuré.*

a Retrouve les différentes propositions de ces phrases complexes.
b Entoure ce qui les sépare ou les relie. Que constates-tu ?

J'ai bien compris, je retiens

◆ Les phrases contenant plusieurs verbes conjugués sont des **phrases complexes**.

◆ Les **phrases complexes** peuvent être formées :
– de **propositions coordonnées**, c'est-à-dire reliées par des **conjonctions de coordination** (*et, mais, ou, or, ni, donc, car*) ou d'autres **mots de liaison** (*en effet, ensuite, puis,* etc.) ;

– de **propositions juxtaposées**, c'est-à-dire séparées par une virgule, un point-virgule ou deux points.

◆ Dans une même phrase, il peut y avoir des propositions coordonnées **et** des propositions juxtaposées.

◆ **Attention à l'accord des verbes !** Ces phrases ont souvent plusieurs verbes et un même sujet.

coordination et juxtaposition

J'ai bien compris, je m'entraîne

1 Lis ce texte puis recopie les phrases complexes.

À table !
Au Moyen Âge, en Europe, les gens avaient, en guise d'assiettes, des galettes plates ou des planchettes de bois : ils posaient dessus les morceaux de viande. Chacun apportait son couteau et l'on partageait son gobelet avec son voisin. La nappe servait à s'essuyer la bouche.
En Chine, ça marche à la baguette : il en faut deux. On les tient par le bout épais et on pince les aliments avec le bout pointu.
En Inde, des feuilles de bananier servent d'assiettes. Chacun fait des boulettes de riz avec sa main droite puis les trempe dans la sauce.

Bon appétit, © Nathan.

  a Écris le nombre de propositions que contiennent ces phrases complexes.
  b Souligne en bleu les propositions juxtaposées et en vert les propositions coordonnées.

2 Écris les phrases en les complétant avec une conjonction de coordination.
Il peut y avoir plusieurs possibilités.
1 Je me suis réveillé en sursaut .... j'ai allumé ma lampe de poche. Je la tenais dans ma main gauche .... ma main droite serrait un bâton.
2 La chèvre de M. Seguin était enfermée .... elle a cependant réussi à se sauver.
3 Le sorcier indien saisit le petit lapin roux .... il le lança dans les airs. Le lapin retomba sur ses pattes sans rien se casser .... il était devenu un grand lapin blanc.
4 Ce soir, Alice a joué .... a regardé la télévision .... demain elle ne saura pas faire les exercices donnés par le maître.

3 Recopie ces phrases complexes en rétablissant la ponctuation.
Il peut y avoir plusieurs possibilités.
1 On frappe à la porte le jeune garçon va ouvrir c'est un inconnu.
2 Mélanie et Julie s'habillent avalent leur bol de café attrapent leur sac se jettent dans l'autobus.
3 La cloche sonne, les enfants en galoches se rangent avant de monter dans leur classe.
4 Victor est étourdi il oublie tout il perd ses clés il laisse son parapluie dans les magasins…

4 Complète ce texte avec des conjonctions de coordination ou des signes de ponctuation.
Il peut y avoir plusieurs possibilités.

L'accident
M. Dupont roule tranquillement sur une route départementale …… il regarde le paysage …… tout à coup un pneu éclate …… affolé M. Dupont accélère au lieu de freiner …… le véhicule traverse la route …… monte sur le bas-côté …… bascule dans le fossé …… la voiture est abîmée …… M. Dupont n'est pas blessé …… il avait sa ceinture.

Unité 9 - Ah ! les adultes

Observer les variations

Pour comprendre

1 Lis les verbes conjugués suivants.

> *Il cherchait.* • *Nous cherchons.* • *Elles agissent.* • *Tu agis.* • *Tu prendras.*
> • *Ils prennent.* • *Je fais.* • *Il fera.* • *Vous faisiez.*

  a À quel temps sont conjugués les verbes ? Qu'est-ce qui te donne l'information ?
  b Donne l'infinitif de ces verbes. Quelle partie du verbe retrouves-tu à l'infinitif et dans les formes ci-dessus ? Comment nomme-t-on cette partie ?
  c Pour un même verbe, le radical est-il toujours le même ?

ANNEXES
Tableaux de conjugaison
P. 246-250

2 Dans les tableaux de conjugaison, lis la conjugaison du verbe *planter* au présent, à l'imparfait et au passé composé de l'indicatif.
  a Quel est le radical du verbe à ces différents temps ? Ce radical change-t-il suivant les personnes ?
  b Observe le radical des verbes *arriver* et *crier* dans les tableaux de conjugaison à ces mêmes temps. Combien ont-ils de **bases**, c'est-à-dire de formes différentes du radical ?

3 Dans les tableaux de conjugaison, lis la conjugaison du verbe *finir* au présent.
  a Retrouve le radical du verbe à chaque personne. Que constates-tu ?
  b Observe la conjugaison de ce même verbe à l'imparfait et au futur. Que constates-tu par rapport au radical ?

4 Conjugue à l'oral le verbe *venir* au présent et repère les différentes bases. Note-les.
  a Trouve une autre base de ce verbe en observant sa conjugaison au futur. Compare avec le verbe *tenir* conjugué au présent et au futur. Que constates-tu ?
  b Trouve différentes bases du verbe *dire* en le conjuguant au présent, au futur et à l'imparfait. Cherche-les d'abord à l'oral, puis complète ta réponse en observant sa conjugaison au présent, au futur et à l'imparfait dans les tableaux de conjugaison.

J'ai bien compris, je retiens

- Pour donner des précisions sur le temps ou les personnes, **le verbe varie de forme.**
- Les **terminaisons** servent à donner ces précisions. Quels que soient les verbes, elles sont presque toujours les mêmes pour un même temps, à une même personne.
- Le **radical**, qui donne le sens du verbe, change souvent de forme. On dit alors que le verbe a plusieurs **bases**.
  Exemple : *je **par**s, nous **part**ons, vous **part**irez.*

240

du verbe

conjugaison

J'ai bien compris, je m'entraîne

1 **Recopie les phrases suivantes et réponds aux questions.**
1. Elle veut du gâteau.
2. Elles voulaient un ordinateur.
3. Tu voudras aussi un chien.
4. Je découpe du papier.
5. Découpez suivant le pointillé.
6. Il découpait dans les catalogues.

  a Trouve l'infinitif du verbe conjugué dans les phrases 1 à 3 et celui du verbe conjugué dans les phrases 4 à 6.
  b Écris, pour chaque phrase, le temps auquel le verbe est conjugué.
  c Entoure les terminaisons des verbes et souligne leur radical.
  d Quel est le verbe qui a plusieurs bases ?

2 **Réécris les phrases suivantes toujours au présent mais en changeant de personne.**
1. Je regarde un film. Nous ....
2. Tu trembles de froid. Vous ....
3. Je remplis un formulaire. Nous ....
4. Tu réussis à tes examens. Vous ....
5. Tu atteins la cible. Vous ....
6. Le renard vit dans la forêt. Les renards ....

Souligne en bleu les verbes qui ont toujours la même base et en vert ceux qui ont des bases différentes.

3 **Lis le texte ci-dessous puis réécris-le au futur.**

Plume-Rouge le petit Indien bouchonne et lustre son poney. Il peint même sur ses flancs un bel « oiseau-tonnerre ». Puis il part en direction du campement crow. Il va chez Luciole. Il essaie d'imiter l'allure noble et nonchalante des grands guerriers de sa tribu. Luciole l'attend. Impatiente, elle l'entraîne vers le tipi de sa famille.

D'après Michel Piquemal, *Plume-Rouge*, © Nathan.

Commence ainsi : « Ce matin-là, Plume-Rouge le petit Indien bouchonnera… »
  a Souligne les verbes et écris leur infinitif.
  b À partir du texte ci-dessus et du texte que tu as écrit, relève différentes bases de chaque verbe conjugué.

4 **Lis le texte ci-dessous puis réécris-le en parlant de Inouk et de son frère.**

Inouk le petit Indien part à la chasse à l'ours avec son père. Pendant une tempête de neige, il s'éloigne du traîneau et se perd. Il se cogne dans une butte blanche toute chaude. Il se blottit contre elle. Il ferme les yeux. Il ne bouge plus et il s'endort.

D'après *Vivre dans le Grand Nord*, © Nathan.

Commence ainsi : « Inouk et son frère, les petits Indiens, partent… »
  a Souligne les verbes et écris leur infinitif.
  b À partir du texte ci-dessus et du texte que tu as écrit, relève différentes bases de chaque verbe conjugué.

Unité 9 - Ah ! les adultes

Respecter les accords

Pour comprendre

1 Lis cette histoire qui se passe au temps des premières automobiles.

> 1   *La voiture de M. Hyacinthe est dans le fossé. M. Hyacinthe a quitté la veste*
> 2   *mais il a gardé son chapeau.*
> 3   *Des voisins curieux se sont approchés. Ils contemplent la scène avec amusement.*
> 4   *Un dépanneur arrive. Il jette à la voiture accidentée un regard professionnel.*
> 5   *Tout de suite, il se met au travail : des gros cailloux, des morceaux de bois, des*
> 6   *cordes résistantes. L'auto reste plantée dans la boue.*
> 7   *Un jeune cycliste s'arrête. « On ne va pas la laisser là ! dit-il.*
> 8   *— Que proposes-tu ? » demandent des spectateurs étonnés.*
> 9   *Il les regarde et commande d'une voix ferme :*
> 10 *« Allez ! Ensemble ! Cinq devant, cinq derrière ! »*
> 11 *En quelques secondes, le véhicule est de nouveau sur ses roues.*

2 Dans les phrases des lignes 1 à 6, repère les groupes nominaux et recopie-les.
   a Entoure les lettres qui marquent le genre et le nombre. Explique leur présence.
   b Quel mot du groupe nominal te donne les informations nécessaires pour écrire la fin des noms et des adjectifs ?

3 Dans les phrases des lignes 1 à 3 et 7 à 10, repère les verbes conjugués avec leur sujet et recopie-les.
   a Entoure les terminaisons des verbes et des participes passés. Explique-les.
   b Quels éléments du texte te permettent d'écrire correctement les verbes ?

4 Retrouve les pronoms personnels sujets du texte.
   a Explique la marque du nombre des pronoms de la 3ᵉ personne.
   b Que dois-tu rechercher quand tu écris un pronom personnel ?

5 Explique la présence de la lettre « e » à la fin du mot « plantée » (ligne 6).

J'ai bien compris, je retiens

◆ Pour écrire un texte en respectant les accords, il faut :

– reconnaître les **groupes nominaux**, trouver le genre et le nombre du nom principal, le plus souvent en regardant le déterminant, connaître les lettres qui marquent ce genre et ce nombre, accorder les adjectifs ;

– reconnaître les **verbes et leur sujet** et connaître la conjugaison des verbes (type de verbe, temps et personne employés) ;

– reconnaître les **pronoms personnels sujets** et savoir à qui ils renvoient ;

– reconnaître les **attributs du sujet**… et réaliser les accords.

Les person**nes** présent**es** relèv**ent** la voiture accident**ée**.

Elles paraiss**ent** essouffl**ées**.

dans un texte

J'ai bien compris, je m'entraîne

1 Lis ce texte et recopie-le en remplaçant « le clown » par « les clowns ».

Le clown
Il entre sur la piste en hurlant, ouvre des yeux énormes et salue le public. Il est habillé d'une veste à carreaux et il a de longues chaussures et porte un immense nœud papillon. Il veut s'asseoir devant un piano, mais le tabouret se dérobe. Il tombe. Il fait mine de se relever mais ils n'y parvient pas. Il s'embarrasse dans les pieds du tabouret et finit par s'étaler devant un spectateur.

2 Lis ce texte et recopie-le en remplaçant les mots soulignés par les mots écrits en marge.

Un grenier	**Une chambre délaissée**
Le grenier	La chambre est vaste et encombrée.
Un lampadaire - un tabouret	Une lampe débranchée est posée sur une table branlante
une banquette - Une bicyclette	près d'un lit éventré. Un vélo rouillé est couché sur le côté.
Son pneu arrière	Ses pneus sont crevés. Il semble abandonné depuis une éternité.
un meuble - un baigneur	Sur une commode poussiéreuse, repose une poupée
Une jambe	démembrée. Un bras arraché est étendu à son côté.
le sol - une vision - Un garage	Sur une table, apparaît un paysage désastreux. Une gare
des convois	miniature renversée, des rails disloqués
des immeubles	et des maisons posées sur le toit.

3 Lis la conversation entre Karim et Pierre.
Recopie-la en remplaçant Pierre par Nathalie.

Karim : Allô, Pierre ! Tu es levé ?
Pierre : Mais oui ! Et je suis lavé et habillé.
Karim : Bravo, tu es matinal ! J'ai un truc à te demander.
Pierre : Vas-y, tu sembles soucieux !
Karim : Oui ! Tu sais comme je suis distrait. J'ai oublié mon sac à l'école.
Pierre : Ne sois pas inquiet. Madame Dufour l'aura ramassé.
Karim : Oui ! Mais je suis gêné pour apprendre ma leçon d'histoire.
Pierre : Viens. Je vais t'aider.
Karim : Tu es gentil ! J'arrive.

4 Lis ce texte et recopie-le en le mettant au passé.

La visite du médecin
Thomas sommeille. Sa petite tête creuse l'oreiller. Il tousse beaucoup ; son front est brûlant et ses yeux sont rouges. Visiblement, il a de la température. Les parents inquiets se tiennent près de lui.
Le médecin approche. L'enfant tourne vers lui son visage fatigué. Il le reconnaît et il accepte de répondre à ses questions.
Le médecin l'ausculte et rassure les parents en disant : « Ce n'est pas grave ! Quelques jours au chaud et tout rentrera dans l'ordre. » On lui avance une chaise et il rédige l'ordonnance.

Commence ainsi : « Thomas sommeillait… »

Unité 9 - Ah ! les adultes

Trouver les mots

Pour comprendre

1 Lis le texte.

> *De retour du marché, Sylvie rangeait les produits qu'elle avait ramenés. Elle était satisfaite de ses achats, les fruits étaient superbes et la dorade régalerait la famille le soir même avec des pommes de terre. Un poulet et des petits pois étaient prévus pour le lendemain. Pour le moment, Nicolas savourait le croissant qu'elle lui avait rapporté pour son petit-déjeuner.*

   a Dans ce texte, il est question de nourriture. Relève tous les mots qui s'y rapportent.
   b Cherche d'autres mots correspondant à ce thème.

2 Lis ce passage extrait du texte *Les nougats*.

LIRE
Les nougats
P.140

> *J'ai commencé la plus longue sieste du monde, pleine de mer, de <u>matelas pneumatiques</u> et de <u>masques de plongée</u>.*

   a À quel thème se rapportent les mots soulignés ?
   b Recherche d'autres mots correspondant à ce thème.

3 Lis les mots suivants.

> *cassette • arrivée • itinéraire • compétition • télécommande • trajet • studio • performance • présentateur • traversée • parcours • match • faire halte • caméra • embarquer • retour • médaille • naviguer • arrêt • départ*

   a Relève tous les mots qui se rapportent au thème du voyage.
   b Classe les mots restants en deux groupes distincts. Indique pour chaque groupe le thème auquel il se rapporte.

4 Relis *Les nougats* et recherche le détail vestimentaire qui permet de mieux se représenter le gros monsieur. Indique le nom de cinq autres vêtements.

5 Lis les mots suivants. Par quel mot plus général désigne-t-on cet ensemble d'êtres vivants ?

> *serin • perroquet • merle • pie • mouette • autruche*

J'ai bien compris, je retiens

◆ Dans un texte, des mots peuvent se rapporter à un même thème.
Exemples : *la nourriture, le sport*, etc.

◆ Le mot qui désigne ce thème s'appelle **mot générique** ou **mot étiquette**.
Exemple : *nourriture*.

◆ Les mots se rapportant à un **même thème** constituent un **champ lexical**.
Exemple : champ lexical de la *nourriture* (mot générique) ➔ *fruits, pain, viande, légumes*, etc.

d'un champ lexical

J'ai bien compris, je m'entraîne

1 Dans chaque liste, repère l'intrus.
1 pomme – cerise – oignon – banane
2 rose – pivoine – glaïeul – chêne
3 frisée – persil – scarole – laitue
4 citrouille – potiron – pomme de terre – courge

2 Trouve les trois mots correspondant à ces définitions. Trouve un quatrième mot pour compléter cette série. Donnes-en la définition.
1 C'est un siège, il a trois ou quatre pattes, mais n'a pas de dossier. C'est ....
2 Il a quatre pattes, deux bras et il ne peut recevoir qu'une personne. C'est ....
3 Il a quatre pattes, deux bras et il peut recevoir trois personnes. C'est ....

3 Dans chaque liste, repère l'intrus puis indique le mot générique correspondant à la liste. Trouve ensuite un mot générique correspondant à l'intrus.

MOT GÉNÉRIQUE	MOTS PARTICULIERS	MOT INTRUS	MOT GÉNÉRIQUE POUR L'INTRUS
	assiette – plat – saladier – bol – lait		
	marteau – flûte – tenaille – tournevis – pince		
	sole – maquereau – dinde – lotte – requin		
	pantalon – polo – parka – nappe – veste		
	coffre – sèche-linge – buffet – bibliothèque – commode		

Tableau à photocopier dans le livre du maître.

4 Complète chaque liste avec trois autres mots se rapportant au même champ lexical.
1 tableau – manuel – cahier… 2 volant – essuie-glace – capot… 3 déjeuner – souper – festin…

5 Cherche cinq mots correspondant à chacun des mots génériques ci-dessous.
bruits – métiers – magasins – véhicules

6 Lis les mots suivants.
violon – rue piétonne – serre – chant – semis – mélodie – parterre – parking – plantoir – quartier – symphonie – boulevard – orchestre – sécateur – rythme – avenue – passage protégé – partition

    a Répartis ces mots en trois champs lexicaux.
    b Complète chaque champ lexical avec deux autres mots.

Unité 9 - Ah ! les adultes

TABLEAUX DE CONJUGAISON

	INFINITIF	INDICATIF					IMPÉRATIF
		PRÉSENT	**FUTUR**	**PASSÉ COMPOSÉ**	**IMPARFAIT**	**PASSÉ SIMPLE**	**PRÉSENT**
Auxiliaires	avoir	j' ai tu as il a* nous avons vous avez ils ont**	j' aurai tu auras il aura* nous aurons vous aurez ils auront**	j' ai eu tu as eu il a eu* nous avons eu vous avez eu ils ont eu**	j' avais tu avais il avait* nous avions vous aviez ils avaient**	j' eus tu eus il eut* nous eûmes vous eûtes ils eurent**	aie ayons ayez
	être	je suis tu es il est* nous sommes vous êtes ils sont**	je serai tu seras il sera* nous serons vous serez ils seront**	j' ai été tu as été il a été* nous avons été vous avez été ils ont été**	j' étais tu étais il était* nous étions vous étiez ils étaient**	je fus tu fus il fut* nous fûmes vous fûtes ils furent**	sois soyons soyez
Verbes en -er (1er groupe)	planter	je plante tu plantes il plante* nous plantons vous plantez ils plantent**	je planterai tu planteras il plantera* nous planterons vous planterez ils planteront**	j' ai planté tu as planté il a planté* nous avons planté vous avez planté ils ont planté**	je plantais tu plantais il plantait* nous plantions vous plantiez ils plantaient**	je plantai tu plantas il planta* nous plantâmes vous plantâtes ils plantèrent**	plante plantons plantez
	arriver	j' arrive tu arrives il arrive* nous arrivons vous arrivez ils arrivent**	j' arriverai tu arriveras il arrivera* nous arriverons vous arriverez ils arriveront**	je suis arrivé / arrivée tu es arrivé / arrivée il est arrivé***/ elle est arrivée nous sommes arrivés / arrivées vous êtes arrivés / arrivées ils sont arrivés / elles sont arrivées	j' arrivais tu arrivais il arrivait* nous arrivions vous arriviez ils arrivaient**	j' arrivai tu arrivas il arriva* nous arrivâmes vous arrivâtes ils arrivèrent**	arrive arrivons arrivez
	crier	je crie tu cries il crie* nous crions vous criez ils crient**	je crierai tu crieras il criera* nous crierons vous crierez ils crieront**	j' ai crié tu as crié il a crié* nous avons crié vous avez crié ils ont crié**	je criais tu criais il criait* nous criions vous criiez ils criaient**	je criai tu crias il cria* nous criâmes vous criâtes ils crièrent**	crie crions criez

* Le verbe se conjugue de la même façon avec « elle » ou « on ». ** Le verbe se conjugue de la même façon avec « elles ». *** Le verbe se conjugue de la même façon avec « on ».

Verbes en -er (1er groupe)

INFINITIF	INDICATIF					IMPÉRATIF
	PRÉSENT	**FUTUR**	**PASSÉ COMPOSÉ**	**IMPARFAIT**	**PASSÉ SIMPLE**	**PRÉSENT**
manger	je mange tu manges il mange* nous mangeons vous mangez ils mangent**	je mangerai tu mangeras il mangera* nous mangerons vous mangerez ils mangeront**	j' ai mangé tu as mangé il a mangé* nous avons mangé vous avez mangé ils ont mangé**	je mangeais tu mangeais il mangeait* nous mangions vous mangiez ils mangeaient**	je mangeai tu mangeas il mangea* nous mangeâmes vous mangeâtes ils mangèrent**	mange mangeons mangez
commencer	je commence tu commences il commence* nous commençons vous commencez ils commencent**	je commencerai tu commenceras il commencera* nous commencerons vous commencerez ils commenceront**	j' ai commencé tu as commencé il a commencé* nous avons commencé vous avez commencé ils ont commencé**	je commençais tu commençais il commençait* nous commencions vous commenciez ils commençaient**	je commençai tu commenças il commença* nous commençâmes vous commençâtes ils commencèrent**	commence commençons commencez
broyer	je broie tu broies il broie* nous broyons vous broyez ils broient**	je broierai tu broieras il broiera* nous broierons vous broierez ils broieront**	j' ai broyé tu as broyé il a broyé* nous avons broyé vous avez broyé ils ont broyé**	je broyais tu broyais il broyait* nous broyions vous broyiez ils broyaient**	je broyai tu broyas il broya* nous broyâmes vous broyâtes ils broyèrent**	broie broyons broyez
jeter	je jette tu jettes il jette* nous jetons vous jetez ils jettent**	je jetterai tu jetteras il jettera* nous jetterons vous jetterez ils jetteront**	j' ai jeté tu as jeté il a jeté* nous avons jeté vous avez jeté ils ont jeté**	je jetais tu jetais il jetait* nous jetions vous jetiez ils jetaient**	je jetai tu jetas il jeta* nous jetâmes vous jetâtes ils jetèrent**	jette jetons jetez
acheter	j' achète tu achètes il achète* nous achetons vous achetez ils achètent**	j' achèterai tu achèteras il achètera* nous achèterons vous achèterez ils achèteront**	j' ai acheté tu as acheté il a acheté* nous avons acheté vous avez acheté ils ont acheté**	j' achetais tu achetais il achetait* nous achetions vous achetiez ils achetaient**	j' achetai tu achetas il acheta* nous achetâmes vous achetâtes ils achetèrent**	achète achetons achetez

* Le verbe se conjugue de la même façon avec « elle » ou « on ». ** Le verbe se conjugue de la même façon avec « elles ».

TABLEAUX DE CONJUGAISON

INFINITIF	INDICATIF					IMPÉRATIF
	PRÉSENT	FUTUR	PASSÉ COMPOSÉ	IMPARFAIT	PASSÉ SIMPLE	PRÉSENT

Verbes en -ir comme finir (2ᵉ groupe)

finir (réfléchir, agir, vieillir, anéantir, démolir...)

Présent	Futur	Passé composé	Imparfait	Passé simple	Impératif
je finis	je finirai	j' ai fini	je finissais	je finis	finis
tu finis	tu finiras	tu as fini	tu finissais	tu finis	finissons
il finit*	il finira*	il a fini*	il finissait*	il finit*	finissez
nous finissons	nous finirons	nous avons fini	nous finissions	nous finîmes	
vous finissez	vous finirez	vous avez fini	vous finissiez	vous finîtes	
ils finissent**	ils finiront**	ils ont fini**	ils finissaient**	ils finirent**	

se nourrir

Présent	Futur	Passé composé	Imparfait	Passé simple	Impératif
je me nourris	je me nourrirai	je me suis nourri / nourrie	je me nourrissais	je me nourris	nourris-toi
tu te nourris	tu te nourriras	tu t'es nourri / nourrie	tu te nourrissais	tu te nourris	nourrissons-nous
il se nourrit*	il se nourrira*	il s'est nourri*** / elle s'est nourrie	il se nourrissait*	il se nourrit*	nourrissez-vous
nous nous nourrissons	nous nous nourrirons	nous nous sommes nourris / nourries	nous nous nourrissions	nous nous nourrîmes	
vous vous nourrissez	vous vous nourrirez	vous vous êtes nourris / nourries	vous vous nourrissiez	vous vous nourrîtes	
ils se nourrissent**	ils se nourriront**	ils se sont nourris / elles se sont nourries	ils se nourrissaient**	ils se nourrirent**	

Autres verbes (3ᵉ groupe)

aller

Présent	Futur	Passé composé	Imparfait	Passé simple	Impératif
je vais	j' irai	je suis allé / allée	j' allais	j' allai	va
tu vas	tu iras	tu es allé / allée	tu allais	tu allas	allons
il va*	il ira*	il est allé*** / elle est allée	il allait*	il alla*	allez
nous allons	nous irons	nous sommes allés / allées	nous allions	nous allâmes	
vous allez	vous irez	vous êtes allés / allées	vous alliez	vous allâtes	
ils vont**	ils iront**	ils sont allés / elles sont allées	ils allaient**	ils allèrent**	

tenir (détenir, soutenir, retenir...)

Présent	Futur	Passé composé	Imparfait	Passé simple	Impératif
je tiens	je tiendrai	j' ai tenu	je tenais	je tins	tiens
tu tiens	tu tiendras	tu as tenu	tu tenais	tu tins	tenons
il tient*	il tiendra*	il a tenu*	il tenait*	il tint*	tenez
nous tenons	nous tiendrons	nous avons tenu	nous tenions	nous tînmes	
vous tenez	vous tiendrez	vous avez tenu	vous teniez	vous tîntes	
ils tiennent**	ils tiendront**	ils ont tenu**	ils tenaient**	ils tinrent**	

* Le verbe se conjugue de la même façon avec « elle » ou « on ». ** Le verbe se conjugue de la même façon avec « elles ». *** Le verbe se conjugue de la même façon avec « on ».

248

INFINITIF	INDICATIF					IMPÉRATIF
	PRÉSENT	FUTUR	PASSÉ COMPOSÉ	IMPARFAIT	PASSÉ SIMPLE	PRÉSENT

Autres verbes (3e groupe)

pouvoir

	PRÉSENT	FUTUR	PASSÉ COMPOSÉ	IMPARFAIT	PASSÉ SIMPLE	PRÉSENT
je	peux	pourrai	j' ai pu	pouvais	pus	
tu	peux	pourras	tu as pu	pouvais	pus	
il	peut*	pourra*	il a pu*	pouvait*	put*	
nous	pouvons	pourrons	nous avons pu	pouvions	pûmes	
vous	pouvez	pourrez	vous avez pu	pouviez	pûtes	
ils	peuvent**	pourront**	ils ont pu**	pouvaient**	purent**	

prendre (comprendre, apprendre, surprendre…)

je	prends	prendrai	j' ai pris	prenais	pris	
tu	prends	prendras	tu as pris	prenais	pris	prends
il	prend*	prendra*	il a pris*	prenait*	prit*	
nous	prenons	prendrons	nous avons pris	prenions	prîmes	prenons
vous	prenez	prendrez	vous avez pris	preniez	prîtes	prenez
ils	prennent**	prendront**	ils ont pris**	prenaient**	prirent**	

mettre (promettre, permettre, transmettre, admettre…)

je	mets	mettrai	j' ai mis	mettais	mis	
tu	mets	mettras	tu as mis	mettais	mis	mets
il	met*	mettra*	il a mis*	mettait*	mit*	
nous	mettons	mettrons	nous avons mis	mettions	mîmes	mettons
vous	mettez	mettrez	vous avez mis	mettiez	mîtes	mettez
ils	mettent**	mettront**	ils ont mis**	mettaient**	mirent**	

venir (revenir, devenir, prévenir…)

je	viens	viendrai	je suis venu / venue	venais	vins	
tu	viens	viendras	tu es venu / venue	venais	vins	viens
il	vient*	viendra*	il est venu***/	venait*	vint*	
			elle est venue			
nous	venons	viendrons	nous sommes venus / venues	venions	vînmes	venons
vous	venez	viendrez	vous êtes venus / venues	veniez	vîntes	venez
ils	viennent**	viendront**	ils sont venus /	venaient**	vinrent**	
			elles sont venues			

* Le verbe se conjugue de la même façon avec « elle » ou « on ». ** Le verbe se conjugue de la même façon avec « elles ». *** Le verbe se conjugue de la même façon avec « on ».

TABLEAUX DE CONJUGAISON

INFINITIF	INDICATIF					IMPÉRATIF
	PRÉSENT	**FUTUR**	**PASSÉ COMPOSÉ**	**IMPARFAIT**	**PASSÉ SIMPLE**	**PRÉSENT**
faire	je fais tu fais il fait* nous faisons vous faites ils font**	je ferai tu feras il fera* nous ferons vous ferez ils feront**	j' ai fait tu as fait il a fait* nous avons fait vous avez fait ils ont fait**	je faisais tu faisais il faisait* nous faisions vous faisiez ils faisaient**	je fis tu fis il fit* nous fîmes vous fîtes ils firent**	fais faisons faites
dire (redire)	je dis tu dis il dit* nous disons vous dites ils disent**	je dirai tu diras il dira* nous dirons vous direz ils diront**	j' ai dit tu as dit il a dit* nous avons dit vous avez dit ils ont dit**	je disais tu disais il disait* nous disions vous disiez ils disaient**	je dis tu dis il dit* nous dîmes vous dîtes ils dirent**	dis disons dites
sortir (partir…)	je sors tu sors il sort* nous sortons vous sortez ils sortent**	je sortirai tu sortiras il sortira* nous sortirons vous sortirez ils sortiront**	je suis sorti / sortie tu es sorti / sortie il est sorti*** / elle est sortie nous sommes sortis / sorties vous êtes sortis / sorties ils sont sortis / elles sont sorties	je sortais tu sortais il sortait* nous sortions vous sortiez ils sortaient**	je sortis tu sortis il sortit* nous sortîmes vous sortîtes ils sortirent**	sors sortons sortez
courir	je cours tu cours il court* nous courons vous courez ils courent**	je courrai tu courras il courra* nous courrons vous courrez ils courront**	j' ai couru tu as couru il a couru* nous avons couru vous avez couru ils ont couru**	je courais tu courais il courait* nous courions vous couriez ils couraient**	je courus tu courus il courut* nous courûmes vous courûtes ils coururent**	cours courons courez
voir	je vois tu vois il voit* nous voyons vous voyez ils voient**	je verrai tu verras il verra* nous verrons vous verrez ils verront**	j' ai vu tu as vu il a vu* nous avons vu vous avez vu ils ont vu**	je voyais tu voyais il voyait* nous voyions vous voyiez ils voyaient**	je vis tu vis il vit* nous vîmes vous vîtes ils virent**	vois voyons voyez

Autres verbes (3ᵉ groupe)

* Le verbe se conjugue de la même façon avec « elle » ou « on ». ** Le verbe se conjugue de la même façon avec « elles ». *** Le verbe se conjugue de la même façon avec « on ».

Les classes de mots

Chaque mot de la langue appartient à une classe.

Une classe de mots regroupe tous les mots qui peuvent se mettre l'un à la place de l'autre.

Ce	chien	noir	court	vite.
Le	garçon	gourmand	mange	trop.
Notre	chatte	paresseuse	dort	beaucoup.

Classe des verbes	être - avoir - faire - dire - pouvoir - aller - voir - vouloir - venir - devoir - prendre - trouver - donner - falloir - parler - mettre - savoir - passer - regarder - aimer - croire - demander - rester - répondre - entendre - penser - arriver - connaître - devenir - sentir - sembler - tenir - comprendre - rendre - attendre - sortir - vivre - entrer - porter - chercher - revenir - appeler - partir - jeter - suivre…
Classe des noms	homme - femme - jour - mer - temps - main - chose - yeux - heure - monde - enfant - fois - moment - tête - père - fille - cœur - monsieur - maison - air - mot - nuit - eau - ami - amour - pied - gens - pays - ciel - frère - regard - mort - esprit - ville - rue - soir - chambre - soleil - roi - état - corps - bras - place - parti - année - visage - bruit - lettre - force - effet - milieu - idée - travail - lumière…
Classe des déterminants – Articles – Démonstratifs – Possessifs – Indéfinis – Autres déterminants	le - la - les - un - une - des… ce - cette - ces - cet… son - sa - mon - ma - notre - votre - ton - ta… aucun - certain - plusieurs - chaque… deux - cent - mille - trois…
Classe des pronoms – Pronoms personnels – Pronoms démonstratifs – Pronoms possessifs – Autres pronoms	il - je - se - elle - le - vous - me - on - lui - nous - tu - moi - te - toi - leur… cela - ceci - celui-ci… le mien - le tien - le sien - le nôtre… qui - que - dont - lequel…
Classe des adjectifs	grand - petit - seul - jeune - premier - bon - beau - vieux - noir - nouveau - dernier - blanc - cher - long - pauvre - plein - vrai - gros - doux - heureux - haut - profond - rouge - humain - froid - sombre - sûr - ancien - propre - possible - immense - public - pareil - bleu - fort - entier - simple - nécessaire - mauvais - important - triste - joli - différent - léger - libre - pur…
Classe des adverbes	bien - là - encore - aussi - peu - alors - toujours - jamais - non - très - ainsi - moins - ici - trop - déjà - enfin - maintenant - beaucoup - assez - presque - ailleurs - seulement - aujourd'hui - autour - longtemps - lentement…
Classe des prépositions	de - à - en - dans - pour - par - sur - avec - sans - sous - après - entre - vers - chez - jusque…
Classe des conjonctions – Conjonctions de coordination – Autres conjonctions	et - mais - ou - donc - car - ni - or comme - quand - puis - parce que - lorsque - tandis que - puisque…

251

Les mots invariables

L'orthographe des mots invariables doit être apprise et retenue.

à travers	comme	longtemps	puisque
afin de	comment	lors de	quand
ailleurs	dans	lorsque	quelquefois
ainsi	debout	maintenant	quoi
alors	dedans	mais	quoique
après	dehors	malgré	sans
assez	déjà	mieux	sauf
au-dessous	demain	moins	selon
au-dessus	depuis	non	seulement
aujourd'hui	devant	par	sinon
auprès	donc	parce que	soudain
aussi	dont	parfois	sous
aussitôt	durant	parmi	souvent
autant	également	partout	sur
autour	encore	pas	surtout
autrefois	enfin	pendant	tant
autrement	ensemble	personne	tantôt
avant	ensuite	peu	tard
avec	entre	plus	tôt
beaucoup	environ	plusieurs	toujours
bien	grâce	plutôt	très
bientôt	hélas	pour	trop
car	hier	pourquoi	vers
ceci	ici	pourtant	voici
cela	jamais	près	voilà
cependant	là-bas	presque	vraiment
chez	loin	puis	

Les fonctions dans la phrase

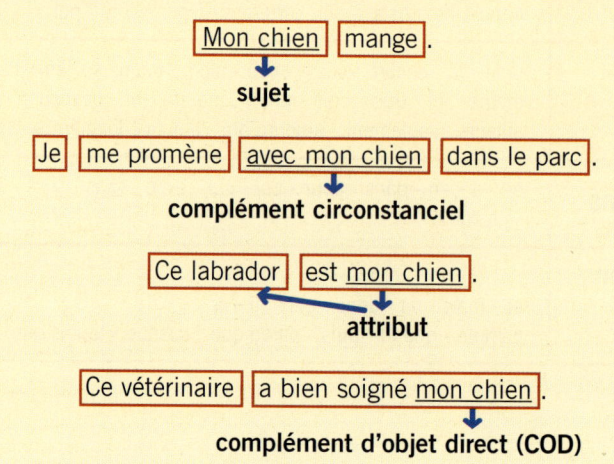

Mon chien mange.
→ sujet

Je me promène avec mon chien dans le parc.
→ complément circonstanciel

Ce labrador est mon chien.
→ attribut

Ce vétérinaire a bien soigné mon chien.
→ complément d'objet direct (COD)

Un même groupe nominal (mon chien) peut avoir des fonctions différentes.

Index des auteurs et des œuvres cités

A
AMELIN, Michel
Les énigmes du zoo (2000) .... p. 55
ANDERSEN, Hans Christian
La petite sirène (1835) .... p. 96
AYMÉ, Marcel
Les contes rouges du chat perché (1934) ...... p. 151

B
BENNASSAR, Bartolomé
Le XVIᵉ siècle (2002) .... p. 20
BOISSET, Éric
Le grimoire d'Arkandias (2002) .... p. 23
BONDOUX, Anne-Laure
Le destin de Linus Hoppe (2001) .... p. 39
BRADBURY, Ray
Un coup de tonnerre (1948) .... p. 28
BRAVO, Émile
L'imparfait du futur (2004) .... p. 32
BRISOU-PELLEN, Évelyne
L'inconnu du donjon (1997) .... p. 87

C
CARÊME, Maurice
Au clair de la lune (1977) .... p. 51
CAUCHY, Nicolas
Le voyage d'Ulysse (1999) .... p. 103
CENDRARS, Blaise
Petits contes nègres pour les enfants des Blancs (1921) .... p. 124
CHRISTIN, Pierre
Valérian, « Bienvenue sur Alflolol » (1972) ...... p. 39
CONAN DOYLE, Arthur
La figure jaune et autres aventures de Sherlock Holmes (1894) .... p. 55
CRAIPEAU, Jean-Loup
Gare au carnage, Amédée Petipotage ! (2002) .... p. 48
CURWOOD, James Oliver
Le grizzly (1916) .... p. 119

D
DELERM, Philippe
C'est bien (1991) .... p. 16
DIALLO, Mamadou
Mariama et autres contes de l'Afrique de l'Ouest (1998) .... p. 135

E
ÉBOKEA
Sagesses et malices de M'Bolo le lièvre d'Afrique (2002) .... p. 135
ECKERT, Allan W.
La rencontre (1971) .... p. 119
ÉLUARD, Paul
Capitale de la douleur (1926) .... p. 67
ERRERA, Eglal
L'été des becfigues (2003) .... p. 71

F
FRANCE, Marie de
Le coq et le renard (XIIᵉ siècle) .... p. 83
FRIOT, Bernard
Encore des histoires pressées (1999) .... p. 64

G
GRANDIN, Aurélia
Raymond, pêcheur d'amour et de sardines (2003) . p. 103
GROUSSET, Alain
La citadelle du vertige (1991) .... p. 39
GUDIN, Claude
Une histoire naturelle de la séduction (2003) ..... p. 68
GUDULE
La bibliothécaire (1995) .... p. 23
GUTMAN, Claude
Les nougats (1995) .... p. 140

H
HÄRTLING, Peter
Ben est amoureux d'Anna (1980) .... p. 60
HOESTLANDT, Jo
À pas de louve (2001) .... p. 119
HUGO, Victor
Jeanne était au pain sec... (1877) .... p. 147

J
JACQUART, Jean
Le XVIᵉ siècle (2002) .... p. 20

K
KESSEL, Joseph
Le lion (1958) .... p. 112
KONATÉ, Dialiba
L'épopée de Soundiata Keïta (2002) .... p. 128

253

KOUROUMA, Ahmadou
Yacouba, chasseur africain (1998) .... p. 135
KRONZEK, Allan et Elizabeth
Le livre de l'apprenti sorcier (2001) .... p. 100

L

LAYE, Camara
L'enfant noir (1953) .... p. 135
LENAIN, Thierry
Loin des yeux, près du cœur (1991) .... p. 71
LERMONTOV, Michel
L'ondine (1836) .... p. 99
LESTRADE, Agnès de
Le livre qui rend chèvre (2004) .... p. 23

M

MALONE, Geoffrey
Oreille-Déchirée (1997) .... p. 119
MALOT, Hector
Sans famille (1878) .... p. 151
MANES, Stephen
Comment devenir parfait en trois jours (1987) .... p. 23
MAUPASSANT, Guy de
Des vers (1880) .... p. 115
MILLER, Karen
Science@Nasa (2003) .... p. 36
MIRANDE, Jacqueline
Contes et légendes du Moyen Âge (1995) ...... p. 76
6 récits d'un château fort (1998) .... p. 87
MORGENSTERN, Susie
Je te hais (2004) .... p. 71
MORPURGO, Michael
Le secret du renard (1984) .... p. 108
MOUZE, Michel
Du vent dans les plumes (2002) .... p. 119
MWANGI, Meja
*Kariuki, aventures avec
le petit homme blanc* (1991) .... p. 135

N

NICODÈME, Béatrice
Wiggins et le perroquet muet (1993) .... p. 44
Un rival pour Sherlock Holmes (1996) .... p. 55
NOGENT, Gilbert de (XIe siècle) .... p. 84
NORDMANN, Jean-Gabriel
Le long voyage du pingouin vers la jungle (2001) .. p. 92

O

OBERG, E. von
Les enfances de Tristan (XIIe siècle) .... p. 85

P

PAGNOL, Marcel
La gloire de mon père (1957) .... p. 151
PERGAUD, Louis
La guerre des boutons (1912) .... p. 144

PETIT, Xavier-Laurent
Le monde d'en haut (1998) .... P. 39
PICOULY, Daniel
On lit trop dans ce pays ! (2000) .... p. 23
POMMAUX, Yvan
Angelot du lac (1990) .... p. 87

Q

QUENEAU, Raymond
Courir les rues (1967) .... p. 35

R

RAY, Jane
Le secret de la sirène (2002) .... p. 103
RAZZI, Jim
Sherlock Heml'os mène l'enquête (1981) .... p. 55
REDON-CLAUZARD, Sylvie
Le loup à la loupe (2004) .... p. 116
RENARD, Jules
Poil de Carotte (1894) .... p. 151
ROGER, Marie-Sabine
Bleu silence (2001) .... p. 103

S

SANVOISIN, Éric
Le petit buveur d'encre rouge (2002) .... p. 12
SAUTEREAU, François
Classe de lune (1988) .... p. 39
SCOTTO, Thomas
À la folie, plus du tout... (2003) .... p. 71
SÉGUR, comtesse de
Un bon petit diable (1865) .... p. 151
SENGHOR, Léopold Sédar
Chants d'ombre (1945) .... p. 131
SOLET, Bertrand
Jehan de Loin (1987) .... p. 87

T

TEBOUL, Roger
Pourquoi toujours obéir ? (2002) .... p. 148
TÉNOR, Arthur
Le bouffon de chiffon (2002) .... p. 87
THIÈS, Paul
Je suis amoureux d'un tigre (1989) .... p. 71

V

VERLAINE, Paul
Amour (1888) .... p. 19
VEYS, Pierre
Sherlock Holmes n'a peur de rien (1999) .... p. 55

W

WEULERSSE, Odile
Le chevalier au bouclier vert (1990) .... p. 80

Crédits photographiques

p. 11 ADAGP-BANQUE D'IMAGES, Paris 2005 © ADAGP, Paris 2005 ; p. 12 ARCHIVES NATHAN ; p. 16 GAMMA / HFP/ Louis Monier ; p. 19 ht Ph. Hubert Josse © Archives Larbor ; p. 19 fond © Archives Larbor ; p. 20 bas Archives Larbor / L. de Selva ; p. 20 ht Archives Larbor /Musée de l'imprimerie, Lyon. ; p. 21 AFP ; p. 27 Archives Nathan © Adagp, Paris 2004 ; p. 28 ht CORBIS / Sophie Bassouls ; p. 32 ht DARGAUD BENELUX SA ; p. 35 ROGER-VIOLLET ; p. 35 fond Ph. Jean-Loup Charmet © Archives Larbor - DR ; p. 36 bas NASA / JPL ; p. 36 ht NASA ; p. 37 ARCHIVES NATHAN ; p. 43 Collection CHRISTOPHE L ; p. 44 Editions SYROS ; p. 48 Collection particulière ; p. 51 ht FONDATION MAURICE CAREME, Bruxelles ; p. 51 fond Ph. Coll. Archives Larbor /DR ; p. 52 bas RUE DES ARCHIVES ; p. 52 ht RUE DES ARCHIVES ; p. 53 Ph. Jeanbor © Archives Larbor ; p. 59 RMN / Centre Georges Pompidou - MNAM - CCI / Adam zepka © ADAGP, Paris 2005. ; p. 60 GAMMA / HFP / Ulf Andersen ; p. 64 MILAN PRESSE ; p. 67 ht ROGER-VIOLLET ; p. 67 fond Ph. Photostudio Otto © Archives Larbor ; p. 68 bas BIOS / J.P. Chatagnon ; p. 68 ht BIOS / Matt Alexander ; p. 69 BIOS / Georges Dif ; p. 75 HOA-QUI / Philippe Roy ; p. 76 DAGLI ORTI G. ; p. 77 DAGLI ORTI G. ; p. 78 BRIDGEMAN - GIRAUDON ; p. 79 ht DAGLI ORTI G. ; p. 80 Droits Réservés ; p. 81 AKG, Paris ; p. 83 ht AKG, Paris ; p. 83 fond Ph. Coll. Archives Larbor ; p. 84 BNF, Paris ; p. 85 BNF, Paris ; p. 91 GETTY IMAGES France / Stone / T. Craddock ; p. 92 Collection particuliere ; p. 96 ht CORBIS ; p. 99 fond Ph. Luc Joubert © Archives Larbor ; p. 99 d ROGER-VIOLLET ; p. 100 AKG, Paris ; p. 101 bas RMN / Hervé Lewansdowski ; p. 101 ht Archives Larbor ; p. 107 Ph. © National Gallery ; p. 108 GALLIMARD JEUNESSE / J. Sassier ; p. 112 ROGER-VIOLLET ; p. 115 Ph. © Archives Nathan ; p. 115 fond © Archives Larbor ; p. 116 BIOS ; p. 117 BIOS / H. Klein ; p. 119 Couverture *Du vent dans les plumes* de Michel Mouze ; p. 123 RMN ; p. 124 ROGER-VIOLLET ; p. 131 GAMMA / HFP / Micheline Pelletier ; p. 132 bas RAPHO / Laurent Monlaü ; p. 132 ht CORBIS / Nick Wheeler ; p. 132 m g GETTY IMAGES France / Image Bank ; p. 133 HOA-QUI / Michel Denis-Huot ; p. 139 Jonathan Cape Ldt © Quentin Blake ; p. 140 GALLIMARD JEUNESSE / J. Sassier ; p. 144 bas d Collection CHRISTOPHE L ; p. 144 g ROGER-VIOLLET ; p. 145 Collection CHRISTOPHE L ; p. 147 ht © Archives Nathan ; p. 147 fond Ph. Coll. Archives Larbor ; p. 151 Couverture *Poil de Carotte*, détail du tableau, *Le meeting*, Maria Konstantinova Bashkirtseva, 1884.

Illustrateurs

p. 12-14 : Martin Matje ; p. 16-17 : Leroy ; p. 28-30 : David Dassault ; p. 32-33 : Émile Bravo ; p. 44-46 : Sylvain Bourrières ; p. 48-49 : Jean-François Martin ; p. 60-62 : Éric Héliot ; p. 64-65 : Martin Jarrie ; p. 92-94 : Clotilde Perrin ; p. 96-97 : Aurélia Fronty ; p. 108-110 : Claire de Gastold ; p. 112-113 : Philippe Mignon ; p. 124-126 : Jacqueline Duhême ; p. 128-129 : Dialiba Konaté ; p. 140-142 : Serge Bloch ; p. 148-149 : Marc Chalvin ; p. 157-245 : Thierry Nouveau.

Illustrateurs des couvertures

p. 15 : *Le petit buveur d'encre rouge*, Martin Matje ; p. 18 : *C'est bien*, Loustal ; p. 23 : *La bibliothécaire*, Christophe Durual, *Comment devenir parfait en trois jours*, Christophe Besse, *Le livre qui rend chèvre*, Aliocha Blau, *Le grimoire d'Arkandias*, Cyril Farudja, *On lit trop dans ce pays*, Pef ; p. 31 : C. Broutin / H. Galeron ; p. 34 : Émile Bravo ; p. 39 : *Le monde d'en haut*, Marcelino Truong, *La citadelle du vertige*, Manchu, *Le destin de Linus Hoppe*, Antoine Ronzon, *Classe de lune*, Nathaële Vogel, *Bienvenue sur Alflolol*, Jean-Claude Mezières ; p. 47 : *Wiggins et le perroquet muet*, Jacques Ferrandez ; p. 50 : *Gare au carnage, Amédée Petipotage !*, Jean-François Martin ; p. 55 : *Un rival pour Sherlock Holmes*, Christophe Merlin, *La figure jaune*, Nicollet, *Sherlock Heml'os mène l'enquête*, Jean-François Martin, *Les énigmes du zoo*, Jean-Michel Nicollet, *Sherlock Holmes n'a peur de rien*, Nicolas Barral ; p. 63 : *Ben est amoureux d'Anna*, Rosy ; p. 66 : *Encore des histoires pressées*, Martin Jarrie ; p. 71 : *À la folie plus du tout...*, Éric Héliot, *Je suis amoureux d'un tigre*, Antonin Louchard, *Loin des yeux, près du cœur*, Philippe Poirier, *L'été des becfigues*, Laurent Corvaisier ; p. 79 : *Contes et légendes du Moyen Âge*, André Juillard ; p. 82 : *Le chevalier au bouclier vert*, Marcelino Truong ; p. 87 : *6 récits d'un château fort*, Raïssa Lanéelle, *L'inconnu du donjon*, H. Galeron, *Jehan de Loin*, Antoine Ronzon, *Le bouffon de chiffon*, Denise et Claude Millet, *Angelot du Lac*, Yvan Pommaux ; p. 98 : *La petit sirène et autre contes*, Edmond Dulac ; p. 103 : *Le voyage d'Ulysse*, Morgan, *Bleu silence*, Nathalie Girard, *Le secret de la sirène*, Jane Ray, *Raymond, pêcheur d'amour et de sardines*, Aurélia Grandin ; p. 111 : *Le secret du renard*, Marion Janin ; p. 114 : *Le lion*, H. Galeron / Kelek ; p. 119 : *La rencontre*, Henri Galeron, *Le grizzly*, Henri Galeron, *Oreille-Déchirée*, François Desbordes, *À pas de louve*, Marc Daniau ; p. 127 : *Petits contes nègres pour les enfants des Blancs*, Jacqueline Duhême ; p. 130 : *L'épopée de Soundiata Keïta*, Dialiba Konaté ; p. 135 : *Yacouba, chasseur africain*, Claude et Denise Millet, *L'enfant noir*, Kéna, *Kariuki, aventures avec le petit homme blanc*, Lucienne Serain, *Sagesses et malices de M'Bolo le lièvre d'Afrique*, Alexios Tjoyas, *Mariama et autres contes de l'Afrique de l'Ouest*, Vance Caines ; p. 143 : *Les nougats*, Serge Bloch ; p. 146 : *La guerre des boutons*, Claude Lapointe ; p. 151 : *Un bon petit diable*, Pascal Lemaître, *Sans famille*, Olivier Tallec, *Les contes rouges du chat perché*, A. Sanders.

Illustration de couverture : Aude Maurel
Conception couverture : Sarbacane
Conception graphique et mise en pages : Sarbacane
Iconographie : Claire Balladur
Coordination artistique : Léa Verdun
Coordination éditoriale : Laurence Michaux
Édition : Sophie Constans